現代意訳　華厳経

現代意訳 華厳経 新装版

原田霊道

書肆心水

目次

忉利天会

夜摩天宮会

兜率天宮会

他化自在天会

本書の表記等について

一、本書の底本は、原田霊道訳著『現代意訳　華厳経』大正十一年三月、仏教経典叢書刊行会発行（非売品）である。

一、底本は旧漢字・旧仮名遣い表記であるが、本書では新漢字・新仮名遣い表記に置き換えた。別体扱いの漢字は標準字体で統一的に表記した（例、慚→慙）。

一、送り仮名が現今一般の感覚で読みにくいと考えられたものは適宜現代風に加減した（例、名ける→名づける、明か→明らか）。送り仮名の不統一があっても、さほど読みにくいと思われないものはそのままにしてある（例、尚／尚お）。

一、踊り字（繰り返し記号）は「々」のみを使用した。

一、底本の印刷欠字は□《（欠）》であらわした。

一、底本の読み仮名ルビのほかに適宜読み仮名ルビを補った。底本にある読み仮名ルビはすべて採用してある。

一、正誤を判断しかねる記述などに用いる、原文のままを意味する「ママ」のルビと校閲的註記は、（　）で括って（ママ）のように表記した。

一、些細な不統一はそのままとした（例、いんだら／いんどら）。

一、底本で丸括弧内が小活字になっているところはその通りに表記した。

一、底本では「波羅密」「婆須密多」の表記であるが、これは「波羅蜜」「婆須蜜多」と表記した。

一、現今一般に漢字表記が避けられて難読扱いとなったと考えられるものは平仮名表記に置き換えた。置き換えたものは五十音順に次の通り（送り仮名は代表例のみを示す）。

亜細亜（→アジア）、聊か（→いささか）、愈々（→いよいよ）、況や（→いわんや）、印度（→インド）、茲（→ここ）、此の（→この）、之れ（→これ）、是れ（→これ）、此れ（→これ）、抑々（→そもそも）、屢々（→しばしば）、乃ち（→すなわち）、乃で（→そこで）、其（→その）、仮令（→たとい）、勿れ（→なかれ）、亦（→また）、若し（→もし）、齎す（→もたらす）、纔か（→わずか）

現代意訳　華厳経

凡例

一、華厳経は仏教の経典の中で、最も浩瀚なもので、然も殆ど象徴寄顕の表現形式をもって終始しているから、その帰趣を捉えにくい。卒然としてこれに接する時は、荒誕無稽の夢物語を見るの感がある。然し精読沈思一たびその表現せんとする経の原意に触るれば、その雄大な結構と高遠な哲理と深刻な宗教的体験とに思わず、驚異の眼を睜《みは》るであろう。いま訳する処は量に於て二十分の一にも足らず、ただ結構梗概を述ぶるに止まって、殆ど中心の思想さえ現わし得ないことを心から遺憾とする。

一、本書は「六十華厳」に拠り、「十地品」を中心として、前後の各章は同品の内容を補い、一経の梗概結構を示す程度に、極めて大胆な抄訳を行った。故に「十地品」は前文を繰り返す偈を除く他は、殆ど漏さず訳した。「四十華厳」の最後の一節は経の中心思想に重大な関係があると信じて、これを終りに附加しておいた。

一、観察体験の浅深精粗を表わす三昧や、宇宙の実体即ち仏身を表現する種々の相を訳することを避けながら、無限無尽を表わす十数を、時に略するなど、態度の不統一は訳文の拙劣と共に、筆者自身も鮮《すく》なからず不満足である。

一、本経典は一面、偉大な象徴文学で、言々句々に深大な意義を含ましてあるから、本書の如き形式が、経の精神を現わすに不適当であることは言うまでもない。筆者は自己のその器にあらざることを告白して、本書が玉を瓦としたことを衷心より慙愧している。

本書に就ては文学博士椎尾弁匡先生が深い同情をもって、種々御指導下さいました。本書が幾分でも本叢書刊行の趣意に副うところがあれば、それは総て先生の指導の賜である。ここに謹んで感謝の意を表する。

大正十一年二月

原田霊道 識

解説

一

華厳経は釈尊自覚の内容を明らかにする経典である。故に釈尊の成道を主題として成道後二七日に菩提樹下寂滅道場を始め、七処に於て説かれたとするのは表現の一形式で、実は宇宙に遍満して、時処に束縛せらるべきものでない、万象はすべて華厳経の内容を語るものである。

華厳経の精神を最もよく発揮した賢首は、この旨を明らかにする為めに、華厳経に広略六種の別（著書によって異なる、今は「探玄記」に依る）を見て、その内容の広漠なることを示した。その始めの「恒本」は、宇宙を挙げて常恒不断に仏の正覚を語るものとして、山川河海を悉《ことごと》く仏陀正覚の内容即ち華厳経とするのである。これが真の華厳経で、仮りに文字に表わして大本、上本、中本、下本、略本等とするも、その下本にしてなお十万頌もあり、支那に翻訳された吾々の手にする六十巻、八十巻の経は最後の略本であると。もってその内容を知ることが出来る。この経典論は最もよく仏教経典の本質を表わしたもので、華厳経に限らず総ての大乗経典に就て論ぜらるべきことである。

　華厳経が宇宙の全的活動を内容とする仏陀の自覚を顕現するものとすれば、その内容は念々に拡大され、充実さるるもので、決して六十、八十乃至十万頌に限らるべきものでない。故に華厳経は単に第一説法として、釈尊一代の教説を該摂するのみでなく、未来永劫を尽して、人類救済の指導たる思想は悉《ことごと》く仏陀の自覚としてこれを包含するものである。

　これ文字に表わし、口に述べるときは、その意義を限定するものであるから、これ等によって無限の内容を説明することは出来ない。この意味は経典の至る処に現わされて、仏は一事項の説法を終る毎に、必ず「無量の時を費すも、遂に説き尽されない」と繰返してある。故に吾々は華厳経を読み、これを体験するに、「これぞ華厳の内容、これぞ仏陀の自覚」なりと、限定的に思惟してはならぬ。すべての経典は「恒本」華厳経の片鱗隻影なりと思うべきである。

二

華厳経は詳しくは「大方広仏華厳経」と云い、原名をマハーバイプルヤ・ブッダ・ガンダ・ビューハ・スートラ（Mahavaipulya buddha ganda vyūha sūtra）と云う。西蔵訳にはアバタムサカ（Avataṁsaka）とし、ニポールの本はガンダビューハ（Gaṇḍa-vyūha）となっている。

　大方広には種々の意義を含むも、要するに広大無限の意味、仏は理想を示し、華は自性清浄の心（大宇宙の実体）を表わし、厳は実行体言すること、故に「無限広大の宇宙の実体を学行し、体現するみ教え」と云うことである。

この経典の成立年代に就ては明確の知識をもっていない。ただ釈尊の滅後、五百年頃（西暦第一世紀）より盛んに行われた仏教の復興運動に伴う産物であることは想像される。釈尊の滅後、流れを汲むものの情として遺法を重んじた結果は、表面の規律に拘泥してその精神を忘れ、ただ遺法の分析解釈を事とするに至った。次でこの仏説細分の結果は知識の分析を重んじ、現象の分析論議によって宇宙人生の総ての問題を解決し得るものとして、遂に仏教の本質である成仏さえ否定するに至った。これが哲学的にも宗教的にも仏教を偏狭に低級にした所謂小乗教である。この偏執を打破し、仏陀の真精神を発揮せんが為めに、大乗仏教の復興運動は起り、而して幾多の経典論書の著述編纂は行われたのである。本経典の如きもその時代の偉大な仏教の思想家が仏教の本義を明らかにせんとして、仏陀自覚の内容を開顕せられたものであろう。

この経の成立地に就ては支那翻訳の歴史より推論して、于闐《うてん》（Khoten）と云われているが、于闐国の歴史及びその仏教を語る唯一権威である西蔵文于闐国史（西紀一一八三の著述）には、何等華厳に関する記述を見ない。果して何処にて成れるや浅学の身の知るよしもない。

三

華厳経の支那翻訳は仏教が伝わって（西紀六七）間もなく、支婁迦讖（翻訳期間西紀一四七―一八六）によってなされた経の「名号品」に当る兜沙《としゃ》経の訳出に始まる。爾後数代に亘って行われ、賢首の「華厳伝」（華厳の歴史）には三十五部の多数が列挙してある。然しこれ等は経の一章（品）又は一部分の抄訳で、完本ではない。その現に存するもののみが、二十四部もある。いまは煩を避けて華厳経の中心をなす「十地品」と「入法界品」との異訳を挙げよう。

漸備一切知徳経	五　巻	（十地品）	西晋	竺法護
十　住　経	十三巻	（同上）	西晋	聶道真
十　住　経	四　巻	（同上）	後秦	鳩摩羅什仏陀耶舎
仏説十地経	九　巻	（同上）	唐	尸羅達摩
羅摩伽経	三　巻	（入法界品）	西秦	聖堅
文殊師利発願経	一　巻	（同上）	東晋	覚賢
大方広仏華厳経入法界品	一　巻	（同上）	唐	日照
華厳経普賢行願品	四十巻	（同上）	唐	般若三蔵
普賢菩薩行願讃	一　巻	（同上）	唐	不空

完本の訳出は前後二回のみである。

一、大方広仏華厳経　六十巻

北天竺の人、仏駄跋陀羅《ぶっだばっだら》Buddhabhadra—覚賢（西紀三五九—四二九）が、楊都道場寺に於て、義熙十四年三月（四一八）に業を始め、元熙二年六月（四二〇）に訳了した。

二、同　八十巻

于闐の人、実叉難陀《じっしゃなんだ》 Śikṣinanda—学喜（西紀六五二—七一〇）が京都大遍空寺に於て、唐の証聖元年三月（六九五）に訳を始め、聖暦二年十月（六九九）に了る。

前者を「六十華厳」、又は「晋経」と云い、後者を「八十華厳」、又は「唐経」と云う。「四十華厳」と云わるるものは支本で、前に掲げた「入法界品」の異訳中、般若三蔵訳の「華厳経普賢行願品」を指し、完本ではない。これをまた「貞元経」と云い、ニポール国の九部大経中の華厳経はこれである。

華厳経の原文としては今僅かにその一部分しか残って居らぬ。完全のものとしては十地品 Daśabhūmiśvara と「入法界品」Gaṇḍavyūha 丈で、それに後者の結文である六十二頌の「普賢行願賛」Bhadracari praṇidhāna が単行本として現存して居る。然し一部分としては「賢首品」の大部分の偈頌が「大乗集菩薩論」Śikṣā Samuccaya の中に引用されて、原文の俤《おもかげ》を窺うことが出来る。

これ等原文の古写本は、パリの国立図書館《ビブリオテク・ナショナール》や英国の皇立アジア協会文庫、ケムブリジ大学文庫、カルカッタ・アジア協会書庫等に多数珍蔵され、就中《なかんずく》英京アジア協会蔵の「行願品」梵本は西暦十世紀頃の書写で非常に有名なものである。吾国にも東京及び京都の大学に高楠榊両教授の尽力でこの二品の梵本が備えられるに至った。

西蔵蔵経の経部に於てもこの経の訳本が、該部第三門 Phal-chen として六函二千二百葉の浩瀚な大冊となって収められて居る。新訳華厳（唐経）の三十九品に対し四十五品の分章であるから、内容は多少増減があることが分ろう。

四

同じく完本なるに、晋経は六十巻三十四章、唐経は八十巻三十九章より成り、両経の巻帙章品に相違がある。また説法の会場に就ても前者は八会《え》なるも、後者は九会である。これは唐経は晋経に於ける盧舎那《るしゃな》品の一章を五章に開き、更に「十地品」の次に「十定品」の一章を加うるが故に晋経に比して五章を増加し、また十定品の始めに「普光明殿に於て」とあるによって、以下の十一品を十地品と別の一会として、九会とするのである。いま六十巻の経によってその組織を概観しよう。

本経典は説法と云わんよりも、仏陀の自覚の内容を戯曲的結構をもって、表現したものである。その結構は八場より成り、一場毎に主人公を異にしている。いまこれを図示すれば、

第一場	寂滅道場	二章	（世間浄眼品、盧舎那品）	普賢
第二場	普光明殿（一）	六章	（名号品、四諦品、光明覚品、明難品、浄行品、賢首品）	文殊
第三場	忉利《とうり》天宮	六章	（須弥頂品、妙勝殿説偈品、十住品、梵行品、初発心釈尊功徳品、明法品）	法慧
第四場	夜摩《やま》天宮	四章	（夜摩天宮自在品、夜摩天宮説偈品、十行品、十無尽蔵品）	功徳林
第五場	兜率《とそつ》天宮	三章	（一切宝殿品、菩薩讃仏品、十回向品）	金剛幢
第六場	他化《たけ》自在天宮	十一章	（十地品、十明品、十忍品、阿僧祇品、寿命品、住処品、不思議品、相海品、小相品、普賢行品、如来性起品）	金剛蔵
第七場	普光明殿（二）	一章	（離世間品）	普賢
第八場	重閣講堂	一章	（入法界品）	善財

説会としては、かく八場なるも、普光明殿は二回、使用されているから、所としては七処で、これを人三天四の七処と云い、通常、華厳経の説相を、晋経は七処八会、唐経は七処九会と云わるる所以である。

各場に活躍するあまたの人物は、悉《ことごと》く仏陀盧舎那《るしゃな》（釈尊）の性能を人格化せるもので、当然、盧舎那仏に統一せらるべきものである。故に表面殆ど仏陀の活動と見られないが、その背景には常に法身盧舎那仏が活躍している。それは経典の一の事件を叙するに、必ず「仏の神力《みちから》を承けて」と云うによっても、容易に首肯されよう。また人界より天界へと、場面の変化し行くのは、無限に真実を求めて止まぬ向上心の進展を表現するものである。

五

各章の梗概と前後の関係とは、その章の始めに簡短ながら述べたから省略してここにはただ一経の帰結に就て一言しよう。第一場は仏陀の正覚成就によって宇宙は新しき生命を得る、即ち宇宙を挙げて仏陀たるの相を明らかにし、第二場には信仰を讃えて発心求道を勧め、第三場には理解の法を説き、第四場には実行を、第五場には一切の行為の統一回向を述べ、第六場には真証の生活を明らかにし、第七場には信仰理解、実行、回向、真証の内容を再び概説し、第八場にはこれ等の聖者の学道を体現する善財童子の求道の旅が叙してある。すなわち要は信解行証の四に概括される。この叙述は浅深次第して絶対に対する吾々の向上進趣を明らかにするものである。華厳経が単なる哲学として観念の遊戯に終るならば止まんも、常に宇宙万象をあげて仏陀たるの実感を主張し、発心求道の現実生活に正覚の円現を期する華厳経にては更に一歩を進めねばならぬ。絶対と吾人との合一は唯信仰の体現にある。故に「入法界品」の最後に、自他の無限の向上を永劫に念願し、修行する本願仏たる阿弥陀仏に帰依すべきことを教えたるは実に華厳経に千鈞の重きを加うるものである。これ宗教の実践としてはこの経を逆観せよと主張さるる所以である。

かくて信解行証の四は遂に自己の真実求道の一心に帰結さるべきである。真実求道の一心は内的には仏陀の自覚、仏陀の自覚は現われて宇宙の万象となる。即ち自他一切の差別、あらゆる隔歴不同を去り、自他相依り相助けて各々その生を完うする渾然たる一体としての大自然の活動、これが吾が一心となり、仏陀とならねばならぬのである。

寸時の撓みもなく、無限に自他の向上を念願し、実行するこの志願は、やがて、阿弥陀仏が一切の生類を摂取し尽さんとする本願である。実にこの無限向上の学道こそ、万有の永遠不滅の生命である、宇宙の本性である。ここに理想と現実との一致がある。

万有の協調偕和する法界の風光を掬するものは、そこに偉大な力を感じ、報恩感謝の無私の活動が現われる。

六

本経典は所謂法界縁起を説くものである。即ち一切の現象が互に鎔融して、無礙の関係を有することを、発現的（縁起）に見て、現象即実在論をして、その到る所に至らしめている。

元来、仏教の宇宙論には現象の生起の因縁順序を究明して宇宙の真相を明らかにせんとする縁起論と、本体の方面より考察して宇宙の何ものたるかを究めんとする実相論とがある。本経は正にその縁起論に属すべきものである。

同じく縁起論と云うもその中には、万有の生起する原因を吾人の意志行為に求むる業感縁起、又は主観的に一切を心識の顕現とする頼耶縁起、又は万有を真理実体の顕現とする真如縁起、又は現象を本体そのままの現われとして現象即実在と論ずる法界縁起、又は宇宙をその構成要素たる地、水、火、風、空、識の六大におさめ、これを人格視する六大縁起などがある。

宇宙の実相は本体の外に現象なく、現象の外に実体の論ぜらるべきものでない、即ち現象そのままが実体で、然も現象相互には無尽の関係がある。故に一塵一草も全宇宙一切の力の現われで、一物を挙ぐれば他の一切はこれにおさまる、所謂一即一切、一切即一である。この現象即実在にして然も相依り相成して無尽の関係のあることを明らかにするのが法界縁起論である。本経は実にこの法界縁起を高唱するもので、経の言々句々に皆この理が現わしてある。本経には一つも権道を説いてない、また法華経などの云う実体に帰納した上に真実を認むるのでもない。万有そのままが真実第一義で、互に鎔融することを主張する。されば全巻に亘って用いられてある表現形式を、単なる表現と見るのは真に経意に徴したものでない。表現そのままが真実なり第一義なりと知る時、真に華厳経の原意を体得することが出来る。

法界縁起の究極は、到底吾々の知識を以て了解し得らるべきものでない、ただこれを体験の上に求むの外はないが、古来、用いられた説明法を簡短に述べて、経典色読の幾分のたよりとしよう。

七

吾々の目に映ずる現象は千差万別で、その間に何等の融和も協調も認むることは出来ない。然もこの万差の現象の上に無礙を説き、宇宙の全的躍動を論ずるは何故であるか。万有を隔歴不融と見るはその真相に徹しない浅見で、万有は実に、互に鎔融自在にして、一即一切、一切即一であるからである。

この一即一切の原理の説明は種々になされてあるが要は相即相入にある。万有は各々その体の上に空有の二義、作用の上に有力無力の二義がある。すなわち本体の上に相即を語り、作用の上に相入を説くのである。万有は平等の実体より縁起するのであるから、因縁の集散によって万有には各々空有の二義がある。彼此《ひし》相対が有となれば、此は空となって彼に摂《おさ》められ、此が有となれば彼は空となりて此に摂せられ、ここに一即一切の関係は成立する。

また、宇宙万有は一が有力なれば他は無力で、一切の現象は皆力の無有の錯雑関係によって成り、而してこの有力無力相対するところに相入がある。万有は相互に有力を因とし、無力を縁として相依り相助くるが故に、此が有力なる時は他の一切をこれに摂め、他が有力なる時はその他の一切をこれに摂める。即ち万有を大別して真如と無明とすれば、真如が有力で無明が無力なれば、清浄なる悟りの世界となり、無明が有力にして真如が無力なれば汚れある迷いの世界となる。かく彼此融渉して一塵よく宇宙をおさめて狭からず、芥子に万有を入れて広くない。かくして無尽の縁起は行わるる。

八

この相即相入の原理を説明して全一起動の法界縁起を明らかにするものは十玄、六相の説である。十玄とは十重無尽の幽玄を現わすので、総、別、論理、譬喩、時間、空間の各方面より万有の無尽の関係を論ずるが、要は体の相即と作用の相入と万有相互の関係とを明らかにするものである。故に十門は捕われた分類で必然の形式でない。故に已《すで》に相即相入を述べた後に説くの要はないようだが、華厳とし（ママ）云えば必ず十玄を思い浮かべる程、人々に膾炙せらるるが故に、簡短に十門の大意を述べよう。

一、**同時具足相応門**　これは十玄の総説で、時間空間を尽して、万有は同時に且つ完全に縁起相応するものである。

二、**一多相容不同門**　万有の作用より論じ、各自の相を壊《やぶ》らずして、一多相入することを明らかにする。万有相互の関係は、一室にあまたの光があるも、互に渉入して相礙《ささ》えないようなものである。

三、**諸法相即自在門**　万有の体より見て、万有は相即無礙である。

四、**因陀羅微細境界門**　譬えをもって前の相即相入が一切万有の上にあることを述べる。因陀羅《いんどら》は帝釈天のことで、その宮殿の網に無数の明珠がある。その珠が重々無尽に映現するを相即相入の関係に譬えるので、これは経の中にしばしば用いらるる喩えである。万有も互に無尽の関係がある。

五、微細相容安立門　相即相入無尽なるも、万有の独自の天地には増減はない。所謂一微塵に全宇宙をおさめ、芥子に須弥山を容れることが出来る。

六、秘密隠顕倶成門　万有は相即相入して各々の自体を壊《やぶ》らず、表裏となって同時に成立するものである。

七、諸蔵純雑具徳門　仏と凡夫とを問わず、万有万霊は斉《ひと》しく万徳を具して、一行に一切行を完うし（雑）、一切行は総て一行成って（純）、然も混乱することはない。

八、十世隔法異成門　上の五門は空間的に論じたが、これは時間的に鎔融を見るので、初発心に成仏を説くが如きこれである。過去、現在、未来の万有は時間的に差別するが如きも、実は互に関聯して相離るることはない。

九、唯心廻転善成門　空間と云い、時間と云うも共に一心（一種の原理即ち理体で、心理学上に云う心より広く且つ高い）の活現である。

十、託事顕法生解門　これは智的関係を論ずるもので、幽玄なる事々無礙の法門も、現実の事実を離れて外に存するのでない。一華一葉一髪一草の上にも、万有の力を見、無尽の関係の現わさるるものである。

九

六相は本経典の第二十二章真証の生活の下に、（一三〇頁参照）聖者の修する学行が、一行に一切行を完うする理由として挙げられたので、経典の上では、一切現象にまで及ぼされてない。然るに頼耶縁起論の創唱者世親Vasuvandhu（西暦第五紀の中頃の人）は「十地品」の注釈書である「十地経論」に広くこれを万有の上に論じた。次で華厳宗の第二祖智儼によってその深義が発揮され、更に賢首はこれを祖述し、一歩を進めて動的の説明に用いた。故に法界縁起を知るには必ず学ぶべき教理である。六相とは、

一に総相、一物に宇宙万有を包含することを云い、

二に別相、万有の一体に該摂されて、然も各自の相を壊《やぶ》らないことを云い、

三に同相、万有の相に就て、互に調和して一相を成すことを云う、即ち共通性である。

四に異相、相の差別の方面即ち調和しながら各自の特質を失わない差別性を云い、

五に成相、万差の万有相依って全体を完成することを云い、

六に壊相、全体を完うしつつ、各自の特性を破壊しない。

六相は一体の六面観察で、総別はその体に就て、同異はその相に就て、成壊は縁起の作用に就て考察するのである。而して総、同、成の三は平等の方面を論じて万有の円融無礙なることを明らかにし、別、異、壊の三は差別の方面を論じて、法界の縁起の完全に行わるることを明らかにする。

この六相は互に相資助するもので、平等も差別を離れず、差別そのままが平等、平等そのままが差別であらねばならぬ。一切の事々物々は皆この六相を具えて互に融渉し、互融してその間に何等の障礙がない。かく万物相互の間には無尽の関係があるから、一法が動けば全法が動いて、一物の成立は

全法共同の力である。故に宇宙は挙げて一微塵に収まり、理の平等をまたずに、直に万有の互融を説くことが出来る。即ち一微塵に宇宙を摂《おさ》めて余りなく、一念に三世を収めて長しとしない。

この法界縁起は真妄迷悟の別なく、宇宙を挙げて、宇宙の実体たる盧舎那仏の活現とする。即ち大自然の活動、それが盧舎那仏である。故に斉《ひと》しく縁起と云うも相対的因縁関係の上に論ぜらるる縁起論とは大いに趣を異にする。されば法界縁起をその相対的縁起論と区別して、特に性起論と称えている。即ち現象の相対的に生起するを縁起と云い、宇宙人生を実体盧舎那仏の全活現なりと見るが性起である。性起即ち華厳経の見る宇宙は他の因縁を待って生起するものでない。瀑流の如く念々に流れ流れて止むことなき大自然の相が即ち宇宙の実体である。実体そのままの現われが迷悟、情非情の万象であるから、宇宙万有悉《ことごと》く仏身である。宇宙の実体である。この変化そのものを実体とする、即ち宇宙の本体、相状、作用が一体となって念々に生々躍動する宇宙の常相を一心法界と云う。華厳経が真に宇宙の真実を究め得るのは、この実在を動的に観て行くからである。

かくの如く万有を観察することによって、始めて、宇宙の真実相を究め、正覚は成就せらるる。すなわち法界縁起を説く華厳経は、仏陀自覚の内容を開顕するものである。

十

念々に創造し進化する世界の当相を宇宙の実体とし、その無尽の関係を達観する法界縁起観の実修の上には自ら浅深次第がある。仏教のあらゆる宇宙観は皆この法界縁起に到達する階梯である。この従来、歴史的に現われた浅深種々の宇宙観を統一し、それに帰結を与えて、更に法界縁起を明らかにし、華厳経の修観を教うるものは澄観（西紀七三六―八三八）の四法界観である。

四法界とは事法界、理法界、事理法界、事々無礙法界を云う。これ宇宙の四面観である。

一、事法界観、「事」は差別で、唯万有の現象差別の方面のみを観察する単なる現象論である。

二、理法界観とは無差別平等の理体より観察すること。即ち差別の現象の根本たる本体を観じて、その平等を知るのである。

三、事理無礙法界観は現象と本体との鎔融無礙を観察するので、現象本体相関論の説くところを観察するのである。現象は本体より顕現さるるものなれば、両者は独立絶縁のものでない。

四、事々無礙法界観は華厳経の教ゆる法界無尽縁起を観察することである。即ち個々の事物の中に宇宙の重々無尽の縁起の現わさるるを説く現象即本体論の主張を達観することである。

この四法界観を実修する上には四法界は浅深次第し、またこれを観察する心、観察せらるる法界と相待するが如きも、事々無礙法界観の成就は、挙一全収して一々皆無尽の義を現わし、従って一心と法界とは不二一体となって、融通無礙である。これを一心法界観と云う。

更にこの一心法界観を明らかにする為めに十重唯識観なるものを説くも、畢竟《ひっきょう》、頼耶縁起観（前五重）より進みて、真如縁起（第六重）事理無礙（第七重）を経て、法界縁起の相入（第八重）相即し（第九重）無礙の関係（第十重）ありと説く法界縁起観を唯識的に観察して、一心法界の旨を明らかにするに外ならぬ。

十一

かくの如く観察して宇宙の実体実相を達観するも、これが吾人の実生活に現われて来ねば、一種の観念遊戯に外ならぬ。華厳経の高唱するものは観念の生活ではない。体験の生活である。実生活の無礙自在にある。故に法界観の究竟は宇宙を挙げて、仏陀たらしむるにある。経に解境の十仏（一九五頁参照）を説いて迷悟染浄の別なく、万有総て仏陀なることを明らかにする所以はここにある。この万有即ち仏身の実感は吾々の日常生活に表わされねばならぬ。経に解境の十仏中の如来身を開いて行境の十仏（一九五頁参照）を説く所以はここにある。

吾々の実生活に仏徳を現わし、万有を悉《ことごと》く仏陀たらしむるものは、吾々の願行心である。即ち無限に向上を求めて念々に学行するところに仏陀は顕現し、仏力の偉大を感じて法界は挙げて仏陀の全活現と現われ来るのである。本経が無限向上の学道を力説する所以はここにある。この願行即ち無上の学道こそ永遠不滅の生命即ち仏陀の生活である。自他の無限の向上を本願とする仏陀、永遠不滅の生命を体とする仏陀それは阿弥陀仏である。阿弥陀仏は実に吾々が永劫に値遇を求めたみ仏である。

自他の無限向上を本願とする阿弥陀仏への邂逅はやがて成仏である。学行の成就である。善財童子が長い求道の旅に於て得た真の学道、成仏の道は実に阿弥陀仏の浄土を観ることであったろう。

有限と無限の一致、仏と生類との融合は、唯阿弥陀仏にまみえ、その本願を心として、無限に向上を求めて念々に学行することによってのみ完成せらるる。

本経は十地品と入法界品とを中心とすると云う説はこの点から、詢《まこと》に所以あることである。

十二

華厳経のインドに関する記録は竜樹 Nāgārjuna（西暦第二世紀頃）の註釈である。竜樹は「大不思議論」十万頌を作ってこの経を註釈し、現に存する「十住毘婆娑論」十七巻（十地品の註釈）はその一部と云われている。またその著「大知度論」に引用せらるる「不思議解脱経」は本経を指すのだと云うが、その真偽は別として、華厳経は竜樹によって竜宮よりもたらされたと云わるる程、竜樹と華厳経の関係は余程、密接であったらしい。

その後、天親 Vasubandhu（西暦四二□（欠）―五〇〇）もまた「十地経論」十二巻を著して「十地品」を釈し、堅慧 Sthiramati 金剛軍 Vajrasēna 等も十地経（十地品）の註釈書を作ったと伝えられ、また起信論が馬鳴 Aśvaghoṣa（西暦第一世紀後半）の作とすれば、その組織がこの経の結構に類似するより推論して、全然無関係とは思われない。

支那に於ける華厳思想の伝播は、たとい一部分の訳出とは云え、兜沙経（名号品）の翻訳に端を開くものである。その後、本経の部分的（独立の経典として伝えられた）翻訳は簇出したが講学の見るべきものはなかった。覚賢によってその全部の翻訳が完成されて始めて、華厳の講学も漸く盛んに、覚賢の門下法業は「華厳旨帰」二巻を著わし、元嘉十二年（四三五）に来朝した求那跋陀羅 Gunabhadra は特に華厳思想の弘布に力があった。かくして玄高、玄暢、智炬（華厳疏十巻）、霊弁（華厳論百巻）

など或は講じ、或は書を著わして、これが弘通に努め、華厳は漸く仏学者の思いをひそむるところとなった。殊に華厳思想の支那仏教の中に重きをなすに至ったのは、菩提流支 Badhiruci 勒那摩提 Ratunamati によって成された「十地経論」の翻訳（北魏永平四年西紀五一一）であった。この論は絶対唯心論を説き、地論家の一学派を開き、華厳宗開立の先駆をなした。

華厳の漸く重んぜらるると共に、独自の観察を重んずる経の本旨に基いて、華厳を中心とする実行家が現われた。それは華厳宗の第一祖とせらるる帝心尊者杜順（西紀五五七—六四〇）である。杜順は「五教止観」一巻、「法界観門」一巻等を著わして、華厳経の宇宙観実修の方法を明らかにした。次で、智儼（西紀六〇二—六六八）は広く当時の諸教学を修め、殊に十地、華厳を智正に学び、後ちまた杜順に受学して、事々無礙の教理を明らかにした。また一宗として仏教に対する独自の範疇（教判）を組織した。著に「捜玄記」五巻、「孔目章」四巻等がある。

智儼の思想を受け更にこれを組織し大成して、華厳経の真精神を発揮したものは賢首（西紀六四三—七一二）である。賢首は該博な識見と透徹せる頭脳をもってよく従来歴史的に発達し来れる大小の縁起論を調和し統一し、また従来の静止的観察を排して、動的に全的に宇宙の実体を論じ、而して教理と実際とを一致せしめて、克く華厳の真精神を明らかにした。華厳宗は賢首の偉大な学徳と則天武后の保護によって、当代を風靡した。著す所、「探玄記」二十巻（華厳経の註釈）、「五教章」三巻（教義の組織）妄尽還源観一巻（実行論）等を始め二十余部ある。

この偉哲賢首と殆ど時を同じゅうして、李通玄居士がいる（六三五—七三〇）。居士は「華厳論」六十巻を著し経の実行的方面を明らかにして、独自の天地を開いている。

賢首の没後、その門下の第一人者、慧苑は「刊定記」十六巻を著わして、師説に背き、為めに宗義の混乱を来した。かく内には偉大な思想を継ぐ人材なく、外には武周の凋落するありて、昔日の盛観を持続することは出来なかったが賢首の思想を復興せるものは、清涼寺の澄観（西紀七三八—八三八）である。澄観は異義を排して正義の復興に努め、殊に実践的方面に於て宗風を宣揚した。また実践を重んずるの結果、禅風を加味するに至る「大疏」六十巻、「演義鈔」八十巻等の著述がある。その門下、宗密（西紀七八〇—八四一）は「円覚経大疏」六巻、「同略疏」四巻等を著わし、華厳と禅の一致を主張して、華厳の学行に帰一を与えた。その没後三年にして会昌三年の武宗の破仏が行われて他の諸宗と共に衰頽した。趙宋の代に子璿、浄源の復興運動はあったが、昔日の観はなく、殆どその跡を絶つに至った。

我国には聖武天皇の天平八年（西紀七三六）に、唐の道璿によって始めて、華厳の註釈書が伝えられ、同十二年に賢首の弟子審祥（新羅の人）は勅によってこの経を講じた。天皇の尊信は特に篤くて、「金光明経」と共に奈良朝文化の源泉をなした。東大寺の建立、大仏（盧舎那仏）の造営等はすべて、華厳経の芸術的表現である。この芸術的に法界の美徳を観察すると云うことは、華厳経の理想——全宇宙を願行成就の仏身と見る——体現の一形式である。審祥を第一祖とし、良弁を第二祖とする我国の華厳宗は法灯次第に継承されて、高弁（一一七三—一二三二）凝然（一二四〇—一三二一）に至り、教理的に一般に紹介された。高弁は「華厳唯心義」一巻、「信種義」一巻等を著し、李通玄の学風を重んじて実践躬行を唱導し、凝然は博覧強記の一代の僧で、摯著書等身と云われ、「探玄記洞幽鈔」百二十巻、「五教章通路記」五十二巻等華厳に関するもの二十四部を著して、東大寺に伝うる華厳の正風を恢復するに努め、爾後宗風振わず、徳川時代に行われた鳳潭（西紀一六五四―一七八三）の復興運動も功を奏せず、普寂徳門（西紀一七〇七―一七八一）次で該博卓抜の学識を以て華厳の疏章を製し大いに名声があった。然し一宗としては今は僅かに東大寺に法脈を伝うるのみである。

寂滅道場会

第一　世界の喜び（世間浄眼品）

釈尊の正覚によって宇宙は一変し、一塵一草も無限の生命と力を得て、万有は新しい生活に入った。そして、万有は互に偕和してそこに何等の背反も撞着も見られない。この有様を諸宝の荘厳と、人天鬼神の讃頌とで表現してある。

釈尊は摩竭提《まかだ》国の寂滅道場《じゃくめつどうじょう》に於て、始めて正覚《さとり》を成就せられた。

その時、大地は金剛の如くに、周囲は宝華に飾られ、瑞雲は万象を覆うてさながら大海原の如くであった。宝幢《はた》、華鬘《けまん》は光明に輝き、空には七宝の網が張られ、宝の雨は小やみなく降り続いた。仏の神力《みちから》によって世界は限りなき霊光に照らされて広博厳麗の様は云いようがない。また菩提樹は空高く聳えて、瑠璃の幹には妙宝の枝葉が垂れて重なれる雲の如く、宝華はその間に咲き乱れ、枝葉の間からは妙なる音楽が漏れて仏徳を讃えている。樹下の獅子座はまた海の如く広がり、諸《もろもろ》の宝華に飾られ、流光は雲の如く、不思議の霊能を現わして一念の頃に法界に充満した。

釈尊は実にこの獅子座上に於て万有の真実相を体解せられたのである。その智慧は三世の諸相に通達し、体は宇宙の万象と現われ、その音声は一切の世に透徹して共に窮極《きわまり》のないことは虚空のようである。また常に偏頗の心を捨てて等しく一切の生類を正覚の境地に導き、宝座を立たずして一切生類の能力に相応しい教えを説いて、諸《もろもろ》の痴闇を除いている。即ち一切の世界に身を現わして三世透徹の智慧の光を十方に輝やかし、仏の霊徳に基づく永遠不滅の真実道を説いて、生類を済度せらるるのである。仏は座を立たずに広く教化を行い、また諸仏の大会に参ずるも、身は宇宙法界に遍満するが故に、往復去来の相を示す必要がない。

時に十方の世界より微塵数の如く多くの大聖者が出現して釈尊を囲繞した。普賢《ふげん》、普徳《ふとく》、智光《ちこう》、普明《ふみょう》師子《しし》、普勝宝光《ふしょうほうこう》、智慧光照《ちえこうしょう》などがその主なものである。これ等の聖者は往昔、盧舎那仏《るしゃなぶつ》――釈尊――と倶《とも》に学行を精進された宿世の善友で、既に諸《もろもろ》の学行を成就して智慧の眼は三世の万有を見透し、弁才は海の如く広く、普く諸仏の霊徳を説いて生類の能力に応ずる教化を全うするものである。この聖者達はよく一切万有の真実相に体達するが故に、念々に仏道を成就して一切の真理を体得し、一行の成就によって一切の聖徳霊能を成熟して、無上の大智大願を完うし、仏の大悲行、福徳、十力等を得て、生類の教化に於ても万有の認識に於ても仏と異るところはない。故に一切の世界に遊び、永劫絶ゆることなき「救いの智慧」をもって、国土を浄化し、生類を済度している。

また微塵数の金剛力士は釈尊を守護し奉った。堅固光耀《けんごこうよう》力士、日光耀《にっこうよう》力士などがその主なるもので、永劫の昔、諸仏侍衛の大誓願を発し、無量の徳能を具えて仏の護衛に任じている。また微塵数の浄荘《じょうしょう》厳《ごん》、宝積光明《ほうしゃくこうみょう》、吼音声《くおんじょう》など云う道場神、摩尼光竜《まにこうりゅう》、難荘厳竜《ぞうしょうごんりゅう》など云う竜神、浄華光《じょうけこう》、善思光明《ぜんしこうみょう》、雑華荘厳《ぞうけしょうごん》など云う地神、雑華雲《ぞうけうん》、雑種光《ぞうしゅこう》、浄勝光《じょうしょうこう》など云う樹神、光炎《こうえん》、栴檀香《せんだんこう》など云う薬草神、勝味《しょうみ》、華浄《けじょう》、善力《ぜんりょく》など云う穀神《こくしん》、普流《ふりゅう》、勝徊復《しょうえぶく》、洪流声《こうるしょう》など云う河神、宝勝光明《ほうしょうこうみょう》、普涌浪《ふゆうろう》、海音声《かいおんじょう》など云う海神、熾然光蔵《しきねんこうぞう》、広明耀《こうみょうよう》、照除諸冥《しょうじょしょみょう》など云う火神、無礙照明虚空《むげしょうみょうこくう》、散須弥《さんしゅみ》、持世界《じせかい》など云う風神、無辺深広《むへんじんこう》、起風《きふう》など云う虚空神、善住《ぜんじゅう》、充満《じゅうまん》など云う主方神。妙光《みょうこう》、善観衆生《ぜんかんしゅじょう》など云う主夜神、大悲豔光《だいひえんこう》、光明善照《こうみょうぜんしょう》など云う主昼神、羅睺羅《らごら》王、勝集天女《しょうしゅてんにょ》王など云う阿修羅神、持法堅固《じほうけんご》、勇猛《ゆうみょう》浄眼《じょうげん》など云う迦留羅《かるら》王、離愛慢音《りあいまんおん》、善愛《ぜんあい》など云う緊那羅《きんなら》王、猛光《もうこう》、善慧《ぜんえ》など云う摩睺羅伽《まごらか》王、能除恐《のうじょく》怖《ふ》、無量浄眼《むりょうじょうげん》など云う鳩槃荼《くばんだ》王、毗沙門《びんさもん》、荘厳勝軍《しょうごんしょうぐん》など云う鬼神王、月天子、星宿王天子など云う月身天子、日天子、明眼天子など云う日天子、帝釈天《たいしゃくてん》、勝者《しょうしゃ》など云う三十三天王、善時《ぜんじ》、普荘厳《ふしょうごん》など云う夜摩《やま》天王、善喜《ぜんき》、金剛善曜《こんごうぜんよう》など云う兜率《とそつ》王、最上雲音《さいじょううんおん》、照方《しょうほう》など云う化楽天王、自在転《じざいてん》、精進慧《しょうじんえ》など云う他化自在天王、随世音大梵《ずいせおんだいぼん》、尸棄《しき》大梵など云う大梵天王、楽光《がくこう》、深妙音《じんみょうおん》など云う光音天子、浄智《じょうち》王、世慧音《せえおん》など云う遍浄天、法華光《ほっけこう》、無垢浄《むくじょう》など云う果実天子、功徳浄眼《くどくじょうげん》、不動光音《ふどうこうおん》など云う浄居天等皆来会して、その壮厳雄大は言葉に尽せない。

これ等宇宙万有を代表するものは本来、清浄なる平等一相で、悉《ことごと》く仏の真証を現わしている。已《すで》に仏の真証の中にあれば各々もまた一切の煩悩を離れて、ゆくりなく仏の尊容を拝し、日夜に精進する学行によって、仏の光明に浴して各々真理を体得した。かくして仏の霊徳を讃える歌頌は響いた。

始めに善光海大自在天《ぜんこうかいじざいてん》は、

『縦横無尽の関係をもつ一切万有は、総て仏の身となり肉となる、仏の証《さと》りは執すべき相、起すべき特殊性はない。

仏はただ万有の協調偕和の帰一として世に表わるる。一切世俗の智慧は仏を認識することは出来ぬ。愚痴の闇を除いて、始めて無上の智慧の台《うてな》に超昇する。仏の霊徳は思議し難い、生類これを見れば煩悩滅び、無礙自在の尊容を見たてまつれば無量悦楽の心が生ずる。』

果実天は讃えて、

『万有真実の相は無差別にして主体はない。仏は生類教化のために現われ、神秘の力もて善く一毛孔の処に、無上清浄の法を演説し給う。』

浄智天は云う、

『仏の教化は時に限りなく、光は広く十方を照らす、清浄の法界は万有のあるがままなれば、無差別にして最上である。』

光音天は言う、

『如来の智慧は限りなく、行には差別がない。これを見奉れば垢穢を去る。』

大梵天は讃えて、

『法王は真理の堂に安住して光明の照らさない処はなく、諸法は相和して異相がない、これを海潮音の法門と云う。』

化楽天は歌う、

『手段を尽して仏を求むれども仏は居られない、これを十方に訪ねてもいまさず。法身は示現するも定在がない、かくて我等は出世自在の仏を見る。』

兜率天は言う、

『世間最高の主は群生を憐み苦を除き、人観たてまつらんと楽《ねが》わば、み姿を現わして高嶺の月の如くである。』

夜摩天は讃えて、

『人一たび仏を見ればよく総ての煩悩を断ち、諸《もろもろ》の魔事を除く、これを清浄の妙境と名づける。』

帝釈天は言う、

『もし暫くでも仏を憶念すれば一念尚お永く罪の世界を脱れて、智慧は日の光の如く痴闇を滅さん。』

日光天は言う、

『愚昧の人は盲目である。この悩めるものの為めに浄眼を開き、彼等に智慧の灯を示して、仏の清浄身を見せしみらるる（ママ）。』

月天子は言う、

『一切の存在は空の如く実体はない、心清浄なるものは仏の光明を仰ぎ、その教化を受くる。』

毘沙門夜叉王は歌う、

『凡ての生類は罪深うして永劫に真理を見得ない。仏はその流転の苦を憐みて世に現われ給う。』

金剛力士は歌う、

『仏の無礙の霊能は一切法界に充満している、真理の光は際崖《はてし》なく、一切生類の前に現わるる。』

最後に普賢は一切の会衆に代って、

『仏は吾等が、この獅子宝座の上に見奉るように、一分の微塵の中にもいらせらるる。

十方一切の世界は仏の等しく護らせらるるところで、仏のみ声は一切に徹して聖者の学行を演《の》べらるる。

念々に生滅変化する万有の真実相は、局限された認識の及ぶところでなく、唯一切の制限を離るるもののみ見ることが出来る。

仏は一音をもって一切の学道を説いて、一切の法を漏らすことはない。』

時に仏の獅子座より海慧超越《かいえちょうえつ》、無量獅子吼《むりょうししく》など云う無数の菩薩が湧出して、諸《もろもろ》の供養を捧げ、一切《いっさい》海慧自在智明王《かいえじざいちみょうおう》菩薩はこれ等の聖者を代表して、仏の正覚を讃える。

『仏は万有の真実相をさとって、一切の拘束を離れ、浄きことは虚空の如くである。永劫の間の学行は成就せられて、今や一切の迷いを除く為めに種々の教化を施し、生類に最上のみ教えを説き、これを行わしめらる。仏陀は獅子の宝座にいまして、よく一切の世界に現われて、限りなきみ教えを顕揚せらるる。』

斯く宇宙を挙げて仏の正覚を讃仰し、世界は六種に震動した。諸天は妙華、宝雲を雨ふらして仏に供養を捧げた。今や仏の正覚によって万有は、各々光明の世界を見出し、そこに何等の制限を受けぬ麗しい正覚の新天地は展開された。

第二　信仰の対象（盧舎那品）

普賢《ふげん》（聖者）　華厳経の理想人格で、経中に現わるる幾多象徴的人格の実行的方面は悉《ことごと》くこの人に統摂される。故に華厳経は普賢に終始するの観がある。

普荘厳童子《ふしょうごんどうじ》（求道者）　華厳経の三童子の一で盧舎那仏の前身。信を人格化せるもの。唐訳には大威光童子と云う。

世界を挙げて仏身とするのが華厳経の本意であるが、それでは余りに散漫で帰一がない。故に仏の最も円満なる相を示して、信仰の対象を表示するのが以下の四章である。この章には主としてその住む国土を明らかにし、仏身の宇宙に遍満することは多く化現説を以て表わす。これは直に我れに仏身を体験せんことを教ゆるものである。

仏が正覚を成就せられたのを見て、群り集った大衆は心に念うよう、

『仏陀の心地はどうであろう、仏の世界はどんなであろう、智慧、力、光明、音声などの仏の聖徳霊

能、利他教化の対象、方法、効果は如何であろう。また正覚を成就さるる迄聖者として修められた学行と心地はどうであったろう。仏の慈悲にすがってこれ等の真相を知りたい』と。

この念いは自然の声として種々の供物より発せられた。

時に仏はみ口の一一《いちいち》の歯の間から微塵数の光明を放って、十方の世界を照らされ、その世界の人々は光の中に蓮華蔵世界を見ることが出来た。

蓮華蔵世界の周囲には十種の世界があって、その中に各々仏の世界がある。東の世界を浄蓮華勝光荘厳《じょうれんげしょうこうしょうごん》、仏国を衆宝金剛蔵《しゅうほうこんごうぞう》と云い、種々の宝雲に覆われ、仏を法水覚虚空法王《ほうすいがくこくうほうおう》という。南の世界を衆宝月光荘厳蔵《しゅうほうがっこうしょうごんぞう》、仏国を無量光厳《むりょうこうごん》と云い、種々の宝雲に覆われ、仏を普智光勝須弥山王《ふちこうしょうしゅみせんおう》と云う。西の世界を宝光楽《ほうこうらく》、仏国を一切勝現《いっさいしょうげん》と云い、種々の楼閣雲に覆われ、仏を香光王功徳法荘厳《こうこうおうくどくほうしょうごん》と云う。北の世界を瑠璃宝光充満蔵《るりほうこうじゅうまんぞう》、仏国を化青蓮華荘厳《げしょうれんげしょうごん》と云い、種々の宝雲に覆われ、仏を無量智慧音王《むりょうちえおんおう》と云う。東南方の世界を閻浮玻璃色幢《えんぶはりしきどう》、仏国を宝荘厳蔵《ほうしょうげんぞう》と云い、種々の獅子座雲に覆われ仏を一切法灯無所怖畏《いっさいほうとうむしょふい》と云う。西南方の世界を普照荘厳《ふしょうしょうごん》、仏国を香勝離垢光明《こうしょうりくこうみょう》と云い、種々の宝雲に覆われ仏を一切衆生普歓喜王《いっさいしゅじょうふかんぎおう》と云う。西北方の世界を善光照《ぜんこうしょう》、仏国を意入《いにゅう》と云い、種々の蓋雲に覆われて仏を普門智慧明浄音《ふもんちえみょうじょうおん》と云う。東北方の世界を宝照光明蔵《ほうしょうこうみょうぞう》、仏国を香荘厳楽勝蔵《こうしょうごんぎょうしょうぞう》と云い、同じく宝雲に覆われて仏を無量功徳海《むりょうくどくかい》と云う。下方の世界を蓮華妙香勝蔵《れんげみょうこうしょうぞう》、仏国を宝獅子光《ほうししこう》と云い、種々の宝雲に覆われ仏を明照《みょうしょう》世界と云う。上方の世界を雑宝光海荘厳《ぞうほうこうかいしょうごん》、仏国を楽行清浄《ぎょうぎょうしょうじょう》と云い、宝雲に覆われ仏を無礙功徳称離闇光王《むげくどくしょうりあんこうおう》と云う。

これ等十方の仏はその国の無数の聖者を従えて、寂滅道場に来り、各々獅子座に坐して一切の毛孔より光明を放ち、生類を教化して盧舎那仏の真証海のものとせらるる。

諸《もろもろ》の聖者はこの仏の教化を讃えて、

『仏は諸《もろもろ》の生類を教化せんとて、具《つぶ》さに清浄の学道に努《いそ》しみ、救いの慈悲は一切の万有に光被して限りがない。教化の方法は一毛端の処によく仏の世界を表わして、よく生類の憂悩を除き、各々の微塵に現わるる身は、また一切を浄化して一念に一切を成就する。』

時に釈尊は凡ての大衆に仏の限りなきみ教えを知らしめんと、眉間の白毫相より光明を放たれた。その光は広く一切の世界を照らして、生類に甘露の雨を注いだ。また光明の中に宝香を鬚《しべ》とし、黄金を台《うてな》とする大きな蓮華が現われ、その葉は遍く一切の法界を覆うている。この蓮華と共に仏の額より一の聖者が現われた。その名を一切法勝音《いっさいほうしょうおん》と云い、微塵数の聖者と共に仏を繞って深重な敬意を表し、そして勝音は台に聖者達は鬚に座を占めて、次第に仏の聖徳を讃える。

始めに勝音は、

『仏のみ体は法界に充満し、現に菩提樹にいまして、よく一切生類の望みにまかせて種々の相を現わさるる。』

師子炎光奮迅音《ししえんこうふんじんおん》は讃えて、

『仏は清浄なるみ教えを説いて、一切の世界に洽《あまね》く、普賢大士のみ声も一切の世界に満つる。盧舎那仏はあらゆる妄染の中にあって秋毫の動揺もなく、常に自ら成就せる学行を説かるる。三世の仏もまた声をもって生類を教化する』と。

かくてこの寂滅道場に於けると同じ瑞相は、宇宙至る所の世界に現わされた。

普賢大士が仏のみ前に於て浄蔵三昧に入られると、十方一切の諸仏はみな普賢の徳を讃えて、『よい哉、汝がいま浄蔵三昧に心を凝しているのは、盧舎那仏の本願力と、汝が修する大願との力によってである。即ち一切の生類の能力を察し、方法を考えて教化を完全ならしめんが為めである。』

かくて普賢はこの三昧を成就して、法界の真理を証《さと》り、教化の智慧を得た。その時十方の仏は右手を伸べて普賢の頭を摩《な》で、諸《もろもろ》の聖者はこの瑞相を見て更に普賢を尊敬してその徳を称揚した。

普賢は自然界、生物界、法界の動相、生類の希望及び仏の境地などの観察を巳《もっ》て大衆に告げらるるよう、

『万有の実相、法界の真理、証《さと》りの智慧、仏の霊徳、教化の智慧などは総て認識の境ではない、然し予は生類を仏の智海に導く為めに、仏のみ力の下にこれを説こうと思う。』

かくして普賢が三昧より出らるると共に、一切の聖者は無量の三昧、諸《もろもろ》の学行及び教化法などを完うすることを得た。これは一切の仏の世界に於ける聖者も同様である。

時に世界は六種に動き、生類は平和と悦楽を得、道場には十種の宝王の雲が漲り、仏の光明は普賢の徳を歌頌して、

『普賢は悉《ことごと》く一切の仏の世界にあって獅子座の上に坐し、凡ての行為は仏の願底を尽すが故に法を説くに障礙なく、生類を教化するに自在である。その身は虚空の如く真理の上にあって国土に依るので

ない、唯、諸《もろもろ》の生類の意にまかせて、普く一切に示現する』と。

時に普賢は更に大衆の信念を堅くする為めに、仏の徳を讃えて、

『仏の霊徳は十方に遍満してよく無量の生類を教化する。仏の境地は幽玄にして思議し難い、多くの人は理想低く、万有に迷うて仏の真証を体得することが出来ぬ。ただ信念の固い常に善友に親しむもののみ、仏に護られて仏智を体得する。

一切の世界も仏も共に、我が身内にあって互に偕和している。我は一々の毛孔に仏の境地を現わすことが出来る。汝等静かに観察せよ。』

更に言葉を続けて云うよう、

『仏子よ、世界には次の十種の事項を始め無量の事項がある。

(一) 一切の世界はあまたの因縁の和合によって成立する。(二) 世界の依所は或は虚空或は仏の光明、或は普賢の願力など千差万別である。(三) 世界の形状はまた或は方形に、或は円形に或は渦巻くなど様々である。(四) 世界には宝華、珠香、光明、仏身など種々の体がある。(五) 世界には或は雲、或は生類の行業、或は三世の仏、普賢の願力など種々無量の荘厳がある。(六) 世界の清浄の相はまた無量で、善友に親しみ、諸《もろもろ》の波羅蜜を修め、正しい力を養うなど微塵数に等しい。(七) 世界には無量の仏が出でて種々の相を示さるる。(八) 世界の持続する時間に就ても長短無量である。(九) 世界の変化は住するものの意志行為に依る。(十) たとい染浄相分るる如きも実は互に鎔融して、そのもの自身には染浄の差別はない。』

蓮華蔵世界と普荘厳童子

普賢は仏の住処である蓮華蔵世界《れんげぞうせかい》に就て述べらるるよう、

『諸《もろもろ》の仏子よ、蓮華蔵世界は盧舎那仏が往昔、聖者として一切の時、一切の処に於て修せられた学行によって築かれたものである。この世界は微塵数に等しい風輪によって支えられている。最下の風輪を平等と云い、次を種々宝荘厳《しゅじゅほうしょうごん》と云い、乃至最上の風輪を勝蔵《しょうぞう》と云い、その上に香水海がある。この香水海の中に香幢光明荘厳《こうどうこうみょうしょうごん》と云う大蓮華があって、蓮華蔵世界を支えている。その周囲に金剛囲《こんごうい》山《せん》が聳え、その大地に言葉に尽きせぬ香水海がある。一々の香水海にまた微塵数の香水河があって宝華に覆われている。かく蓮華蔵世界の各部は種々無量なる清浄の霊徳によって荘厳せられている。

仏子よ、この香水海の中に更に一つの香水海があって一の蓮華を生ずる。この上に仏の世界がある、更に無量の仏の世界は次第に相重って、その上にまた香水海がある。その中に善住《ぜんじゅう》と云う世界の集団がある、斯く次第に香水海と世界とが相重なっている。この世界の組織は十方皆同一で、斉《ひと》しく盧舎那仏の法輪を転ずる処である。』

普賢はこれ等の世界に就て述ぶるよう、

『空中の雲は竜神の力によって現わるるように、一切の仏国は仏の本願によって築かるる。また巧みなる手品師が種々の業《わざ》を現ずる如く、生類の業によって仏の世界は不思議となる。また画像は画工の手に成る如く一切の仏国は心の画師によって築かるる。』

普賢は盧舎那仏の過去の因行に就て述べらるるよう、

『諸《もろもろ》の仏子よ、久遠の昔、勝妙音と云う世界があった。無量の宝はその中に満たされ、人は思念を食物とした。

その世界の須弥山にある大公園の東に炎光《えんこう》と云う大国があって、面積は三万里、人は皆神通を得ていた。園林の中にある大蓮華に一切功徳本勝須弥山雲《いっさいくどくほんしょうしゅみせんうん》と云う仏がいられた。炎光城の王子普荘厳童子はこの仏に帰依し十種の三昧を得て、仏の徳を讃頌した。父の愛見善慧王《あいけんぜんえおう》はこれを聞いて喜び、諸王大臣を始め無量の眷属と共に、仏を礼して種々の供養を捧げた。

時に仏は諸《もろもろ》の生類を教化せんが為めに無数の経典を説かれた。普荘厳童子はこの経を聞き宿世の因縁によってあらゆる霊徳を具え、無限向上の菩提心を起しそして修行のさまを述ぶるよう、

「昔より幾度か耳鼻を捨て頭目手足を施して、専心、国土社会の進化に努め、永劫の間、聖者の学行を修めて仏国を荘厳した。太陽の光が色彩を鮮やかに示す如く仏智の光によって私はいま自分のもとの修行を知ることが出来た。」

この言葉によって無数の生類は悉《ことごと》く無限向上の志願を起した。

その時、仏は童子の成仏を予言して、

「たとい一国の中に於て修行するとも、それが限りがなければ、必ず真実智を体得することが出来る、恰度、予が成就した如《よ》うに。懈怠のものは仏の教化を解《さと》ることは出来ぬ。よく精進するもののみ仏の世界を開くものである。一切生類の為めに、永劫に苦行して生死の苦難をも厭わなければ、よく

大指導者となり得よう。我を恭敬し供養すれば汝は無上の学道を成就することが出来る。」

その時一切功徳本勝須弥山雲仏の寿命は五十億歳であった。この仏が滅して次に出世せられた仏を一切度離痴清浄眼王仏《いっさいどりちしょうじょうげんおうぶつ》と名づけ、普荘厳童子はこの仏を拝して念仏《ねんぶつ》三昧、普門海蔵《ふもんかいぞう》三昧、甚深法楽《じんじんほうらく》三昧等を得た。次で仏の説かるる一切法界自性離垢荘厳経《いっさいほうかいじしょうりくしょうごんきょう》を聞いて、一切普門歓喜蔵《いっさいふもんかんぎぞう》三昧を得、一切万有の真理を体得することを得た。』

普光明殿会

第三　仏陀の名称（名号品）

文殊《もんじゅ》（聖者）　仏陀の智的性能を人格化せる者、普賢と並び称せられ、彼は実行、此は理解である。

釈尊の成仏は一切万有の成仏であるから、何ものとして仏の名ならざるはない。名体不離にして名はその徳を表示する。これ先に信仰の対象を概説したが、多くその国土に就て述べたから、ここには仏の体徳（身業）を明らかにし、次の二品と共に仏の円満な徳能を示して入信の基調を与える。

仏陀は摩竭提国の寂滅道場を離れずして、東南、約三里を隔てた尼連河の辺《ほとり》、普光明殿へ移られて、十方微塵数の聖者と倶《とも》にいられた。聖者は皆一切万有の真相に体達して、仏に亜《つ》ぐ境地に達していた。

時に聖者達は念ずるよう、

『世尊、願わくは我等を憐み、仏の世界の本体と生成と、その荘厳及び仏のみ教えと霊能と、そうして正覚成就の相とを示し給え。また求道者の仏の境地に至る程《みちのり》――十住、十行、十回向、十蔵、十地、十願、十定、十自在、十頂――と衆生の仏性を持続し煩悩を滅して、一切の愛欲を捨て、そうして真理を解《さと》らしむる聖者の学行とを示し給え、また仏の最上の境地と内在的一切の優越性と、外的各種の霊能を示し給え』と。

そこで釈尊は願にまかせて直ちに神通を現わし、十方の仏土を示された。

東方微塵数の国を越えて金色《こんじき》世界がある。その仏を不動智《ふどうち》と云い、聖者を文殊師利と云う。南方に楽色《ぎょうしき》世界があって仏を大智《だいち》と云い、聖者を覚首《かくしゅ》と云う。西方に華色《けしき》世界があって仏を習知《しゅうち》と云い、聖者を財首《ざいしゅ》と云う。北方に薝蔔華色《せんぷくけしき》世界があって仏を行智《ぎょうち》と云い、聖者を宝首《ほうじゅ》と云う。東北方に青蓮華色《しょうれんげしき》世界があって仏を明智《みょうち》と云い聖者を徳首《とくしゅ》と云う。東南に金色《こんじき》世界があって仏を究竟智《くきょうち》と云い、聖者を目首《もくしゅ》と云う。西南方に宝色《ほうしき》世界があって仏を上智《じょうち》と云い、聖者を進首《しんしゅ》と云う。西北方に金剛色《こんごうしき》世界があって仏を自在智《じざいち》と云い、聖者を法首《ほうしゅ》と云う。下方に玻璃色《はりじき》世界があって、仏を梵智《ぼんち》と云い、聖者を智首《ちしゅ》と云う。上方に如宝色《にょほうしき》世界があって仏を伏怨智《ぶくおんち》と云い、聖者を賢首《けんじゅ》と云う。これ等の仏及び聖者は各《おのおの》十仏の世界の聖者と与《とも》に来会して、仏を礼し、供養を捧げた。

文殊師利は仏の神力をうけて量り難き仏徳を讃歌して云うよう、

『よろこばしい哉、かかる聖者の会合は未だ曾てない。諸《もろもろ》の仏子よ、仏の世界は差別的な認識の及ぶところではない。また仏の出現、仏国の生成、その説法、無上の学道などもまた知識の及ぶ処ではない。その所以は仏は法を説くに生類の心理を察して縦横自在に、不思議の霊能を現わさるるからである。この世界の人々は種々の身を有《も》ち、種々の名があって、住所、形貌、寿命、意欲、境遇、能力など種々異なるが故に、その限りなき霊徳を種々の名を以て表示されてある。即ち或は満月《まんげつ》と云い、或は獅子吼《ししく》と云い、或は瞿曇《ごうたま》と云い、或は大沙門《だいしゃもん》と云い、或は最勝《さいしょう》と云い、或は能度《のうど》と云う。かく挙げ来ればその数は一万に上ろう。

諸《もろもろ》の仏子よ、東方の善護《ぜんご》世界にても仏を称うるに金剛《こんごう》、尊勝《そんしょう》、大智《だいち》など一万の名があり、南方の難養《なんよう》世界にも甘露灌《かんろかん》、善名称《ぜんみょうしょう》、離垢《くり》等一万の名、西方の仏慧《ぶつえ》世界にも性慧《しょうえ》、愛現能忍《あいけんのうにん》など一万の名、北方の獅子言《ししごん》世界にも大牟尼《だいむに》、婆伽婆《ばかば》（世尊）伊那婆那《いなばな》（林の名）等一万の名、東北方の安寧《あんねい》世界にも法王《ほうおう》、等起《とうき》、寂静《じゃくじょう》等一万の名、東南方の喜楽《きらく》世界にも蓮華《れんげ》、精進力《しょうじんりょく》、密教《みっきょう》など一万の名、西南方の堅固《けんご》世界にも如来《にょらい》、不動《ふどう》、一切施《いっさいせ》等一万の名、西北方の須菩提《すぼだい》世界にも修臂《しゅうび》、悦楽《えつらく》等一万の名、下方の炎道《えんどう》世界にも究竟来《くきょうらい》、平等施《びょうどうせ》など一万の名、上方の持地《じじ》世界にも勇首《ゆうしゅ》、一乗《いちじょう》など一万の名がある。この娑婆世界にはかかる世界が百億あって、各々仏を呼ぶに異なっているから総じて百億万の名がある。

仏子よ、娑婆世界の東方の密訓《みっくん》国にては仏を呼ぶに平等《びょうどう》、調意《ちょうい》など百億万の名があり、南方の最勇《さいゆう》国には自然清浄《しぜんしょうじょう》、能仁《のうにん》など百億万の名、西方の離垢国には論師、分別道《ふんべつどう》など百億万の名、北方の宝《ほう》境界《きょうがい》国には日蔵《にちぞう》、月出《がっしゅつ》など百億万の名、東北方の訶尼《かに》国には因縁具足《いんえんぐそく》、離世間《りせけん》など百億万の名、東南方の饒益《にょうやく》国には慈父《じふ》、美音《びおん》など百億万の名、西南方の鮮少《せんしょう》国には不二観《ふにかん》、天人師《てんにんし》など百億万の名、西北方、知足《ちそく》国には華聚《かしゅ》、超越諸法《ちょうおつしょぼう》など百億万の名、下方の離搏食《りはくじき》国には法命主《ほうみょうしゅ》、建幢《こんどう》など百億万の名、上方の解脱音《げだつおん》国には天光《てんこう》、修一切智《しゅいっさいち》など百億万の名がある。この仏には尚お言葉に表わされない無量の名がある。

これ等は皆仏道に志すものの能力に応じて施さるる教化の無礙自在なることを表示するものである。』

第四　四諦の命辞（四諦品）

生類、千差の欲求に対する仏の教化の方式は最も適確で、秋毫の齟齬がない。前章に仏の体の徳を明らかにしたればここには四諦の命辞をかりて、仏の説法の用語、思想（語業）の卓越を説く。故に四諦の理を説明せず、唯その名辞概念の無量を表わしてある。

文殊は仏の説く四種の真理（四諦）の名称に就て諸《もろもろ》の聖者に告げらるるよう、『仏子よ、この娑婆世界に於ては「迷界は苦なり」の真理（苦諦）を或は害と云い、或は圧迫と云い、乃至或は癰《よう》と云い、或は愚人の所行と云う。又「苦の因は煩悩なり」の真理（苦集諦）を或は火と云い或は破壊者と云い、乃至或は順生類と云い、或は顛倒の根源と云う。又「涅槃は迷いの否定なり」の真理（苦滅諦）を或は自由と云い、或は純浄無垢と云い、乃至或は真実と云い或は自然の存在と云う。「涅槃の道は精進なり」の真理（苦滅道諦）を或は唯一道と云い或は平和への道と云い、乃至或は仙人行と云い、或は十種の無量行と云う。四諦には娑婆世界に於てかかる異名が四十億百千万億ある。これは生類の万差の欲求に適合する教化説法をなさんが為めである。

諸《もろもろ》の仏子よ、娑婆世界に於けるが如く、東方の密訓世界に於ても苦諦を或は愛欲の追求と云い、或は脱出不可能と云い、乃至或は動乱と云い、或は肉体生活と云う。苦集諦を或は感覚と云い、或は焼と云い、乃至或は生の根元と云い、或は相続と云い、苦滅諦を或は正義と云い、或は堅実と云い、乃至或は不動乱と云い或は究極と云う。苦滅道諦を或は猛将と云い或は精進と云い、乃至或は絶対を得ると云い或は勝れたる智慧と云う。

諸《もろもろ》の仏子よ、南方の最勇世界に於ては苦諦を或は恐怖と云い、或は福祉の断滅と云い、乃至或は虚妄と云い或は勢力と云う。苦集諦を或は因縁と云い或は愚痴の元と云い、乃至或は闇黒の増加と云い或は進化の阻害と云う。苦滅諦を或は大義と云い、或は共済と云い、乃至或は安住と云い或は無変化と云う。苦滅道諦を或は「業火を滅す」と云い、或は最上行為と云い、乃至自由と云い或は解放と云う。

諸《もろもろ》の仏子よ、西方の離垢世界に於ては苦諦を或は悔恨と云い、或は相待と云い乃至或は邪見と云い或は忍耐不可能と云う。苦集諦を或は無実在と云い或は幻覚と云い乃至或は重荷と云い或は繫縛の強靭と云う、苦滅諦を或は平等と云い或は空と云い或は偏執の断滅と云う。苦滅道諦を或は堅実と云い或は教化法と云い、乃至或は涅槃を作ると云い或は煩悩浄化と云う。

諸仏子よ、北方の真実境世界に於ては、苦諦を或は愛欲と云い或は危険の根源と云い、乃至迷妄の根と云い或は変化の世界と云う。苦集諦を或は愛と名づけ或は沈溺と云い、乃至或は器と云い或は動と云う。苦滅諦を或は相続の断絶と云い或は解散と云い、乃至或は明と云い或は浄と云う。苦滅道諦を或は清浄行と云い或は正行と云い、乃至或は彼岸と云い或は無敵と云う。

これ等東西南北の世界にもかかる異名の外尚各々四十億百千万億の異名があってその生類の欲求に応じている。

諸《もろもろ》の仏子よ、この外東北方の訶尼世界、東南方の饒益世界、西南方の鮮少世界、西北方の知足世界、下方の所求世界、上方の解脱音世界に於ても種々の異名があってその数は娑婆に同じく、各《おのおの》その生類の求めに応じて真理を現わしている。この娑婆世界及びその十方の仏の世界に於ける如く、更に十方にある一団の世界に於てもまた各々この世界と同数の四諦の異名を説いて、その生類の能力に応じて真理を明らかにしている。』

第五　仏の光明（如来光明覚品）

文殊《もんじゅ》（聖者）　前出。

前に仏の本体と活動とを明らかにしたれば、ここにはその利他教化の効果を明らかにする。光明は利他教化の表示なり。仏の光明は現象界と本体界を照らして、共に平等、然も無尽の因縁関係あることを示す。

時に釈尊は両足の千幅輪相より無量の光明を放って、三千大千世界のあらゆるものを照らし現された。仏はその一切の処に於て、此処と同じく獅子座に上って微塵数の聖者に囲繞せられている。仏の神力によって十方に各々一の大聖者がいて、その聖者は各々無量の聖者を随えて仏のみ許に詣でた。十方の聖者とは文殊師利（東方金色世界）、覚首（南方楽色世界）、財首（西方華色世界）、宝首（北方薝蔔華色世界）、徳首（東北方青蓮華色世界）、目首（東南方金色世界）、精進首（西南方宝色世界）、法首（西北方金剛色世界）、智首（下方玻璃色世界）、賢首（上方如実色世界）である。皆その本国に於て聖者の学行を努めていた。

時に文殊師利は、頌して云うよう、

『もし正覚と解脱と煩悩とを離れて、万有に執着せざることを知るも、実行の足を運ばねばそれ等を成就することは出来ない。

もし仏は執すべき実体なく、その霊徳も縁によって生ずるが故に、縁滅すれば離散することを知る時にその人は速やかに仏と成り得る。また現実の執着すべからざる如く、仏もまた然ることを知れば、この人も疾《すみやか》に成仏する。

もし万有の平等観より、平等に即する差別に体達すれば、そこには認識は及ばない。仏も、我れも共に平等一相の上にあることを証《さと》れば、万有の流れに随って一切の執着を離れ得る。

心識の生む肉体と精神の五の彙類の空を体解すれば、その人は仏である。見るもの、見らるるものと云うが如き、固定せるもののないことを了知すれば、万有の真相を知ることが出来る。

一の中に無量を解《さと》り、無量の中に一を解《さと》りて、万有を総観すれば畏るる処はない。分析次第して知らんとすれば、実相を見ることは出来ぬ。』

時に仏の光明はこの世界を過ぎた十方の十仏世界を照らして、その世界のあらゆるものを前の如くに照らし現わし、
文殊師利はその霊能を讃え、

『仏は内外一切の悪魔を降伏して、勝るものなく、常に慈悲の心より、正義と同情とをもって生類のあらゆる恐怖を離れしむる。

仏は無量の世界の差別を破らずして、よく一時に無数の世界に遊び、一切の存在に秋毫の愛着も起さぬ。聖者の自由も仏の如くである。』

次に仏は前の十世界を過ぎた十方の百世界を照らして、化現することは前の如くに、文殊師利はその霊徳を讃えて、

『仏は、万有の幻の如く虚空の如く、固定の相なきことを覚って、心は浄く常に万霊の教化を完うせらるる。

或は家を出で妻子を捨てて一切の繋縛を逃れ、常に諸仏の辿るべき道を進みて、無差別の清浄境を観察せらるる。』

次に仏は前の百世界を過ぎた十方の千世界を照らして、化現することは前の如くに、文殊師利はその清浄の徳を讃えて、

『自我もなくまたその世界もなく、一切の境界は空である。仏の実体は清浄にして自ら真理を覚って、一切の塵垢《けがれ》を離れ給う。

内外一切の迷妄を解脱すれば、本然の相に還って、そこに何等の捨つべき虚妄はない。仏の智慧は、普く十方を照らして仏国を荘厳し、自ら虚妄を離れて、無量の生類を済度する。』

次に仏は前の千世界を越えた十方の万世界を照らして、化現することは前の如くに、文殊師利は大衆に勧めるよう、

『あらゆる人天の逸楽を捨てて常に大慈悲をもって群生を救済せよ。これ仏の清浄行である。乃至無量の仏土の微塵数に等しき仏の数を了知せよ。これ仏の清浄行である。』

次に仏は前の万世界を越えた十方の十万世界を照らして、化現することは前の如くに、文殊師利は

仏の体性、作用を頌して、

『仏の本質は相好の円満を云うのでなく、差別固執の相を離れた万有のありのままがそれである。普く光明を放って一切の世界を照らすは、万有の平等を知る一切智の作用である。そこに自在深広の義がある。』

次に仏は前の十万世界を越えた十方の百万世界を照らしてその化現は前の如くに文殊師利は仏のみ教えを讃えて、

『仏法の深義に達せんとせば、内外に対する虚妄の想を捨てて万有の真実性を体解せねばならぬ。万有を諦観し認識するは、実体でなく仮設の名辞に就てである。

仏の真実の教えに随えば万有は平等と差別の一に偏するものでなく、二者の相即をその真実相とする。』

次に仏の光明は、前の百万世界を越えた十方の一億世界を照らして、その化現は前の如くに、そして文殊師利は仏の救いの智慧を讃えて、

『常に生類を済度して、而も生類の想《おもい》なく、種々に身を現わし、環境の別を示すも、而も永く環境に想を止めぬ。

また内に冥想を凝すも、これによる愉悦に耽ることはない。これ等は教化の智慧の力である。』

次に仏の光明は、前の一億の世界を越えた十方の十億の世界を照らしてその化現は前の如くに、そして文殊師利は仏の利他教化を讃えて、

『生類は生死の流れに漂浪し、愛欲の海に沈没し、愚痴の網は十重二十重にからまって、常に不安と恐怖に襲われている。

信念堅く学行を怠らぬ大丈夫は、これ等の生類を救済して仏と成る。これ仏の大悲の境界である。』

次に仏の光明は、前の十億の世界を越えた十方千億の世界を照らして、その化現は前の如くに、そして文殊師利は仏の円満の徳を讃えて、

『無量の時間を一念の間にも悉《ことごと》く観察する時は、そこに来るものもなく、去るものもなく、現在と摑むところもない。畢竟《ひっきょう》限られた認識によっては、時間に関する真相は知り得ない。一切の生滅変化の現象が、そのまま真実の相なることを知れば、教化を完うして十種の力を具足する。

限りなき清浄の心は、十方に広がりて、至る処に真実義を説き、諸《もろもろ》の垢穢を滅除して平等の法に安住せしむる。かくして教化を完うすれば仏の境地に至る。』

第六　疑問の解決（菩薩明難品）

文殊《もんじゅ》　前出。

十首の求道者　無上の学道の根基をなす信を象徴せるもの。

上来、信仰の対象を明らかにしたれば、以下、信仰の内容を明らかにする。今は十種の深

義を明らかにして総ての疑難を解決し、理解ある信仰を説く。

時に文殊師利は覚首に問うて言うよう、

『仏子よ、仏心は平等の一相なるに何故に、趣く処に善悪があり、根に具欠があり又は美醜苦楽等の不同があるか。或は行為の異なる結果と云わんも、心と行為、主観と客観は相関的のもので、単独にて真相を断ずることは出来ぬ。』

覚首は答えて、

『万有は水の流れ流れて絶えざる如く、念々に創造進化するものなれば、静的に観察してもその実相は得られぬ。

認識差別によって苦報を現わすも、実は現出さるるものはない。その本質として万有は現出さるるものでない、示現の故に変化を生ずるも、法の本質に示現がないから、示現そのものもない。』

文殊師利は財首に問うて云うよう、

『仏子よ、何故に仏は生類の能力、欲求、時処等に応ずる教化をなし給うや。』

財首は答えて、

『一切万有はただ法界一心の現われである。各自の情意に基く認識は悉《ことごと》く虚妄である。

一切万有の変化は、悉《ことごと》く縁に因って起り、念々滅し去って、実は終始変異はない。』

文殊師利は宝首に問うに、

『一切の生類は、地水火風の四大によって構成さるるもの、従って生類には主となる自我もなくその世界もない、然るに何故に苦楽、美醜の果を異にするや。』

宝首は答えて、

『果報異なるも、そこに造者はない、鏡に影る像の内外何れが主なることなきが如く、また田にある種の各々相知らずして、自然に因となる如く、行為と結果の関係もこれに等しい。』

文殊師利は徳首に問うに『仏はただ一の法を証《さと》るに何故に万差の法を説くや』と。

徳首は答えて、

『仏に於ては説く法に差別はない、大地は一なれども、よく万差の物を載せて何等の区別をしないように、また大海の百川流れ入るも、その味を異にせざるように。』

文殊師利は目首に問うて『仏の福徳は皆平等にして怨親なき筈なるに、何故好醜尊貴の別を生ぜしむるや。』

目首は答えて、

『仏の福徳そのものは、元より平等である。大地のよく種々の芽を生じて怨親無きが如く、また差別を生ずるは、水の器によって異なるが如くである。』

文殊師利は進首に問うて『生類の解脱は仏のみ教えによるのであるか、或は己れの修行によるのか、もし修行にあれば教えの得失によって損益はない筈である。』

進首は答えて、

『限りなき煩悩を除くには、まさに一切の時に精進勇猛でなくてはならぬ。僅少なる火は薪の湿《しめ》るときは滅するように、懈怠のものは遂に解脱に至ることは出来ぬ。』

文殊師利は法首に問うて『仏の説法の教旨を誤らず聴くものは、煩悩を断ずべきに、生類は等しく正法を聞いても断ずることを得ないものがある。』

法首は答えて、

『多く聞くが為めに解脱を得るのではない。多聞をたのみて行を欠ぐものは、水に溺れんことを懼れて、渇して死する如きものである。』

文殊師利は智首に問うて『仏のみ教えは智慧を根本とするに仏は何故に布施、持戒等の六波羅蜜を讃《す》勧《す》めらるるや。』

智首は答えて、

『過去、未来、現在の一切の仏は唯一の道によって、正覚を成就されたものではない。仏は生類の性能に契《あ》うように種々の正法を説かれる。説かるる法は総て学道に回向され、それが資助となるのである。』

文殊は賢首に問うて『一切の仏は等しく唯一の真実道をもって流転を解脱せらるるに、その光明、寿命、教化等の異なるは何故なるか。』

賢首は答えて、

『真実の学道は、法爾自然にして因果ともに異なることはない。仏は唯一の実体にして心も、智慧も力も共に同一である。ただ生類の学道体験の精粗によって種々に差別せらるる。』

斯く覚首を始め九人の聖者が、各《おのおの》その体得するところを述ぶるや、文殊師利は学道成就の結果である仏の境地に就いて述べるよう、

『仏の境地は量り難く、学道成就して達すると云うも、真実はこれに達したと云うことはない。徳は十方に洽《あまね》くして然も無限に向上する。これが仏の境地である。これに至る道は唯仏が知るのみで、その余は説いて遂に明らかにし得ない』と。

この時、娑婆世界の生類は、仏の神力《みちから》によって、この仏の世界の一切衆生に関する一切の事象を悉く《ことごと》知ることが出来た。更にまた十方微塵数の世界に於ける一切の事象をも等しく知ることを得た。

第七　信仰の実際化（浄行品）

信仰の何物たるかを知り得たれば、ここにはその実際化を明らかにす。事に触れ縁に応じて発す百四十の願が示してある。

時に智首は文殊に問うて言く、

『仏子よ、貪欲、瞋恚、愚痴の三毒を離れた行為とは何ですか、精進して他に動乱せられない讃えるに足る行為とは何ですか、煩悩を離れて智慧を軌範とする行為とは何ですか、またそれ等を成就した

結果の福徳、智慧は如何ですか、また涅槃の因、聖者の学行は如何にして成就しますか、その結果、十種の智力を得、十王に護られ、一切を教化して万霊の最尊者となる有様はどうですか。』

文殊師利はこれに答えて、

『よいかな、汝の問うところは利するところ多く、世間を安穏ならしむるものである。仏子よ、三業を成就すれば、あらゆる勝れた徳性を養うことが出来る。即ち仏の正法を行うに礙《さわ》りなく、よく仏の説法の如く布教して生類を教化する。また明らかに万有の真相に体達して悪を断ち善を修する。そして相好円満に、大聖普賢と等しく万有の平等に即する差別を知る智慧を成就して、為すところとして遂げられざるなき自由の境地を得、そして仏に亜《つ》ぐ指導者となるのである。

勝れたる実行とは、百四十の願行であるが今はその主なるものを挙げよう。

家に在る時は、「一切の繫累を捨てて、万有は因縁より生ずる実体のないものと証《さと》ろう」と。

「総てのものをも布施して、心に秋毫の執着を持つまい、施物にも与えし人にもその思いにも」と。

自ら仏に帰依する時は、「生類と共に成仏の大道を体解して、無限に向上の一路を辿ろう」と。

自ら僧に帰依する時は、「生類と共に万有を統理して一切に自由になろう」と。

仏の戒を守る時は、「生類と共に一切の戒を学行して総てを完うしよう」と。

手に楊枝を執る時は、「生類と共に正法を軌範として一切の汚れを去ろう」と。

衣を被る時は、「衆生と共に諸《もろもろ》の正しい力を得て慚愧の衣を被ろう」と。

道に黄塵の揚がるを見ては、「生類と共に永く垢穢を捨てて真の清浄を得よう」と。

橋梁を見ては、「生類と共に涅槃に至る法の橋を架けて人を渡して怠るまい」と。

食物を摂る時は、「生類と共に法の為めに奉仕して仏道を成ぜよう」と。

入浴するときは、「生類と共に身も心も清浄にして光明の生活をしよう」と。

深夜に寝ねる時は、「総ての活動を息めて、心浄らかに安眠しよう」と。

仏子よ、日夜に、身口意になす総ての行為が、かく万霊と共に無限に向上し、完全に進化しようとするとき、信仰は実際化される。信仰がかく実際化さるれば諸天、悪魔、異端者、世人、声聞、縁覚に動乱せらるることはない。』

第八　信仰の力（賢首品）

文殊《もんじゅ》（求道者）　前出。
賢首《けんじゅ》（求道者）　聖者普賢の入信の法悦と性能とを人格化せる名。

前の二章に信仰の理解と実際化を明らかにせられたから、進んで求道者賢首の実感として信仰を体現するものの限りなき悦びと量り難い勝徳と拘束なき偉力とを明らかにして信仰の必要を勧説せらる。

賢首は文殊に促されて次の如き実感を述べた。

『仏の教えを信じ真理を体得する者の偉徳霊能は、入信の当初でさえ限りなく広大なものである。まして無限に向上の一路を辿る求道者の生活内容の説明は、仏の（ママ）を以てしても尚お容易でない。いま自分の浅劣を顧みず、述べるところは勿論大海の一滴である。然しそれは一微塵が大地を表わし得るように、聖者の生活と相通じ、一面両者は鎔融して相即の関係があると云える。

うち仏性の萌動に依り、ほか師友の啓発に憑って仏に成ろうと思えば、次の学行を修め、成就する覚悟――菩提心――がなくてはならぬ。求道者の学行とは真理を探究し、仏法僧の三宝に帰依し、名利逸楽を捨てて万有の円満生活と、社会の完全進化とを期することである。換言せば無量の仏に奉仕する処に究竟の真道を求めて万有の真実相に体達せんと努むることである。この学行を成就しようとする覚悟が仏の生活に入る根基であるが、更にこれ等の聖行は金剛不壊の信仰を基調とすることによって、始めて完成せらるるものである。

信は実にあらゆる修養の根元、福祉の母である。即ち一切の疑惑を除いて究竟の真道を開顕し、諸《もろもろ》の染垢《けがれ》を離れて不動心を養うなど万徳を収むる宝蔵であり、万行を成し遂げる浄手である。斯く信仰は総ての汚れを除いて、高遠な真理を体解して漸次諸《もろもろ》の善行美事を完うしつつ遂に仏陀の境地に至らしむるものである。

信仰はあらゆる霊徳を生ずる種で、無限向上の学道の樹を生じ、最上の智慧を成長させて、一切の仏を現わすものである。

一切の仏を信仰し尊敬すれば、無上の学道の根本である。戒を持ち、み教えを遵奉することが出来る。み教えを軌範とするが故に、一切の汚れを離れて仏に護られ、無限の向上心を発起する。

もし無限の向上心を発せば、よく仏の徳を養うて諸仏の家に生れ、あらゆる執着を捨てて勝れたる心を得る。この勝れた無限向上の欲求は一切の波羅蜜を修し大乗の行を完うする。そして仏を供養すれば念仏を専修して仏を見る。この見仏は仏の厳存することを信じ、法の不滅を知って、他を教化する大悲心を成就する。大悲の心を得れば、更に甚深の法を求めて精進して、次第に十地の学行を体験しつつ、遂に法界に遍満する実体を体現することが出来る。

かく法界遍満の仏身も畢竟《ひっきょう》、信仰を基調とするによって成就せらるるので、実に信仰は無上の学行と、無量の智慧と、無量の霊徳とを蔵する仏法の大海である。

仏のいない処に現われて法を説き、一念の間に十方に遊び、念々に仏道を成就して教化の種々相を現わすことが出来る。これは海印三昧の力（仏陀自覚の内容）である。

妙なる荘厳を凝せる世界に一切の仏を供養し、生類を教化して、自在に六波羅蜜の徳を養い得るは、華厳三昧の（仏陀の活動）力である。

一切の中に無量の世界を現わして、狭からず、その中の世界に有仏、無仏、浄不浄、大小種々の相を現わし、然も交錯して相礙げず帝釈天の網の如きは仏の解脱自由の力である。

もし仏を供養するに、一の手をもって三千世界を覆い、妙なる華、無価の宝珠、奇異なる香は、悉く《ことごとく》自然にその手より現われ、その他宝幢、幡蓋、宝帳《とばり》、妓楽、光明などあらゆる供養の品を出すことが出来るも信仰の力である。

また信仰の生活をなすものは、一切生類を安んぜんが為めに、六波羅蜜、縁起、無我などのあらゆる教化の法を現わす自在の三昧を得、また生類の欲求に応ずる為めに、或はあらゆる布施を行い、或は種々の美術、音楽をもって正しい同情の下に、万有共に済《すく》い、共に進歩向上することをはかる。また世俗の学行技芸を博捜して、或は長者、或は商人、或は国王大臣、或は良医となって教化し、また火に事《つか》え、裸体の生活をなす如き種々の外道を教化する為めに、自ら彼等と生活を同じゅうし、また人類のあらゆる言語に通暁するは勿論、鬼神、畜生の語を解して、その宜しきに従いて用い、名称の説述、義理の闡明、用語の広多、説明の適切なる所謂、法、義、詞、楽説の四弁を用いて、世間に応同する教化を行うことが出来る。

また一切生類を救う為めに、種々の大光明を放つ三昧を得る。即ち善現、清浄、済度、除愛、歓喜、愛楽、徳聚、深智など四十四種の光明を放って各々異なる教化を成就して秋毫の遺漏がない。これ等の光明は恒河《ガンジス》の砂の数にも等しく、仏の一切の毛孔より放たれて余すところがない。一の毛孔より放たるる光明が、恒河の砂の数に等しい如く、一切の毛孔より出る光も同一であるが、これは仏の三昧の自在力によるのである。常に無量の徳性を養い、無数の仏に奉仕して、無限に無上の学道を辿るものはこの光明を覚ることが出来る。盲人の太陽を見ないのは太陽がこの世に出でないからではない。大聖の光明もこれと等しく、生類に見るものと見ざるものとがあるので、邪見罪過のものは見られず、勝れたる智慧を有《も》つものは見ることが出来る。

信仰の門に入れば十方諸仏のみ前で、三昧に出入することが自在で、或は聖者の三昧中に万有を観察し、或は仏に奉仕供養する。また一毛孔の中にて三昧より起ちて通常生活にかえり、或は一毛孔の中にて三昧生活に入る。

大慈悲の心なく、生類を顧みることなき声聞も、尚お種々の霊能を具えて思議し難い、いわんや広く他を教化せんとする聖者の霊能をや。澄み亘った水の中には、象兵、馬丘、車兵、歩兵の四兵各々その形を異にするも、よくその兵器までも明らかに印現するように、聖者の智慧の浄水の中には万有を等しく現出して差別する処はない。

海神妙音は三毒を具えながら、尚海中の生類の音声を解することが出来る。況《ま》して万有一切を統理する大智慧の力の自在なることは云うまでもない。

天人と阿修羅と戦う時、諸天は心に恐れを抱くも、勝れたる徳の力によって「懼るることなかれ」と慰安する自然の声を聞けば、恐れは勇気と変じ、阿修羅は恐れ戦いて退却する。天の声さえかくの如くである。無限の学道を辿る求道者の霊徳より出ずる声の一切の恐怖を除き、衆魔を撃退することは云うまでもない。

大海の万象を印現し、一切の河水を容れて増減なきが如く、聖者の霊能は一切の善を増進して厭うことがない。

諸《もろもろ》の竜王は、不思議の力をもって、自ら宮殿を離れずして、雲を呼び雨を降して、普く一切を潤すことが出来る。況《ま》して仏のみ教えを信じてその源底を究めるものが、如何して不思議の霊能を具え得ないことがあろうか。

斯く予は諸《もろもろ》の喩えをもって信仰の力を例示したが、信仰によって体得する自由の境地は、実に一切の霊徳を具えて、その霊能は比較すべき何物もない。

世の人々にはこの法を信ずることは容易でない。ただ諸《もろもろ》の善法を思惟する本有の力によってのみ、これを信ずることが出来る。三千世界を頭に戴《の》せていることは、尚お難事とは云えない。この法を信ずることこそ最大の難事であろう。微塵数の生類にあらゆる供養を捧ぐるも、尚おそれは勝れた徳とは云わない。真に勝れた徳はこの法を信ずることである。』

賢首がこの章を説き終るや、十方の世界は六種に震い動いて、あらゆる悪魔の宮殿を破壊して、光明は十方に輝き、一切の罪悪は浄められた。そうして十方の諸仏は、賢首の前に現われて、その頂を摩《な》で、賢首の信仰に関する実感を讃歎せられた。

忉利天会

信に関する説明を終りたれば実行に移る。実行は深い理解に基く。理解は智的迷妄の解脱である。この迷妄を離ることを顕わす為めに仏は忉利天に昇らるる。今は昇天と、帝釈天に開かるる会座の厳浄を明かす。

第九　妙勝殿の集い（仏昇須弥頂品）

釈尊は菩提樹下の金剛宝座を離れずして、須弥山の頂——欲界の最上——帝釈天の宮殿に移られた。帝釈の天王は遥に仏の来会せらるるを見て、その妙勝殿の上に仏の牀座を調え、その装飾は善美を尽し、一万の天子、一万の梵天は仏を囲繞して、宮殿は光明に満たされた。

釈尊は王の請を容れて妙勝殿に昇られた。これはこの世界のみでなく、十方一切の世界に同じく現わされた事である。

王は自ら過去になした善事を追想して、仏の徳を讃え、その宮殿の瑞祥を述べるよう、『過去の迦葉《かしょう》、拘那牟尼《くなむに》、拘楼《くる》、随葉《ずいしょう》、尸棄《しき》、毘婆尸《びばし》、弗沙《ふっしゃ》、提舎《だいしゃ》、波頭摩《はずま》、錠光《じょうこう》の十仏は、皆斉《ひと》しくこの宮殿に来られた。故に此処は瑞祥の地である。』

十方の帝釈天も、皆同じく仏を讃えた。かくて仏が獅子座の上に端坐せらるるや、宮殿は為めに広博厳浄になって忉利天のようであった。

第十　理解の生活（妙勝殿上説偈品）

十慧《えい》の求道者《ぐどうしゃ》　理解の主体の智慧を人格化せるもの。

仏は昇天せられて説法の会座は定まった。まさに仏の開説を促すべく十方より、十人の聖者が来会して、仏の徳を讃えるのが、この章である。

時に百仏世界微塵数の世界を過ぎた十方の世界より、十人の聖者が各々微塵数の聖者を従えて来会した。十人の聖者とは東方因陀羅《いんだら》世界の法慧、南方蓮華《れんげ》世界の一切慧、西方衆宝《しゅぼう》世界の勝慧、北方青蓮華《せいれんげ》世界の功徳慧、東北方妙行《みょうぎょう》世界の精進慧、東南方善行《ぜんぎょう》世界の善慧、西南方歓喜《かんぎ》世界の智慧、西北方星宿《せいしゅく》世界の真実慧、下方無厭慈《むえんじ》世界の無上慧、上方虚空世界の堅固慧である。無量の聖者がこの世界に雲と集う如く十方の世界にも雲集した。釈尊は両足の指より百千億の光明を放って、普く十方の世界を照らして、その菩提樹下、妙勝殿上を照らされた。

時に東方因陀羅世界の聖者法慧《ほうえ》は、神のみ力を承けて普く十方を照らし、仏の徳を讃えるよう、

『仏は荘厳せられた妙勝殿に現われ、十方の聖者は我が聖者と同じく仏のみ前にある。十方の妙勝殿に於てもこれに同じい。仏たらんとするものは清浄の願を立て聖者の学行を修めねばならぬ。』

南方世界の一切慧《いっさいえ》は讃えるよう、

『一切万有は不生不滅のものである。この真実相を解《さと》れば、そこに諸仏が現われる。故に執すべきものもなく、見るべきものもない、本来、平等で認識することは出来ぬ。』

西方世界の勝慧《しょうえ》は讃えて、

『万有を認識するに一つも真実なるものはない。かくの如く法の真相が解れば盧舎那仏を見奉る。暗黒の中の宝は光のない為めに見られない。その如く真理も説くものがなければたとい智慧を有するも睹《み》ることは出来ぬ。』

北方世界の功徳慧は称える、

『諸法は空にして執すべき実体はない。これを知らずに現象を固執するところに生死の流転がある。宇宙の心を知らんとするには、一切を平等視する法眼を求めねばならぬ。法眼を得れば仏を見奉る。』

東北方世界の精進慧《しょうじんえ》は云う、

『諸《もろもろ》の妄想に煩わされて、平等の自体を見る慧眼は明瞭を欠ぐ、慧眼曇るが故に、愚痴や邪見が増上

して仏を見奉ることが出来ぬ。世の名辞概念は虚妄で真実でない、万有は総て縁より起ると知れば変化不安の患を離るる。』

東南方世界の善慧《ぜんえ》は曰く、

『ものを見てその見に執着せなければ、その観察は正しい。これが真実の法で一切の仏の説く処である。よく真実の仏と、そのみ教えを体解すれば、普く一切を照らすことは、仏盧舎那の如くである。』

西南方世界の智慧《ちえ》は云く、

『流転は生死にして常住は涅槃である。然し生死と涅槃の二者の間には、差別はない。虚偽妄想のものは生死と涅槃を異なるものとして、聖賢の教えに背き無上の真道をあやまる。』

西北方世界の真慧《しんえ》は讃えて、

『実を実と知り、非実を非実と知ってものの真相を解《さと》るのを号《なづ》けて正覚と云う。作《な》すとか作されると云うことは共に無いことで、この理が解ればこれを求むるも、得らるべきものはない。諸仏の依止する所は絶対境である、万有には主体なく覚者には執着する世界がないから。』

下方世界の無上慧《むじょうえ》は曰く、

『平等もなく差別もなく、万有の全的否定、これが諸仏の世界である。仏は生類を導きて正法の中に安住せしめらるる、安住して然もそこに止まらなければ真実の仏身を見出す。』

上方世界の堅固慧《けんごえ》は曰く、

『世界にもし仏と聖者とがなければ、一切の生類には一の楽しみもなかろう。仏を見奉るものは為めに最大の利を得、仏の名を聞いて喜べば世の宝塔と成り得よう。

我等は重ねて仏盧舎那を見ることを歓ぶ。限りなき智慧は、説いて遂に尽し得られぬ。』

第十一　理解の階梯（十住品）

法慧《ほうえ》（求道者）　理解の主体の智慧を表わす十慧を代表するもの。

仏は来り、大衆は集れり、そこで正しく学行に対する理解を説くに、その深浅を十種の階段（十住）に分ちて進趣を明らかにしてある。

時に法慧は仏の神力を承けて、方便無量三昧に入り、その三昧の力によって十方の千仏の世界の外に、千仏世界の無数の仏を見奉ることを得た。その仏は皆斉《ひと》しく法慧と名づけられた。

これ等の仏は法慧に告げらるるよう、

『法慧よ、汝はよくぞ無量方便三昧に入った。それは十方無数の諸仏の加護と盧舎那仏の本願力と、汝の正しい性能とによって得たのであるが、また汝をして広く法を説き、法界の理を体得せしめて、その理解の法――十住――を弘めしめんが為めである。善慧よ、仏のみ力を仰いで微妙の法を説け。』

時に三昧の力によって自然に仏は、万有の学行に対する理解を自由に説き得る無礙智、一切に執着しない無住智などの十智を与え、法慧の頂を摩《な》でられた。

法慧は三昧を出でて諸《もろもろ》の聖者に告げるよう、

『諸《もろもろ》の仏子よ、求道者の心地は深広で、法界の如く、虚空の如くであらねばならぬ。聖者は総て三世の諸仏の心地に基いて生活するから。その理解を期する求道者の十住の行は三世の諸仏の等しく説かるる処で、その十住とは一に初発心、二に治地、三に修行、四に生貴、五に方便具足、六に正心、七に不退、八に童真、九に法王子、十に灌頂である。

【初発心住】 諸《もろもろ》の仏子よ、仏の円満なる相好を見、み教えを聞き、生類の苦に悩むを見て、これを救済し自らの知見を磨いて自他共に無限に向上せんと志願するのを初発心と云う。即ち菩提心をおこすことである。初めて菩提心を発せば正邪を甄別《けんべつ》する智力、結果の浄穢を知る智力等の十種の力を得て仏を供養し、聖者を讃歎する等の十法を修することになる。

【治地住】 次で大慈悲を増進せしむる為めに大慈心、大悲、歓喜心、衆生を済度する心等の十心を発して見聞を広くし、汚れを除く禅定を修め、善友に親しむ等の十法を学修する。これを治地住と云う。

【修行住】 進んで明確なる知識を増進せん為めに、万有の無常なること、空なること、苦なること、無我なること等を観察して、生物界、法界などの十種の世界の差別を知るのを修行住と云う。

【生貴住】 明確なる知識を得れば、三世を達観せんが為めに、仏に対する信念を確立し、聖教の旨を体現するなどの十種の法を修めて、三世の仏の教えを分別し、その教えを実行するなどの十法を学修するに至る。これを生貴住と云う。

【方便具足住】 三世の現象を達観し得れば、進んで一切の生類を教化し、済度し、安楽にして完全なる向上を遂げしむる十種の法を修行して、心の執着を離るる為めに生類の限りなきこと、形貌、質量種々異なることなどの十項を観察する。これを方便住と云う。

【正心住】 仏と、その み教えと、これを修行する人とに対する信念が堅く、他の褒貶によって、これ等に対する信仰と、実行を動揺せしめらるることのない、十種の決定心を得て、真理体得の無生法忍を得る為めに十法を学修して、万有の現象、実体を否定するのを正心住と云う。

【不退住】 仏と法と修行者等の十法に対する信念の確立は、その有無に拘らず、動揺せられ退堕することはない。更に進んで教化を完うせんが為めに、一は即ち多、多は即ち一なる真理、法と義の関係などを了知する。これを不退転住と云う。

【童真住】 教化の行は漸く進み身、口、意を清浄にして衆生の心と、その行為の差別、世界の持続と破滅等を知って、総ての学行を成就せんが為めに、仏の世界の相状を知り、弁才を養い、一念に無量の諸仏を供養するのを童真住と云う。

【法王子住】 生類の境遇と諸《もろもろ》の煩悩とを知って、縦に古今に通じ、横に世俗、第一義等の一切の真理を解《さと》り、万有の真相に透徹する智慧を得るために法王即ち仏の行う処、その境地、仏の優越性等を知るのを法王子住と云う。

【灌頂住】 かく学行が深化さるれば無量の世界を照らし、その完全進化をはかり、また生類の能力に応じてこれを教化するに至る。而して更に進んで平等の上の差別を知る智慧（一切種智）を得んが為めに、過去未来に通暁する智慧、法界の真理を証《さと》る智慧などを磨くのを灌頂住と云う。』

時に一切の世界は震い動き、天はあらゆる宝華を供養し、妙なる音楽は奏せられた。この世界に於けるが如く十方世界に於ても同様である。

仏の神力によって無量の聖者は十方より来て、忉利天に充満して法慧の十住の説明を証明された。

第十二　発心と真証（梵行品）

法　慧《ほうえ》（求道者）　前出。

正念天子《しょうねんてんし》（求道者）　清浄無我の法を受くるに堪ゆる、一切の妄念を離れた心地を象徴せるもの。

理解□（欠）実行に進み、前の十種の階位の説明による行相を実際化する。即ち三業を浄化して初発心に正覚を成就することを明かす。

時に正念天子は法慧に問うよう、

『仏子よ、世の諸《もろもろ》の求道者は、この世の久しく住むべき処でないことを信じて出家し、学道に努めているが、如何なる清浄行を修し、如何なる階級を経て無上平等の仏と成るのですか。』

法慧は答えて云うよう、

『天子よ、無上の真智を求むるには十種の法を修せねばならぬ。十とは一には身に正善を行うて非法、混濁等の行を除く、二には行住坐臥に威儀を整える、三には音声言語の清濁高低に注意する、四には口に説く処の思想内容に注意する、五には直観推理、憶想、思惟を正しくする、六には智と情と意志を正しくする、七には仏の相好、神通を信ずる、八には正教を信じ虚妄を捨てて涅槃を欣ぶ、九には仏道の修養に志すものを尊敬する、十には仏の定むる正規を遵守することである、また仏の十力の偉大なることを観察して、大慈悲を具えて生類を教化し、然も総ては幻の如く夢の如く何等犯すべきものはないと解《さと》らねばならぬ。斯く万有の真相を達観すれば、行うところ少なくとも速やかに仏の境地に至ることが出来る。即ち無限向上の志を立つる時、直に正覚を成就して、万有の真相を知る。この正覚によって得るものは他の指導又は伝説等に倚らない真実の自覚体である。』

第十三　仏道志願の力（初発心功徳品）

帝釈天《たいしゃくてん》（求道者）　求道者の理解を要求する心地を象徴せる人格。
法　慧《ほうえ》（求道者）　前出。

前節に発心の当初に成仏の可能なることを明らかにしたれば、その初発心の心地の広大にして一切の性能を具うることを説く。

帝釈天は法慧に問うて言うよう、
『仏子よ、初発心の時、如何なる性能が成就し得られますか。』

法慧は答えて、

『無限向上の学道に志した時の心地は、甚深にして容易に知り難いが、予は仏の神力をうけて概要を説明しよう。一度無限に向上を追求する菩提心を発せば、その時に得らるる性能は長年月の間、五戒を持ち、十善道を修め、小乗の修行を成就するにもまさる。それは菩提心が一切生類を済度する為めに発されるからである。また一刹那に無量の世界に遊び得る人も、なお初発心の心地を知ることは出来ぬ。それは菩提心は一世界に一切世界を包含し、一念の間に一切世界の相を観ることを本願とするからである。また菩提心は世界の生成衰滅を知るにも、生類の欲求を察するにも、煩悩を知るにも、仏を供養するにも、限られた世界を対象としないで広く一切の世界を対象とするものである。故に菩提心を起せば、その性能は一切に光被し、万有の力を包含することが来《（ママ）》る。一たび学道に志せば永劫の過去、永遠の未来を尽して一切の仏の智慧、霊徳を知ることが出来る。故に初発心の聖者は仏であると云える。すなわち初発心の性能は三世の一切の仏と等しく、三世の仏の境界と等しく、正法と斉《ひと》しく、仏心と等しい。』

法慧は更に初発心の徳を讃えて、

『信心は堅くして金剛の如く、何物も沮《はば》むことは出来ぬ。常に仏のみ許に於て恩を知り恩に報ゆる。最勝の世界には無量なる智慧の光が輝いている。聖者はこれを求めて発心し、自ら覚って他の指導や伝説をまたぬ。

万有を観察して一切の疑いを除けば、仏のみ所に於て浄信転《うた》た堅く、信はよく智慧の力を成就する。智慧が浄められれば必ず真実を解《さと》る。

清浄にして広大な向上心は虚空の如く、明らかに時間と空間にかかわる総てを体解する、信心動かざること須弥山の如く、よく一切生類の功徳の蔵となる。

聖者の初発心の性能は甚だ深広に、無限の時を費して遂に明らかにし得られぬ。過去未来及び現在の「時の流れ」には限りがない。たとえその「時」は量り得べくも、聖者の初発心の性能は虚空のように辺際《はてし》がない。

人中の至尊、仏陀と一切の霊徳を生む聖行と、最上究竟の涅槃の果とは、皆初発心を根基とする。仏の十種の力、無礙の弁才、四種の優越性、十八の特殊性など、無量の聖徳霊能はみな初発心に基く。

聖者の初発心は称讃するも尽すことは出来ぬ。無量の衆生に、平等に楽しみを与うる。仏の明浄なる智慧の灯を得んとせば、まさに深広な誓願を立て、速やかに無限向上の学道に志さねばならぬ。一切の功徳の中でこの学道は心が第一である。十方の仏を見奉らんと欲し、無量の霊徳を得んと欲し、また生類の限りなき流転の苦を滅せんと欲せば、まさに堅い誓願を立てて、速やかに無限の向上心を発さねばならぬ。』

第十四　理解より実行へ（明法品）

法慧《ほうえ》（求道者）前出。
精進慧《しょうじんえ》（求道者）無限に向上を要求する精進の徳を人格化せるもの。

忉利天に於ける説法の結論として、上に説く処の観念を更に明瞭にして、次に進展すべき学道を示さる。

精進慧は法慧に問うて言うよう、

『仏子よ、発心の当初に無量の性能を具えて、無上の学道を成就すると説かれたが、如何なる理由で、発心によって功徳を増上させ、仏を喜ばせ、次第に学行を進めて、清浄の行と大願とを成就して聖者の霊徳が具えられますか、また仏陀の境地に導く波羅蜜の行を完うしつつ、生類を教化し、三宝を興隆して為す所が一も徒労にならないのは、如何なる理由《わけ》ですか。どうか教えて下さい。またその行は諸《もろもろ》の煩悩の汚れを除き、仏の智慧を得て、世間の迫害に屈せず、よく仏行を完うして獅子王の如き畏徳、満月の如く、蓮華の如き清浄な霊徳を具え得るのですか。』

法慧は答えて云うよう、

『已《すで》に無上の学道に志せば、自らその道に精進するから、その性能を増上させることが出来る。即ち精進によって戒を持ち、愚痴を離るる等の十種の消極的善行を完うすれば、更に積極的に智慧を求め、善友に親しむ等の十種の真実の善行を修むることになる。次に仏の喜ばれるのは発心したものは聖行を努めて仏法の深義を了知するからである。また無上の学道に志せば「仏の説かるる十住の行を完うして無量の力を得、そして仏の境地に達する善行を成就しよう」と念願して、常に波羅蜜等の十種の修行をなすによって次第に理解を深めることが出来る。次に清浄行と云うのは布施、持戒、忍辱等の六波羅蜜などの十種の法によって、心地を浄化することである。これによって仏の加護を受け、教化を蒙むる十種の勝れた恵を受ける。

大願を成就するとは、生類を教化し国土を浄化し、仏に奉仕して、正法を護持するが如き十種の清浄の願を起し、常に勝れたるものを求めて仏の世界に生れんと精進努力することである。これ等の願いを果遂すれば教化、万有の認識、三昧、等十種の無尽の宝蔵を成就する。これによって生類の能力、境遇に応じて適切な教化を施して、生類に万有の平等なる理を解《さと》らしむると共に己の修養の為め、常に十種の波羅蜜の行を修する。この自利利他の二つが満足に成就されて始めて一切生類を挙げて解脱の自由境におくことが出来る、この一切生類の解脱は仏の本願であり、教えの精神であり、修行者の学行であるから、よく三宝を興隆する事によって一切はここに初めて統一回向せられて無上の学道は完成せらるる。かく一切の行為の本である身、口、意を浄化するによってその行う処は清浄に、為す処は常に真実の大道となる。

十住の行即ち理解は愚痴の暗を滅し、一切の汚れを捨てて無上の学道を成就する。学道を成就すれば、仏の智慧を得て仏の深いみ教えを証《さと》り、これを普く一切の生類の為めに説き、甘露の法を雨降らすことが出来る。かくて十方に光被する大慈悲は現われ、生類の意欲に従って教化は自在である、而して動作の泰然たることは大象王の如く、威徳の巍々たることは獅子王の如くである。』

法慧の説法が終れば仏はこれを歓ばれ、大衆は共に実行せんことを誓うた。

夜摩天宮会

第十五　体験の生活（夜摩天宮自在品）

忉利天に於て説かれた十住の法門は、理解である、思想である。思想は実行に移されて偉大な力を現わす。従って思想は体験に進み、理解は実行を呼ぶ。解の静は動の行に向わねばならぬ。ここに仏は昇天せられ、聖者をして無量の学行を説かしめらる。今は仏の、縁に応じて昇天し、会座の荘厳さるるを明かす。

釈尊は神力によって菩提樹下、普光明殿及び明勝殿を離れずに、夜摩天の宝荘厳殿に向われた。夜摩天王は遥かに仏の昇天せらるるのを見て、直ちに殿上に獅子座を設け、荘厳に善美を尽して仏を屈請した。

すなわち仏が宝殿に昇り獅子座に就かるると、今まで響き渡っていた天の音楽は止んで、殿の内外は寂然と、何等の声もない。夜摩王は過去を憶念して、名称、宝王、喜王、慧眼、饒益、無師、天人中尊、無去、分別、苦行の十仏を見奉り、その徳を讃頌した。

この光景は十方の夜摩天に皆現わされたことである。

第十六　体験の力（菩薩説偈品）

十林《じゅうりん》の求道者《ぐどうしゃ》　智慧を素地として真理を体得する実践躬行を人格化せるもの。

十方の十慧世界より十林の聖者が来会して次第に仏の徳を讃えて、実行の妙境を示す。

その時、十方各々十万の仏の世界を越えて十慧の世界がある。即ち無量慧、幢慧、地慧、勝慧、灯慧、金剛慧、安楽慧、日慧、清浄慧、梵慧と次第して其処には常住眼、無量眼、真実眼、等の十眼の仏がいられる。これ等の世界より功徳林、慧林、勝林、無畏林、慚愧林、精進林、力成就林、堅固林、如来林、智林の十人の聖者が、あまたの聖者を従えて、仏のみ許に詣でて礼拝し供養して、来た方角に座を占めた。この世界の夜摩天に聖者が集るように、十方の世界に同じくその身を現わして、仏の会座を囲むのである。

時に釈尊は両足の指より、百千億の光明を放って、菩提樹下、宝荘厳殿の獅子座を照らし、仏の神力《みちから》と諸仏の大会とを現わされた。

功徳林は仏の神力を受けて讃えるよう、

『世尊の大会は知らざるものなく、普く十方世界に最上のみ教えを説き給う。

一切のものは仏を人中に、或は獅子座の上に、然もまたこの夜摩の宮殿に見奉る。』

慧林《えりん》はまた仏の神力を承けて讃える、

『もし妄汚《けがれ》なき天人の師を見聞すれば、永く悪処を出でて一切の苦しみを離るる。

世界に充満する珍宝を悉く《ことごと》施すとも、この義を解しなければ正覚を成就することは出来ぬ。』

勝林《しょうりん》はまた神力を承けて讃える、

『万有は生ずる始めもなく、滅する終りもない。もしよくこの理を解《さと》らば仏を見奉る。

万有は他によって生ぜらるるものでないから、執すべき存在はない、この理を認識するものは深義に体達する。』

無畏林はまた神力を承けて讃えるよう、

『もし仏の無量の霊能を聞いて元に帰依し、篤く信ずるものは人中の雄となる。

もしよく一心に現在の仏を信仰せば、その人は正覚を成就して、限りなき真理を闡明する。永劫、値《あ》い難きものは仏である。もし聞くことを得れば、それは本願の力である。』

慙愧林《ざんぎりん》はまた神力を承けて讃えるよう、

『生死と涅槃とは二つながら虚妄である。愚と云い智と云うも、共に妄想で真実ではない。霊能は智慧より生ずるのでもなく、無智よりでもない、一切万有の真相に体達すれば、差別の闇は除滅さるる。

阿伽陀薬の一切の毒を消す如く、仏の智慧はよく諸《もろもろ》の痴闇を除き得る。』

精進林《しょうじんりん》はまた神力を承けて讃えるよう、

『万有はもともと差別はない。唯仏のみこれを知り給う。万有の一切を等しく知り尽して、始めて智慧は絶対の彼岸に達する。

涅槃は絶対にして取るべき差別はない。然しこれを説くには二種とする。万有もまた差別の相はない。差別と見るは智によるからである。

種々の数は皆数理に基いて各々に実体はない。万有もまたその如く、その根本に差別はない。数の真理によれば一を増しつつ遂に無限大に至るものである。故に何れの数も無限大にしてその間に差別はない。唯智慧の為めに差別せらるる。』

力成就林《りきしょうじゅりん》はまた神力を承けて讃えるよう、

『個体の構成要素である五陰は、総て虚妄のもので、真実の存在ではない。従って生滅変化なく、総ての差別相を離るる。

現象界に差別の相がないように、仏及びその法にも差別はなく、三ともに特殊な実体はない。

諸《もろもろ》の誤謬を除いて明瞭に真実相を見れば、仏は常にその人の前に現わるる。』

堅固林《けんごりん》はまた神力を受けて、

『凡ての相状と行為とは思議し難い、目に見るものは真の存在でない。心も然《そ》うである。諸仏の身もまた認識することは出来ぬ。限りなき仏の体は一切に普く世界に現わるる差別の身は仏でなく、仏は差別の身でない。』

如来林《にょらいりん》はまた仏の神力を受けて讃えるよう、

『たとえば巧みなる絵師は、画を描くに種々の色を用ゆる。世の人は妄りにかりの、種々の色の異なりを見るも、色そのものをなす四大——物質の構成要素たる地、水、火、風——には差別はない。心は巧みなる絵師の如く、よく固体を構成する五陰を画き、一切世界の中、ものとして作らないものはない。心は仏の五陰を造り、また仏の如く生類の五陰を作る。故に心と仏と及び生類との間には差別はない。

もし人三世一切の仏を知らんとせば、先ず心は諸《もろもろ》の仏を造るということを思念せよ。』

智林《ちりん》はまた仏の神力を承けて、

『仏の徳は説くべきものでない。説くべからずして然も説くは、自ら欺くものである。自己の修養ならずして、他を教化することは出来ぬ。

大空は清浄にして色の見るべきものはない。故にあらゆる色を現わすも、その体は見られない。大智の人もまた無量の相を現わすも、認識の境でなく、総て睹《み》ることは出来ない。』

第十七　体験の過程（十行品）

功徳林《くどくりん》（求道者）　十林聖者の代表者。

雲と集う聖者を代表する十林の聖者の讃歌が終れば、仏は十林の中の功徳林をして十行を説かしめらる。十住の理解によって錬達されたものは、更に玄妙の学行を体験せねばならぬ。

その時功徳林は、仏の神力を承けて善伏三昧に入り、十方各々万の仏世界を過ぎた外に、万の仏世界の微塵数の諸仏を見奉った。

その諸仏は功徳林に告げて云うよう、

『よいかな、汝はよくぞ善伏三昧に入った。それは諸仏の神力の加護と、盧舎那仏の本願と諸《もろもろ》の聖者の霊徳の力によるのである。これ全く汝に甚深の法即ち十行を説かしめんが為めである』と。

そうして諸《もろもろ》の勝れた智慧を与え、その頭を摩《な》でて十行の開説を慫慂せられた。

功徳林は三昧より立って諸《もろもろ》の求道者に告げらるるよう、

『諸《もろもろ》の仏子よ、求道者の体験は思慮し説明することは出来ぬ。広大なことは法界の如く、限りのないことは大空の如くで、三世の諸仏が斉《ひと》しく開示せらるる不朽の法である。十行とは歓喜行、饒益行、無恚恨行、無尽行、離痴行、善現行、無著行尊重行、善法行、真実行これである。

【歓喜行】 歓喜行とは、自己の一切を捨てて平等に一切の生類に恵み与える布施の行を云うのである。求道者はこの布施を行うとき名聞利養の為めにしてはならぬ。またその結果を望んではならぬ。ただ仏の行う処を体現して生類の苦を除き楽を増さんことをのみ願うのである。求道者がこの布施を行うとき一切の生類は歓び、尊敬の念を生ずる。求道者は念々に生類の求めに応じて彼等を満足させねばならぬ。たとい要求が頻繁であろうとも煩忙の念を起さず、無上の大慈悲をもって施すに倦まず、常に彼の来らんことを願い、来ればむしろ称讃して益々歓ばすべきである。また布施を行うに施す者と、施さるる者と、施す物との三を認めてはならぬ、更に進んで布施の行そのもの、それによって来る結果などを考えてはならぬ。

またその布施は財物のみでなく、常に生類の苦しみ悩む様を観察して、教えを説き法を施さねばならぬ。

【饒益行】 仏子よ、饒益行とは仏の戒を持つことである。外境に対して執着を起さず、地位名誉を求めず、唯「戒を持ってあらゆる煩悩の炎を滅し、衆生と共に無上の学道を成就せん」ことを念願する、求道者が戒を持たんことを志せば、あまたの悪魔は、その一族を率いてあらゆる誘惑を試みるであろう。然しそれに道心を乱さるることなく、正念堅固にして一切の過悪を捨てねばならぬ。また生類の生死の長夜にあって、五官の欲望を恣《ほしいまま》にするを見ては、これに戒を持ち、正覚を成就させんことを願わねばならぬ。まだ仏のみ教えを体して万有の真相を知り、解脱の法を成就して平等の真智を成就せんことに努むる。これが第二の饒益行である。

【無恚恨行】 仏子よ、無恚恨行とは忍辱の行である。常に謙遜して自他共に害することなく互にその情意を肯定しないことである。求道者はこの忍辱の徳を養うて千万の人が悪罵嘲笑を与え、たとい刀杖をもって身に毀害を加えようとも、「もしこの苦しみに耐えずして怒ることがあれば、自らを傷つくるものである。自分は我が身を愛するが故に、むしろ彼が歓喜の心を生じて解脱を得んことを求めよう」と、念じてこれを忍受する。また、「この身は執着すべき何ものもなく、従って苦と云い、楽と云うもただ差別の妄想である。故に如何なる苦毒も総て忍受しよう」と、これが第三の無恚恨行である。

【無尽行】　無尽行とは精進することである。自他一切の煩悩を知らんが為め、一切の対象を如実に知らんが為めに、諸仏の大智慧と、生類教化の大行とを知らんが為めに精進せねばならぬ。求道者は常に「我は一々の生類の為めには地獄の苦しみも受けよう。また仏が出世せられて生類は楽しみを受けようとも、必要とあれば我は苦を受けて、彼等の後に無上の学道を成就しよう」と云う覚悟を持たねばならぬ。また「我は一切の生類に代ってあらゆる苦を受けよう、総ての生類が涅槃を成就した後に、我は無上の学道を完成しよう」と志願すべきである。

【離痴乱行】　離痴乱行とは、禅定を修することである。求道者は常に正念に住して明確な知識を養うが故に、総ての対象に対して愚痴の為めに惑乱せらるることはない。正念に住して心が散乱しないから、限りなき間に諸仏、聖者及び善友に就いて正法を聞き、それを忘失することはない。また生類の感官を傷つけ、或は発狂せしむる如き大音声にもその甚深なる三昧を乱されてはならぬ。

【善現行】　現象を観察してその平等を知れば、身、口、意は浄化されて、汚れを去ることが来る。従ってその為す処には繋縛もなく解脱もなく、その行為に依止するところがあってはならぬ。心のままに現わして、万有の実相と同じく体もなく相もなく、常に平等の上に差別を現わして、生類教化の為めに活動せねばならぬ。これが善現行である。一切の生類は体の無いところを体とし、一切の生物は無為を体とし、一切の仏の世界は差別相を離れたところをその相としているので、一切みな実体はなく、斉《ひと》しく言語思慮を絶した絶対境である。故に総ての法は空で差別すると見るは真相でない。従って仏の法も世俗の法と同じく、両者異なるものでない。世間の法は仏の法に入り、仏の法は世間の法に入って、然も両者は整然としてその別を乱さない。この平等の上に立って、大慈悲を起し生類を教化せねばならぬ。即ち平等の上に立ってこそ「我れ生類を成就せざれば、誰れが成就しよう、我れ生類を歓ばせねば、誰れが歓ばせよう」と云う熱烈な同情愛憐の情を起すことが出来るのである。

【無着行】　求道者は進んで一切の執着を離れて常に無量の仏の世界を荘厳し、仏に奉仕供養することを怠ってはならぬ、諸法の平等を観察してあらゆる差別を離るれば、不浄の世界を見ても心に憎悪の念を生ずることはない。これが無着行である。

斯く万有の真実の実体を達観するが故に、生類を教化し済度するも、その生類を固執することはない。また諸仏に対して貪著の心がないから、仏の教えの真実義を解《さと》って、無上の学道を進むに何等の障礙なく、遂に仏の境地に達することが出来る。かくして一切の執着を離るれば、よく一念の中に偏く十方に至って、無上の学行を修し、その及ぼす処は法界の如く広大に、無限に拡充さるることは虚空の如く辺際がない。

【尊重行】　求道者の学行が完成に近づけばあらゆる正善の行を完うして、念々の中に永劫の流転の苦難を転じて聖者の無量の大願を増長させることが出来る。生死を観察してその実在せざることを了達するも、しかもこれを捨てない、恰も河水の彼の岸に至らず、此岸に来らず、然も中流を断たずしてよく人を彼の岸に渡すが如く、求道者もまた生死に入らず涅槃に趣かず、然も流転の中に陥らずに、よく迷いの群霊を済度して、安穏の境地に渡すことが出来る。かく済度するも迷いそのものに何等の増減変化はない。自ら宏遠なる智慧を体得して学行にいそしむと共に、一切の生類を苦難より救い、相携えて学道を辿るに何ものの侵害も受けない。かく一念だも自己の安逸を求めず、常に仏の教えを軌範として、怨親なく自他平等に、涅槃の彼岸に到るところに無上の学道は成就さるる。これが尊重行である。

【善法行】 求道者は一切生類の為めに煩悩の苦熱を除く清涼の法池となって、常に正法を護持して仏陀の種を絶やさないようにせねばならぬ、また言語に関する智識と技能とを養って、あまたの大衆が声を同じゅうして、あらゆる難問を発するも、「たとい、一切生類が悉《ことごと》く来て難問論議しようとも、唯一言をもって彼等の疑いを解き、そうして彼等に歓びを得させよう」と念願せねばならぬ。かく努むるとき、我が身を浄うすると共に、また一切の生類を利することが出来る。この善法行を成就すれば、差別を離れた真実の教化をなし得る十徳を具えて、一切生類の師となり、灯となり、光となる。

【真実行】 三世の諸仏の真実語を学んで仏の実体を証《さと》れば、その行為は仏に等しい。この仏に等しい行為によって、仏の無二真実の法を学び、仏の智慧を軌範として生活することが来る《（ママ）》。この境地に至れば一切の生類を汚れより免れしむる為めに、真実の智慧を求め、聖者の学行に精進する。そうして心に念うには「我れ生類の限りなき苦しみを見て、未だこれ等を済度しない前に、自ら正覚を成就すると云うことは理に背く事である。我は利他の大願を満足してしかる後に成仏しよう」と。かくて己れの本願を捨てなければ、無上の智慧を体解し、生類の力に応じて悉《ことごと》く済度してその本願を成就する。大慈悲を完うして真実の極致に至れば、仏の十力を得て帝釈天の網の如き無尽の関係の下に成立する法界の真相を究むることが出来る。そして仏の自由の境地に至れば、生類の尊者としての大獅子吼を振って一切生類を済度する。これが第十の真実行である』と。

この時仏のみ力によって、十方の世界は六種に震動し、天は妙華を雨ふらして感謝□（欠）歓びを捧げた。この功徳林の十行の説明は十方の世界にも同様に行われた。

右の説法が終ると、十方より無量の聖者は来会して、功徳林に告ぐるよう、

『仏子よ、よくぞ諸《もろもろ》の求道者の学行を説かれた。吾等も汝と同じく功徳林と云って常にこれを実行している。我等の帰依渇仰する仏も同じく普功徳と申上る。吾等の仏のみ許にもまたこの十行が説かれて、その用語、次第、意義、来会者共に此処と同様である。かく多方面に行われてもその間に増減はない。吾等は今、仏のみ力を承けて此所に来て汝の説くところを証明するのである。この宝荘厳殿に十行が説かれ、吾等が来て証《あかし》となるように、十方の世界にも同様に行われた。』

第十八　体験の内容（十無尽蔵品）

功徳林《くどくりん》（求道者）　前出。

前節には浅深次第した階位を明らかにし各階位に修する行の内容を説明した。今はそれ等を概括して実行することを明かす。

時に功徳林は諸《もろもろ》の求道者に告げるよう、

『仏子よ、求道者は十種の無の大行を修せねばならぬ。十種の大行とは信、戒、慙、愧、聞、施、慧、正念、持、弁の十蔵である。

その信蔵とは一切万有の空にして真実なく、差別の相もなく、求むべきものもなく、造る者もなく、確実性もなく、然も無量、無上なることを信ずるのである。この浄信を成就すれば一切を知《しろ》しめす諸仏のみ所にて信念を確立して、他に動揺せられないから、他より仏、生類、法界、虚空界、涅槃界等に関する妙義及び時間に関する妙義を聞くも驚くことはない。この限りなき信蔵の行を成就すれば、仏道を軌範として誤ることはない。

戒蔵とは生類を済度する饒益戒、外道の戒を持たない不受戒、差別界の法規に執着しない無著戒、正戒を持って狐疑しない安住戒、新法を立てて他を擾乱しない不浄戒、呪術医学を学んで生類を害わない不悩害戒、あらゆる偏執――極端論――を離れる不雑戒、外面を飾らない雑邪命戒、己の持戒を誇らず他の破戒を咎めず専心、清浄の戒を持つ離悪戒、十善道を修する清浄戒のことである。

自己の過去を追想して我が身及び、余の生類を見るにみな無智と諂曲《よこしま》とによってあらゆる慙ずべき行いをしている。仏はこれを凡て知《しろ》しめすが故に、他に対してこれを慙じ、そして仏道を成就せんと念ずるこれが慙蔵である。

愧蔵とは自ら過去より徒に物欲を恣《ほしいまま》にしたことを愧じ、愛欲の為めに互に相残害し合ったことを愧じて、これを再びせざるように慎むことである。これを実行して、自他共に仏道を成就せんことを念願する。

多聞蔵とは十二縁起、四諦、三十七道品、四弁、四種の修行の結果等、広く仏の説き給う真理、学行を求めて、これを学修して一切の生類と共に、無上の学道を成就せんことを念ずることである。

施蔵とは十種の布施を行うことである。十種とは（一）自他共に楽しむの心で、自己の専有とせずに一切に施す修習施法、（二）他の為めに己の身命を犠牲にして大布施行を成就する最後難施法、（三）来りて血肉髄脳を請うものがあれば歓んでこれを施す内施法、（四）地位財宝を請うものがあれば歓んでこれを与える外施法、（五）身体と財宝とを合せ請うものには内外共に与える内外施法、（六）一切の愛着を捨てて総てを請うままに与うる一切施法、（七）過去の行為修徳に執着せず、唯教化の為めに行動する修過去施法、（八）未来を予想して正善を行わず、唯念々起り来る対象に就て、生類を教化し仏道を就就《（ママ）》する修未来施法、（九）諸天、声聞、縁覚の現に具えている徳能を聞いて心を乱さず、万象は凡て夢の如く、一切の行為は真実にあらずと生類にこの理を教うる修習現在施法、（十）この身の不浄にして然も頼むべからざるを思念して、生類の願うがままに悉《ことごと》く施して満足せしむる究竟施法である。

慧蔵とは五陰、無明、貪愛、声聞、縁覚、聖者に就て四諦観をなして、万有の真実相に通暁することである。この慧蔵を成就すれば、万有の平等なる真理を体得する。

念蔵とは愚痴を離れて世界の生滅変化、仏の名称、予言、及び仏の説法の十二の彙類——修多羅、祇夜、授記、伽陀、因縁、憂陀那、本事、本生、方広、未曾有、譬喩、憂波提舎——三昧等を念ずることである。この念をなす時世を乱すこともなく、自己の行為は更に浄化せらるる。

聞持蔵とは諸仏に就てその教説を聞き、これを護持して、一字一句も忘失せざることである。この聞持蔵は仏の為し得る事で、余人は及ぶところでない。

弁蔵とは深遠な智慧を体得して、広く生類の為めに法を説いて、仏の経典に相違せざることである、この弁蔵の行は、何ものにも破壊せられず、間断なく無限に行われて始めて一切の法門を体得するのである。

この十蔵は皆局限されたものでないから無尽と云うのである。この十無尽の行を完うすれば皆無上の学道を完成することが出来る。而してこの無尽蔵の行には十種の限りなき性能が有る。即ち（一）生類を済度する、（二）無上の学道に回向する、（三）本願を完うする、（四）平等を観察する、（五）平等より差別に還元して平等に執着しない、（六）無量の万有を念々に了知する、（七）本願に悖らず、（八）一切の力と行為を成就する、（九）諸仏に護念せらるる、（十）万有の空なることを解《さと》ることである。』

兜率天宮会

第十九　兜率天の集い（一切宝殿品）

前節に理解に基く実行を説き、種々の学行を明らかにすも帰一するところがない。これを統一して向うべき処を示すのが、この兜率会の説法である。この節は仏が兜率天に向われ、十方よりあまたの聖者が来会することを述べて、一切宝荘厳殿上の法会の光景が叙してある。

その時、仏は威神力によって菩提樹下、普光明殿、妙勝殿及び宝荘厳殿を離れずして、兜率天宮の一切宝荘厳殿に向われた。

兜率天王は遥かに仏の昇天せらるるを見て、殿上に総て二百九十九種の百万億の荘厳具をもって装飾した獅子座を調えて、あまたの兜率天子と共に仏を屈請して、種々の供養を捧げて仏を讃歎し奉った。時に諸《もろもろ》の天の人々、諸《もろもろ》の聖者は仏を見奉って、清浄の法身及びその霊徳、光明を拝することを得て、大衆と共に合掌して仏の来宮をよろこび感謝した。

時に一切の天の音楽は止んで、宮殿の内外は寂然として、皆正念に無上の学道を求め、仏のみ教えを聞かんことを希うた。兜率天王は仏のみ力を受けて過去を追想して、憶念の中に過去の十仏を見、これを讃歎した。過去の十仏とは無礙、無辺、普眼、珊瑚、最勝、満月、無量、宝幢、無量慧、功徳の十如来を云うのである。

世尊は獅子座の上に端座せらるると共に、宇宙の実体、三世の諸仏の世界は皆平等に、全宇宙は大寂静の状を示した。

この殿上の光景と来会の大衆は十方の諸仏の世界に於ても同様である。

第二十　仏徳の讃頌（菩薩雲集讃仏品）

十幢の聖者　一切の善行を該摂統一する回向の性能を人格化せるもの。

説法の会場は整い、仏は来化せられ仏の霊光は十方に輝いた。宇宙の歓びは自然の声として、十幢聖者の讃頌に表わさるる。

その時、仏の神力によって十方各々十万の世界を過ぎた外に十種の世界を現わされた。堅固宝、堅固楽、堅固宝王、堅固金、堅固摩尼、堅固金剛、堅固蓮華、堅固青蓮華、堅固栴檀、堅固香と十方に次第して、これに寿無尽幢、風幢、清白幢等の十幢の仏がいらるるその世界の聖者を次第に金剛幢、堅固幢、勇猛幢、夜光幢、智幢、宝幢、精進幢、離垢幢、真実幢、法幢と名づける。

一々の聖者は各々万世界の微塵数に等しい聖者を将《ひき》いて、仏のみ所に来詣し、礼拝供養して、来た方角に獅子座を化作し、十方に充満して端座した。この世界の兜率天宮に諸《もろもろ》の聖者が雲集するように、十方の世界に於ても同様である。

その時釈尊は両膝より百千万億の光明を放って、遍く十方の虚空法界に等しい一切の世界を照らし、兜率天宮の一切の仏の霊能は悉《ことごと》く現出された。この霊能を見る聖者はみな盧舎那仏の宿世の善友で、限りなき霊徳を具えているものである。

金剛幢は仏の神力を承けて仏を讃えるよう、

『肉身は仏の本体ではない、音声も同様である。然もこの肉身と音声とによって仏の自由な活動は現わるる。

仏は万有万霊の真相に体達して、一切の処に仏身を顕わすに、障礙するものはない。

万有の平等を知る一切智を求め、自然に正覚を成就せんとせば、その心を清くして具《つぶ》さに聖者の学行を修めねばならぬ。』

堅固幢は仏の神力を承けて讃えるよう、

『清浄の心もて、一切の指導者に奉仕供養して怠らねば、必ず仏道を成就する。人天の大指導者である仏を諦観するに、限りなき霊能を具え給う。仏に虚妄なく、差別の世界は妄想より生ずる。』

勇猛幢はまた仏の神力を承けて讃えるよう、

『精進勇猛にして手段を尽せば、大海の源底をも窮め得る。智慧の力もかくして諸《もろもろ》の仏海を究め尽すことが出来る。

永劫を尽して無上の布施を行ずるも、人一人を化する功徳には如かず。

仏は座を起たずして、普く十方の世界に現われて教化を行わるる。』

夜光幢はまた仏の神力をうけて讃えるよう、

『一心の力よく万心を生ずる如く、仏の一法身はよく諸仏の身を生ずる。

未だ曽て、かかる像を現わさんとの想念を抱かず、即ち諸《もろもろ》の希望作意を離れて自然に生類を教化せらるる。』

智幢はまた神力をうけて讃えるよう、

『空に澄む満月は一切の水に影をやどすも、天に二の月はない。その如く仏の自在の智慧は正覚を成就して、一切の世界に応現するも、仏にはもともと二身はない。

一にあらず、二にあらず、また無量にあらず、平等即差別、差別即平等にして必要に応じて自然に無量の身を示現する。』

宝幢はまたまた仏の神力をうけて讃えるよう、

『宇宙の実体には定まった居所はなく十方の世界に遍満する。仏身は虚空の辺際のないように、広大にして認識することは出来ない。

生類を教化せんが為めに、仏はこの世に現われ給う、生類は世に出ずると見るも、実は始めて世に現わるるのではない。』

精進幢はまた仏の神力をうけて讃えるよう、

『一切の仏は、身も同じく生活の内容も等しい。唯だ十方の世界に於ける対象の異なるによって差別を生ずる。

万有が因縁和合するによって生ずる如く、仏も因縁合するによって見奉ることを得る。』

離垢幢はまた仏の神力をうけて讃えるよう、

『仏の智慧の光は円満にして世を浄むる。浄め終って仏の境界とする。

仏は生類の能力に応じて法を説き、宜しきに従って最勝の身を現わす。

現象界は、これ仏の最勝の身で、その身の実体を知るものは、これ仏の無礙の智用である。』

真実幢はまた仏の神力をうけて讃えるよう、

『人は差別の妄見をもって、これぞ仏、これぞ仏土と思惟するも、真実の法が解れば、仏も仏土も特殊のものでない。

仏は生類を教化せんが為めに、普く一切の前に現わるるも、現わるるその身には差別はない。』

法幢はまた仏の神力をうけて讃えるよう、

『永劫の昔より生死の流れに漂うて、菩提心をおこさざるも、もし仏を見聞すれば仏道を成就する。たとい念々に無量の仏に奉仕供養するとも、この捷径を知らなければ、真の供養とならず。万有は破壊せらるべきものでなく、また破壊し得る何物もない。仏は世界をそのままに照らして、真実の相を示現する。』

第二十一　回向の生活（金剛幢回向品）

金剛幢（求道者）　十幢の代表者、この兜率天会の主人公。

兜率天王宮は、荘厳に善美を尽し、十方より高位の聖者は来会して仏の聖徳を讃え、大行の統一を説き、その帰向すべき処を明らかにするに相応しい所と人を得た。すなわち金剛幢は仏の意を受け十回向の法を説いて、これ迄修め来った無量の大行を生類と正覚と実際とに統一回向すべきことを明らかにする。この回向は大行に眼睛を点ずるもので、これによって普賢の願行は成就せられ、そこに真証の生活は開かるる。

その時、金剛幢は仏の神力を承け、聖者の明智三昧に入って、十方各々百万の微塵数の世界を過ぎた百万の世界の諸仏を見奉った。その諸仏はみな同じく金剛幢と名づけた。これ等の諸仏は金剛幢に、

『よいかな、汝はよくぞ明智三昧に入った。それは吾々十方百万の微塵数の諸仏の神力と、盧舎那仏の本願と、及び汝の清浄な智慧によってである。』

と、告げて金剛幢に無量の智慧と、無礙の弁才とを与え、そして右の手を伸べそこでその頭を摩《な》でて回向の法を説くことを促された。

金剛幢は、諸《もろもろ》の聖者に告げるよう、

『仏子よ、聖者の大願は普く一切の生類を救済するにある。故に聖者はこの大願を発して、種々の学行をこれに回向せねばならぬ。仏子よ、この回向の法は、三世の諸仏の斉《ひと》しく演説し給うもので、これに十種を数えよう。

一には一切生類を済度して差別相を離れしめんと回向する離衆生相回向、二には生類を真実不壊の正覚に至らしめんと回向する不壊回向、三には生類の智慧を仏の智慧に等しからしめんと回向する等諸仏回向、四には生類の智慧を一切に遍からしめんと回向する至一切処回向、五には仏に親近して功徳を無量ならしめんと回向する無尽功徳蔵回向、六には平等の真理に従って善根を成就せんと回向する随順平等善根回向、七には生類をして平等に善を修せしめんと回向する随順等観衆生回向、八には生類を真実相即ち万有をありのままに見る境地に至らしめんと回向する如相回向、九には煩悩の繋縛を離れしめんと回向する解脱回向、十には法界の真理を体解せしめんと回向する法界無量回向、これが十種の回向である。

始めに離衆生相の回向を説こう。求道者は六波羅蜜と四種の広大な心——慈悲喜捨——とを修行して無量の正善の行を積むが、その力を以て一切の生類を済度して悉《ことごと》く地獄、餓鬼、畜生、修羅等の無量の苦しみを除き、万有を平等視する一切智を成就せしめなければならぬ。また怨親の差別を立てず、平等に一切の善行をこれに回向せねばならぬ。また常に不善をなして三悪道――地獄、餓鬼、畜生――に陥って無量の苦しみを受けている生類を愍《あわれ》んで、これに代って苦を受け、彼等を解脱せしめねばならぬ。また太陽の普く一切を照らして漏らすところのないように、聖者は常に一切の生類を憐み、一の悪人を助くる為めに他を省みざるが如きことがあってはならぬ。また広く一切を済度するも、一もこれに酬いられんことを求めてはならぬ。即ち回向に執着するは一つの罪である。総て現象に捕われずして実体に回向せねばならぬ。救いの智慧を軌範として実体に執着せずに、無量の正善の行をこれに回向すれば、現象は行為の結果としてでなく、諸《もろもろ》の作用を現わすことが出来る。仏子よ、これが第一の離衆生相の回向である。

次に不壊の回向を説こう。聖者は仏のみ許に於て、金剛の信仰を確立して、無量の正善の行を学修する。この行によって得らるる性能を仏智に回向して、常に仏を見奉り、善友に親しみ、法を護持し、一切の生類を教化して、総ての大願を成就せねばならぬ。総ての性能を仏智に回向すれば、念々に仏を拝して、無量の荘厳具を捧げ、そして一切生類の苦悩を除き、菩提心を起さしむことが来る。また生滅なき実体界を観察して回向すれば、差別界にあって動乱せらるることもなく、清浄なる波羅蜜を修了して仏智を成就する。

かくの如く痴闇を除いて無上の学道を修め、正善の行を回向して清浄な真実心をもって万有の平等を観察すれば、万有の平等なることを了達して、あるがままの実体を悟ることが出来る。かくの如く回向すれば、性能は清浄に、普く一切を照らし、仏の平等智を具えて不壊回向を成就する。これを成就すれば無量の仏を見奉り、平等の心をもって生類に対する教化をなすことが出来る。

第三の等諸仏回向とは、三世の諸仏の智慧を学ぶことである。差別の心を捨つれば事物の好悪によって、憎愛の情を起すが如きことはなく、常に歓喜の心をもって、万有に対することが出来て、その性能は益々浄化せらるる。この喜びを得る時、一切の性能を諸仏に回向して、「一切の諸仏は無上の汚れなき楽を有せらるるも、更に勝れた楽を具足されるように」、また聖者に回向して、「未だ満たされないものは、総てこれを満たして、仏の平等智を証せしめよう」、また生類に回向して、「専心に仏を念ぜしめ、諸《もろもろ》の苦難を離れて無上の学道を成就せしめよう」と。また家庭に妻子といる時も、学道を辿って一挙手一投足の善行を悉《ことごと》く仏智に回向し、生類に回向せねばならぬ。要するに三世の諸仏が差別相を離れて常に学修していらるる真実平等の善行に随学して法の真実相に違わざらんことを期するのである。

かくするときは身、口、意の汚れを除いて、差別の中にあって染着《けがれ》を起さず、よく万有の真相を了知して仏の霊徳と教化の力用とを得る。

第四の至一切処回向とは、修する処の善正の行による性能を、一切の処に至らしめんと回向することである。即ち過去になす総ての善行を回向して諸仏を供養し、その力によって一切の生類を生死の流転から救い、仏の十種の力と、平等の智慧を得て、無上の学道を成就するのである。斯く仏の自覚に斉《ひと》しい証悟《さとり》を得るも、摑むべき実体はない。故に平等の世界より差別の実体界を現わして、しかも平等の実体を傷つくることはない。万有の無差別を達観してあらゆる清浄の性能を出し、虚空に等しい一切の善行によって、無上の霊徳を得れば、愚痴を離れた平等より差別に動く法眼が開かるる。この至一切処回向を成就すれば、能く一切処に至る身、口、意の三業、無礙の弁才等を得、また一毛の中に一切の世界を入れ、一生類の身中に一切生類の身を入れしむる法界の理を体解し、一刹那の間に一切の仏の出世を現わすことが出来る。

第五の無尽功徳蔵の回向とは、三世の一切の諸仏と生類との正善の行を皆随喜してこれを拡充せんとすることである。

諸《もろもろ》の善行を学修し、積集し、随喜すれば、仏の浄き行為と、聖者普賢の浄き行為によって、益々健実に更に浄化せらるる。これ等の善行を悉《ことごと》く回向して仏の世界を荘厳するに、その勝れたることは他に比すべきものがない。またこの回向によって無量の相好を整え、弁才を具え、あらゆる三昧を成就して諸《もろもろ》の差別見を離るれば、光明は十方を照らして、諸仏の世界に余す処なく充満し、声聞、縁覚の如き低級な教えを求めることはない。かくの如く心を清浄にして善行を万霊に回向すれば、普く正覚を成じて、三世の仏の教えを体得する。

この回向によって一切の仏土は元より生類も聖者も皆清浄になって、諸仏は法界に満ち、その実体を一切の仏土に充満させることが出来る。かくして仏の平等智を得、心を清くすれば、一切の現象は皆悉《ことごと》く無差別であると達観して平等即差別の理を体験する。かくの如く回向するによって無尽の徳能を得れば、復《ま》たこれを回向して、遂に無限に絶ゆることがない。この無尽の徳能によって往くにまかせて、一切の仏土を清浄にし、無量の生類をして諸《もろもろ》の霊能を得せしめる。この回向の力によって、無量の大願は悉《ことごと》く成就せられ、その心は弥々広く仏の平等智に等しく、一念の間に無量の仏国に周遍することが出来る。求道者の初めて無限向上の学道に志した力は虚空の如く無辺に、法界の如く広大である。無尽霊徳蔵の回向が成就すればまた十種の霊徳の無尽蔵を得る。

第六の堅固善根回向とは、あらゆる学行に堪え得る強健な体力を養って、専ら布施を行うのである。その布施は総ての愛着を離れた真実心の溢れでなくてはならぬ。その恵施は常に法悦を食として真理を探究する所謂肉体生活より精神生活に導くものでなくてはならぬ。故にその布施は物質より精神に回向せらるる。即ち飲料の布施は甘露の法爾へ、美味は法の滋味へ、乗りものは大乗の教えへ、衣服は慚愧の衣へ、華は三昧へ、華鬘は浄智へ、香は戒へ、牀座は智慧の座へ、住処は仏国へ、家は一切の学道へ、灯明は如来の光明へ、湯薬は煩悩の治病へ、器物は霊徳を盛《も》るに、宝車は無礙自在の仏智へと、自己の妻子眷属、第宅城邑、身肉手足等を施して何等の愛着を止めざるのみでなく、単にかかる物質の布施に満足せず、精神的向上を資助し誘導して、成仏の大道を成就せしむることに回向せねばならぬのである。しかもその布施は物質的にせよ、精神的にせよ、施す物、施さるるもの、施をなす者等布施に就ての何等の想念を止めてはならぬ、これが真の布施行で堅固善根の回向である。

この回向を成就すれば、仏の聖行を遵奉して、一切生類を済度することが出来て諸仏に護られ、真実の善根はいよいよ堅く、万有に対する自由を得る。

第七の等心随順一切衆生回向とは、培養する善行を平等に生類に施して、彼に仏智を成就せしむるのである。諸《もろもろ》の垢《けがれ》を離れた清浄な向上心による善行は、これを自己の修学に、生類の向上に回向して、自行を円満にすると共に、一切の生類をして、清浄平等の智慧を得せしめ、然も布施の真実義を誤らず布施に対する何等の執着もない。この回向を成就すれば総てに対して、清浄平等なる見地に立つことが出来て、総ては互に偕和相応して生類と国土、心の主体と心の作用、行為と結果とは相背反することはない。また現象は実体に違わず、実体は現象に違わず更に現象相互も相融和して、そこに秋毫の齟齬がない。

この等心回向を成就すれば、平等清浄の性能ある徳性を養って、あらゆる垢染《けがれ》を離れて万有の平等を知る慧眼を体得することが出来る。

第八の如相回向とは修するところの正善の行によって、真如に相応した確実広大なる心地を得ることを云う。一切の善行の力によって、自己の身、口、意に於ける染汚《けがれ》を除いて拘束なき学行を完うし、また一切の生類に、瞋恚の心を離れた平等より差別へとはたらく一切種智を得しむる。またあらゆる事象に対しては、皆これを浄化して真如に合する平等の善行とする。これ等の回向は、相対的に回向し回向せらるると云うも、実は彼此平等にして、「さるるもの」もなく、「するもの」もない。かくして一切の染着《けがれ》虚妄《いつわり》を離れた真実の善根となる。

これ等の正善の力を真如に回向すれば、真如を基調とするが故に、その力は真如の具うる、あらゆる徳能を表わすことが出来る。そうして世界を浄化し、正法を説き、差別を離れ、平等より差別へと進むが故にここに万有の平等観を成就する。この如相回向を成就すれば、限りなき清浄の法門を体解し、勝れたる霊能を得て、真の自由境に達することが出来るから一切の生類を一微塵の中に置き、一生類の中に一切の仏の世界を現わすことが出来て、よく無礙の弁才をもって生類を教化し、仏の平等智と十力を得せしむる。

第九の解脱心回向とは差別的認識を離れ、差別の現象界を脱して、自在な性能を得んとすることである。求道者は一切の善行を軽んぜず、常に培養する善行を、聖者普賢の具える広大なる願行、自在の霊能、深妙微細なる智見に回向して、その大願大行を成就せなければならぬ。この自由解脱の心地に基いて総ての行を回向するも、「求むるもの」「求め得たもの」「求むる自己」など総て一切の回向相に捕わることはない。この善根回向は解脱の心のみに就てでなく、解脱の身、口、行為、結果、世界、生類、現象、智慧等の十種に基く善行を回向するのである。

この回向は三世の聖者の回向と同等で、三世の諸仏の教えを軌範とし、その境地を同じゅうすることが出来る。この解脱の善根回向を成就すれば、善根は真の確実性を得て教化は自在に、普賢の大願大行を成就して、限りなき自由境に至る。

最後に法界等無量の回向を説こう。上来次第して回向するによって正善の行為は漸次に淳熟せられ、離垢の縚《かとり》を頂いて仏に成る保証を与えらるる。これ等の善行を更に広大無限ならしめんと、あらゆる心地浄化の法を自ら行うと共に、他をしてこれを行いこれを成就せしむる。これが法界等回向である。即ちその正善の力をもって総ての人に悉《ことごと》く仏の限りなき法門を得せしめ、その学行、功徳、智慧、力、優越性、自由、正覚、説法、証《さと》る真理等を己と等しからしめんと、また学行を法界の如く無量に、平等に、清浄に、確実にして万有本然の相に順応し、無限に向上せしめんと、また仏を見奉って法界の真理を解《さと》りて然も常に無限に拡充せらるる行を求めんと。また総ての生類を法の師たらしめ、清浄の法音、清浄の法身を得せしめんと、また一身を一切の世界に遍からしめて一切の仏の世界を清浄に荘厳せんと、また総ての善行を平等に回向して、一切の生類に万有を認識する力を与え、真理を解って広く教法を説かしめんと、かく一切の善行を法界に回向し、法界に等しい性能を得れば更にそれを法界に回向して、無限に善行を増上し拡充して止むところがない。

かく回向するとき行為は何等の拘束を受けず、法界の清浄にして限りなきが如き自由を得る。そうして無量の清浄身を得、教化を成満して仏の智慧と力と霊徳とを具えて最高の境地に達することが出来る。

この法界回向を成就するによって、彼の量り難い聖者普賢の大願と大行とを円満に成就して一切の仏国を荘厳することが出来る。かくして総ての生類と共に正しい平等観を成就して、自由の天地である涅槃真証の彼岸に至るのである。』

金剛幢がかく十種の回向を説明し已《おわ》った時、十方各百万の仏の世界は震動し、天は妙華、香雲を飛し、音楽を奏して仏を供養した。この世界の兜率天宮に於けるが如く、十方の兜率天に於ても同様の説法があった。その時、仏の神力によって、十方各百万の仏世界微塵数の世界を過ぎた処の百万の仏世界微塵数の聖者は総て雲と集り来って金剛幢の説法を証明した。

他化自在天会

第二十二　真証の生活（十地品）

金剛蔵《こんごうぞう》（聖者）　真実の学道がそのまま真証の生活であることの体験を象徴せる人格。
解脱月《げだつげつ》（求道者）「真実の学行」を求むる者の具うべき条件である心境の明浄を人格化せるもの。

上に説いた様々の学行に依って実現せらるる真証の絶対境を、却って相対的表現形式を用いて、体験の精粗次第に十種の階段（十地）に分説し、而して華厳経の精神である、無限向上の学道がそのまま真証即ち仏陀の生活であることを明らかにする。十地斉《ひと》しく始めに入地の方法、次に修行の有様、終りにその結果と云う順序に叙述してある。

序　事

摩尼宝殿の集い

釈尊は菩提樹下に正覚《さとり》を成就されてから二週間目に、他化自在天王宮《たけじざいてんおうぐう》の摩尼宝殿《まにほうでん》の裡に、沢山な聖者達と倶《とも》に居られた。その聖者達は各方面から来会したので何れも無限に真実の学道を辿って、いささかの動揺もない。

この諸《もろもろ》の聖者は仏と成るあらゆる学行を完うして、人格的に生類を教化するに何等の礙《さわ》りがないばかりでなく、自己の修養に就ても一切の時、一切の処に於て暫くも休止することがない。即ち聖者のあらゆる福音智慧を成就して一の欠漏もなく、正覚の彼岸に到る波羅蜜を行って、生類に無限向上の学道を行わしむると同時に、自らは仏たるべき諸《もろもろ》の性能を具えて、為すこととして遂げられぬものはない。これに因って聖者としての神秘な力を得て、一時に各世界の聖者の会合に参じて、仏の説法を請い、その教えを遵奉して、常に無差別の心でこれが実行を期し、そして諸仏に奉仕供養の誠意を示すのである。

これ等の修行を完うするに依ってその徳化は万有に洽《あまね》く、教説は至る処に行われ、心眼は万有の真実相を究めて、聖者としてのあらゆる霊能を具えている。然しこれ等の霊能はその一端で、実は限りなき霊徳を具えて、幾百万年を費すも説明し尽すことは能《で》きぬ。ここに会する聖者は金剛蔵《こんごうぞう》、宝蔵《ほうぞう》、蓮華蔵《れんげぞう》を始めこの会の教説の体験者を代表する三十六人と、求法者解脱月《げだつげつ》を始め無数の求道者とである。而して金剛蔵が一座の長者であった。

聖者金剛蔵の霊徳

　時にこの会座の長者、金剛蔵は仏の威神力《みちから》を仰ぎ、純浄無垢の聖智を得る為めに、聖者の大智慧光明三昧に入った。時に天上と云わず、地上と云わず、その身の周囲は無限に開豁《かいかつ》して、無数の諸仏と国土とが、同じく金剛蔵の名を以て十方に羅列して声を同じゅうして、讃辞を捧げ、

『よい哉、金剛蔵よ、汝が今聖者の大智慧光明三昧に在ることは、吾々の衷心の欣びである。それは宇宙を挙げて汝と同じ名を有《も》つに依っても知られよう。又吾々はその名に依って汝を加祐し護念しよう。これは宇宙の実体盧舎那仏の本願力であるから、又諸仏の威神力を助縁とし、汝の深い智慧の輝きを因とするからである。その所以は真理体現の道程にある汝は、能く仏陀自覚のそのままを明らかにして、真理に体達し得るからである。即ち汝は常に智的練磨に依って一切万有の原理を究め、超凡の識見と不朽の学解とを養うと共に、真理は遂に智慧の究め得ざることを悟って、浅薄皮想（ママ）の偏見に惑わず、真実不断の実行の足を以て、仏陀の真証に達するからである。

　更に言い換えれば、汝は正覚の内容たる十地の法門を、忠実に説明して一切生類の実行を促し、自他共に本具の智慧を磨いて、斉《ひと》しく万有の真相を体認せんとするからである。従って真理体得の上に自由の天地を開くも、徒らに自己一人の楽しみとせず、常に大乗心の徹底を念じ、万有の完全進化を念願して、その実現を自在ならしめんとする。

金剛蔵よ、汝は既に諸仏の擁護を受け、その光明に照らされて、行う処に汚れなく万有本然の相として生類を引導し、そして仏陀の自覚に心を遊ばすによって、一切の仏より成仏の保証を受け、現に聖者としての最高の位を得て、超世の聖行を体験しつつあるが故に、慈悲加祐するのである』と。

更に雲と集う諸仏は金剛蔵に、仏陀と等しい最勝高妙の身、口、意を与えんが為めに、会衆中第一の聖徳を与え、無礙自在の弁才と、事理透徹の智慧を与え、又勝れたる記憶力と是非甄別《けんべつ》の識見とを与え、更に一切の真理を証《さと》り、精進不退の実行力と、真理を主張して畏れざる勇気とを与えて、真理顕彰の教法を開説せしめられた。

平等の慈悲に催さるる仏の加護が、独り金剛蔵に限るわけは、金剛蔵は聖者の大智慧光明三昧を体得しているからである。この三昧は金剛蔵の本願で、その智慧は限りなく、慈悲は円かに、学道は益々浄化せられて万有の向上を念願し、法界体達の智慧は、彼此の差別を認めないからである。

斯くして十方の諸仏は右の手を伸べ、金剛蔵の頂を摩《な》でて、讃仰護念の至誠を表示された。

時に金剛蔵は直に冥想より起って会衆に告ぐるに、

『諸《もろもろ》の仏子よ、予が今説かんとする聖者の願行は一味真実で、毫も無明の過悪を雑えず、又時と処とに依ってその変改を要する如き相対的のものでない。実に広大なることは法界の如く、無限に進展することは虚空の辺際《はてし》なきが如くである。故にその功徳は遍く全宇宙の生類に光被して、万有を無限に啓発するのである。又これを実行する聖者は過去、現在、未来の諸仏と生活の基調を同じゅうするを以て、常に三世諸仏の擁護を被る。

所謂聖者の生活の基調には十種の別があって、現在の仏が今説かるるように、曾て過去の仏もこれを説かれ、未来の仏もまた必ず説かるることであろう。その十種とは一に歓喜地、二に離垢地、三に明地、四に焔地、五に難勝地、六に現前地、七に遠行地、八に不動地、九に善慧地、十に法雲地である。

この「十地の学行」は時間的に三世に恒に説かるるばかりでなく、仏の在《いま》す処は一つとしてこれを説かない世界はない。これ「十地の学行」は諸仏の斉《ひと》しく証《さと》るべき最上の真実道、諸仏の同じく修すべき最上の行目であるから。

諸《もろもろ》の仏子よ、十地の「行」と「証」とはこれを体現せんとする聖者のみ、体解するもので、志願の劣弱な凡夫の思察し、論議し得べきものでない』と。

ただ聖者の十地の名を列挙したのみで、黙してその内容は説明せられなかった。

正法の尊貴

その時、列座の大衆は十地の名を聞いて、更にその内容を聴かんと、各自心に念うに、

『金剛蔵は何故に、唯十地の名のみを挙げて、その説明をせられないのであろうか。』

時に列座の中に解脱月と名づくる求道者があって、大衆の所念を察して偈を以て尋ぬるよう、

『正覚の智見円かに、意欲浄らかなる仏のみ子は

何故十地の名のみを挙げて、黙し給うか。

今や大衆は疑念に満たされ、
「何故に、名のみを説いて、その義を演《の》べ給わぬや」と。
聖者は咸《ことごと》く十地の妙なる意義を聴かんことを欣ぶ。
願わくは、開示して恵を垂れ給え。
会する聖者は瑕穢《けがれ》を離れ、不動の信念かたく、智徳並び具え
皆ともに慇懃に恭敬の誠を捧げ
心を専にしてみ教えを渇仰し
蜂の蜜を念じ、渇ける者の甘露を思うが如く
ひたすら十地の開示を冀《こいねが》う。』
金剛蔵は会衆を悦ばせんとてこれに答え、
『そもそも聖者の願行は最高にして、差別の智慧の及ぶところでない、
これを解釈し躬行することが、仏陀正覚の根基である。
微妙にして知見し難い十地のみ教えは、凡慮の及ぶ処でない、
実に十地の開説は難事中の最難事である。
無差別の智慧を以てのみ能く了解する、
もし浅学のもの、不用意にこれを聴けば、却って惑いを生ぜん。
求法の心金剛の如く、深く仏智を信じて疑いなく、

主観と客観の実在を否定するものは、能く最上のみ教えを聴かん。
清浄の穢れなき智をもて、説明するもなお容易でない、
恰も空に彩管を振い、疾風を捉うるに等しい。
我いま仏の真証を観察するに、智の弁別を超ゆ、
世にこれを信ずるもの少きも道理なれ、
故に我は黙して説かず』と。
解脱月は再び請うて、
『仏のみ子よ、列なる聖者は心を専らにして深妙の法を求め、
邪念なく聖者の道、資助の行を積み、
諸《もろもろ》の仏に奉仕するに正善を行いて余すところもない、
限りなき聖行を完うせんと愚痴と狐疑と
貪欲などの大小の煩悩を起さず、
深く仏のみ教えを信じて他の教えに惑わされない
仏のみ子よ、願わくは仏の神力加祐の下に
十地の深義を説き給え。吾等は必ずその奥妙に体達せん』と。
金剛蔵はこれに答えて、
『成程、汝等は心気清浄にして愚痴と狐疑の染《けがれ》を離れて、他教に惑うことはなかろう。然し汝等以外

の差別的偏見を抱く小乗のともがらは到底、その思考に上すことさえ困難であるから、或は狐疑を起して、為めに生死長夜の憂苦と懊悩とに沈むものがないとも限らぬ。これ等のものを愍《あわれ》むが故に、予は黙して説かないのである』と。

解脱月は三たび金剛蔵に請うに、

『仏のみ子よ、仏の威神力を承けて、幽玄にして諸仏のみ心に称《かな》う、十地の義を説明して、吾等の信行を容易ならしめよ。総ての聖者はみ教えを奉じて精進学行することであろう、これ聖者の修すべき最上の学行で、仏行完成の根本であるから。それは恰も母音が一切の文字の根本で、一字としてこれに摂《おさ》められないものがないと同一である。

仏のみ子よ、十地の学行は一切仏教の根本源泉であるから、これが完成はそのまま仏智の体得、真証の生活である。願わくは仏陀の加護の下に、十地の学行を説いて、金剛の信を起さしめ給え』と。

更に大衆一同は声を同じゅうして要請するに、

『智慧の光洽《あまね》く、然も物の表裏に徹し、
弁才豊かにして述ぶるところ限りなく
聖徳高くして須弥山の如し
願わくば、慈愍を垂れて、十地の学行を説き給え。
身を持すること清浄なればその説くみ教えは
仏の霊徳を養い、智慧と力の本となる。

威儀は整い、迷執は除かれ、知見は進み
惰慢と邪見を捨てて、疑う心は微塵もなく、
ひたすら「十地」の開説に由り、甘露の法味を希《こいねが》う、
病者の良医を思い、飢えたる者の美膳を思うが如く。
願わくば、清く広いみ意《こころ》もて、「十地の学行」を次第に説き給え。』

仏の加護

時に釈尊は眉間の白毫相より無数の光明を放って、普く諸仏の国々を照らされた為めに迷いの三世界は浄化されて、一時、苦しみの相《すがた》を隠した。更にまた十方の諸仏の世界に行われて居る説法の聴衆を照らして、仏陀の神秘な力を現わされた。

これ等の光明は空中に群り集って、光り輝く光明雲を現出した。十方の諸仏もまた眉間の白毫より無量の光明を放って、一切諸仏の会座は元より、この世界の釈尊の大弟子達及び金剛蔵とその牀座を照らされ、また前と同じく大光明雲を現わされた。

これ等無数の光明雲の中に自然に声があって、
『世に並びなき諸仏の徳は汚れなきこと虚空の如く、
あらゆるみ力を具えて、世に畏るるものはない。
位高き聖者を従え、万有を司り

釈尊のみ前にその不思議な力を現わし
仏の加護《まもり》を享け、仏のみ証《さと》る真理の蔵を開き
「十地」の意義と実行の相を説き給う。
仏に護られ「十地の学行」を聞けば
その光に浴していささかの遅疑もなく
次第に修行は転進して、やがて仏道を完うせん。
もし人これを聞き、身に行う志願あれば
たとい悪業さかまく大海に於ても
世界を焼き尽す業火の中にあっても
必ずこの経を聞くことを得る。
もし人暗愚にして狐疑を抱けば
「十地」を聞く資格はない。
今や仏のみ子は「十地の学行」を説き給う
次第にこれを観察して学行転《うた》た増進すれば
各々独自の悟道を得、独自の利益を得る
而して宇宙は挙げて仏と成らん、
願わくは、恒に「十地」を説いて、永劫断ゆることなかれ。』

その時金剛蔵はこの光景を見て、大衆に益々信念を確立させる為めに「十地の学行」をたたえて

『十地の願行は幽玄高妙にして、
思索し推理する知識に由って理解は出来ぬ。
ただ躬《みずから》に行う智者のみが学行する範囲である。
真実体は寂然として不生であり、不滅である。
元来平等一如の境地で、諸《もろもろ》の偏執より来る悩みもなく、苦しみもない。
諸《もろもろ》の迷いと穢れより離れて、絶対の実在に等しく
惑いに区別せらるる前後の差別もなく
言語思慮を絶し、時間の束縛もなく
総ての妄執を解脱して障りのないことは虚空の如くである。

諸仏の真証の生活は清浄にして、言語を絶した絶対境である
今説く「十地の学行」もまた然り
これを説明することはもとより容易でない
まして人に理解せしむることは更に難事である。
仏の生活である最高の智慧は思察し、分別すべきものでない

主観と客観の差別を離れて、唯「絶対の智慧」のみこれを体解する
もとより差別推理の世界でなければ
十地の内容は、空飛ぶ鳥の跡を止めざる如く
通常認識の及ぶ範囲でない
義理深広にして知り難きも
誓いを立て、身に万霊と共にせんことを願い
精進すれば漸次に学行を完うして
絶対自由の天地を体得せん
「行」の世界で、「知」の世界でないから。

我はいま、仏のみ力を仰いで説明しよう
汝等また仏の説と敬いて、専心に聴かれよ
絶対の智慧を基調とする十地の学行は
幾千万年を費すも、説き尽されない
我はいま仏のみ力に依って説くが故に
その概略を述ぶるに過ぎないが、要義を尽して余蘊はない。

いざ仏のみ光の中に、憶する処なく
論理を尽し、例証を挙げて、解釈の万全を期せん
説の真理に違わざること、仏、証《あかし》となり給わん
あらゆる仏力《みちから》を我一身に聚《あつ》むるも
なお予の開示は、大海の一適に過ぎぬ。』

一　入聖の喜び（歓喜地）

無限向上の学道に志し、真実の願を発すによって、決定的に「証《さと》りの智慧」と「救いの智慧」とを成就し得ることを確かめ、心に大歓喜を得る境地である。この中に十大願、十心をおこし、主として布施波羅蜜を学行する。

無限向上の学道

金剛蔵は「十地」の内容を説くべく、初めに「初地」に就て、

『諸《もろもろ》の仏子よ、もし人が努めて徳行を積み、善事を行い、禅定を修し、仏のみ意《こころ》を体して、自己の垢穢を清むると共に、更に聖者の指導の下に万有共済の大乗心を起して、一切の生類を済度し、倶《とも》に仏智を体現せんことを求むれば、それを菩提心——無限の向上心——を発すと云う。

これ万有に透徹する仏の智徳と、生類救済の大慈悲を完うせんが為めである。即ち一切を弁別する

力と、邪悪を破る威力とを得て正法の広布をはかる為め、世界万有を済度して大慈悲を徹底させ、そして生類の進化と世界の浄化を完成する為め、また一念の間に万有の真相を洞察して、盛んに正法を宣伝し、自在に仏陀の徳沢をひろめんが為めに、聖者はこの「菩提心」をおこすのである。

仏子よ、菩提心は大悲を本とする。大悲とは生類を憐愍する情であるが、もとより理性の批判を無視するものでない。その指導教化は普遍的で、一度志を立つれば怠ることなく、無限にその拡充を期して退転しない。常に仏のみ力を仰ぎ、万有共同の力と共に真実の学道を辿り、自然の法則に順応して、天地一切の事象を包含するが故に、その広汎なることは法界の如く、これを行うに際限《はてし》のないことは虚空の如くである。

仏子よ、一度この心を発せば、その人は直に「向上の一路」を辿る聖者となり、仏と共に生活して、仏位の継承者としての尊敬を受ける。故に世間の偏狭な拘束から脱して、無我自由の天地に逍遥し、あらゆる迷妄から解放されて、仏陀の生活をする。そしてここに聖者の学行、無限の向上は完成さるる。この菩提心を体現する境地を「歓喜地」と云う。この境地に至れば総ての動乱から脱れて、再び堕落することはない。

入道の喜び

諸《もろもろ》の仏子よ、聖者が歓喜地に住すればあまたの信仰の喜び、離染の喜び、進趣向上の喜び、自適の喜び、和平の喜びがある。また聖者が歓喜地の学行を体得すれば、仏の凡ての生活を憶念して歓喜を覚ゆるものである。従って仏陀を表現する仏の教え、聖者及びその生活、解脱の歴程、聖者の勝徳と精進力、諸仏の教化、及び仏と聖者の真理を体得する方法などを憶念して、自己の真証に及ぶときに心は喜悦に満たされて、心に念うよう、「我いま〈歓喜地〉に入ることを得て、一切差別の世界を離れ、平等の世界に遊び、凡夫の世界を遠ざかって、最高の智慧の世界に近づき、一切の悪を断って生類の依憑となり、まのあたり諸仏を拝して聖者の境地に入り、そして一切の不安恐怖より解脱し得ることを思えば、一として歓びの種ならぬはない」と。斯くの如き歓喜の生活は、あらゆる恐怖より免るるからで、その恐怖は生活難と世評と死と堕落と社会生活の五つに大別にせらるる。

この聖者は無我の理を証《さと》るが故に、自己の身体には何等の愛着をもたぬ。まして生活の資料に心を煩わす必要がない、故に生活難に苦しむことはない。また常に凡ての生類を尊敬して自己の一切をこれに捧げて、他よりの恵与を要求しないから、世の悪評を受くることはない。また自我の執着を脱するが故に、死に対しては無関心である。更にまた「我死するも再生の処に於て、諸仏及び聖者の擁護と鞭撻を蒙る」と信ずるが故に、堕落の畏れはない。また「世に我が願行に並ぶ何ものもない、まして勝れたものをや」と、信ずるが故に、社会生活の圧迫を感じない。聖者の生活に入れば、斯《かく》の如き一切の不安と恐怖から脱れて真実の喜びを得る。

心地の浄化

諸《もろもろ》の仏子よ、聖者の修養も要は衆生の為めであるから、この境地に在る聖者は常に大慈悲を百行の本とする。従って一切の生類に憎愛の区別を立てず、至誠万有の進化向上を期して、あらゆる美事善行を修めねばならぬ。即ち信仰を確立して心を浄うし、真理を証《さと》ってこれを生類に授け、常に生類の苦を除いて楽しみを増すことに努め、また悪を慙愧《はじ》て身心を浄め、平和を念じて不満を忍び、正法を遵奉し、善友に親近して、常に無我の善事を行わねばならぬ。また正法を欣求して見聞を広め、教えに順って正しい思惟と観察を凝して、真理の宝殿を荘厳し、拡張することを寸時も怠ってはならぬ。

更にまたこの境地に身をおくものは、仏陀の生活を楽《ねが》い、仏の十の力と四種の優越性と十八の特殊性とを得んと欲して、学行を資助する諸《もろもろ》の波羅蜜をみ教えのままに修行せねばならぬ。また常に真実語を用いて万有の調和を破ることなく、仏の戒を厳守して真実の智慧を求め、動かざることは須弥山の如くであらねばならぬ。即ち総ての権道を避けて第一義の実道を踏み、常に勝中の最勝道を欣求し体現するのである。聖者は斯《かく》の如く、心地を浄化することによって入聖の喜びを得る。

聖者の十大願

「歓喜地」に安住すれば、次の如き「大願大行」を発して心を他に移すことはない。大願は分ちて十大願とする。

（一、供養の願）「我まさに純浄の心もて、凡ての仏に奉仕し、意のままに己れの一切を挙げて供養し奉る」と。この大願の光被するところは広大にして法界の辺際《はてし》のないように、また無限に拡充さることは虚空の窮極《きわめ》なきように。斯くして未来永劫、一切の時、常にあらゆる諸仏に奉仕し、供養の盛儀を尽して休止することはない。

（二、護持の願）「一切諸仏の説き給う正法は悉《ことごと》く護持して、これに一切諸仏の無上の学行を摂《おさ》め、その教旨を遵奉して守護し顕揚しよう」と。この願の光被するところは広大にして法界の辺際のないように、また無限に拡充さるることは虚空の窮極のないように。斯くして未来永劫、一切の時、常にあらゆる正法を護持して倦むことはない。

（三、請法輪の願）「一切世界のあらゆる仏が兜率天から神《たましい》を母胎に降し、出家学道、能く仏行を完成されて、大法輪を転ぜらるる時には、必ずその仏のみ許に詣でて奉仕供養して、生類の為めに説法を請い、その上首となろう」と。この願の光被するところは広大で、法界の辺際《きわみ》のないように、また無限に拡充さるることは虚空の窮極のないように。斯くして未来永劫、一切の時、常にあらゆる仏を奉迎し、説法を啓請して倦むことはない。

（四、修行の願）「聖者の学行する処は一行に一切行を完うして実に広大限りなく、元より知識の分別すべき範囲でない。然もその体は六波羅蜜で、一切を浄化する諸《もろもろ》の権道も凡て六度に外ならぬ。それは総ての行には総相、別相、有相、無相、成相、（有成）壊相（有壊）の六相がある。故に我は一切聖者の行う六度を体とする真実行及びあらゆる権道をもって、一切を教化して、その向上心を増大せしめよう」と。この願の光被するところは広大にして、法界の辺際のないように、また無限に拡充さるることは虚空の窮極《きわみ》のないように。斯くして未来永劫、一切の時常にあらゆる生類を教化して、その向上完成に努めて怠ることはない。

（**五**、教化の願）「一切生類は物質界にあって心の作用の有無に拘らず、精神界にあって意識の生活と純粋観念の生活とを問わず、胎、卵、湿、化の四生の別があろうとも、凡て生きとし生けるものが六道――迷いの六世界――の何処に生を享けようとも、一個体をなすものは凡てこれを教化して差別界の惑業を断ち、正法を信ぜしめて真実智の開発を完成させよう」と。この願の光被するところは広大にして法界の辺際のないように、また無限に拡充さるることは虚空の窮極のないように。斯くして未来永劫、一切の時常にあらゆる生類を教化して息むことはない。

（**六**、知世界の願）「宇宙の広狭大小種々無量なる世界の中には質の精麤《せいそ》、位置の上面（仰）、下面（伏）、形の平坦、方円など、それぞれ破壊し、動揺し、説明し能わぬ固有の本体、相状、作用があって、然も互に鎔融調和することは因陀羅網珠の重々無尽に交錯して互に相礙げないようである。我は無我無差別の〈真実の智慧〉を以てこれ等の世界の真実相を知ろう」と。この願の光被するところは広大にして、法界の辺際のないように、また無限に拡充さるることは虚空の窮極のないように。斯くして未来永劫、一切の時、常に一切の世界の真実相を諦観して怠ることはない。

（**七**、浄土の願）「総ての浄土は斉《ひと》しく〈無差別法界の理〉を本体とするが故に、一切の浄土と一の浄土とは鎔融無礙にして、一切の浄土は一の浄土に入り、一の浄土は一切の浄土に入る。我はこの理に基きあらゆる真実行を以て浄土を荘厳し、諸《もろもろ》の垢穢を去りて清浄に、国中の生類を啓発して真智に、そうして諸仏の神力加護の裡に互にその実現を期しよう」と。この願の光被するところは広大にして、法界の辺際なきように、また無限に拡充さるることは虚空の窮極のないように。斯くして未来永劫、一切の時、常に国土の完全進化をはかって止むことはない。

（**八**、同行の願）「一切の聖者と心を与《とも》にし同一の学道を辿って善根を集め、怨嫉の情を起さず常に同所に会台して相睦み、機に応じて仏身を現わし、自らは仏の境地と神通と智力とを体得して常に一切の世界に遊び、仏の説法あればこれに列なり、生類の苦悩を見てはこれと生活を倶《とも》にして、宏遠なる仏道大智慧を具え、共に聖者の学行を完成しよう」と。この願の光被するところは広大にして法界の辺際のないように、また無限に拡充さるることは虚空の窮極のないように、斯くして未来永劫、一切の時、常に真実の学道に精励して怠ることはない。

（**九**、利益の願）「不断の実行を念じて止まぬ身、口、意の真実学道の生活は一つの徒労もなく、もし暫くでも見るものは仏法を成就し、暫くでも我が音声を聞かば即ち真実の智慧を得、わずかに浄信を生ずれば永く煩悩を除くこと薬樹王の如くなろう」と。この願の光被するところは広大にして法界の辺際なきように、また無限に拡充さるることは虚空の窮極のないように。斯くして未来永劫、一切の時、常に永遠不滅の「真実不断の道」を辿り、生類の向上を念じて怠ることはない。

（**十**、正覚成就の願）「一切の世界に於て〈無上真実の学行〉をおこして、能く一毛端の上にも出家学道して正覚を成就しよう。即ち諸仏の神秘な知力をかりて一切生類の済度すべきものに随って念々に仏を現わし、仏道を完成しつつ然も聖者の学行は捨てない。真理体得の後は一切の生類に一の音声もてその喜びを頒ち、永劫不断の真実行を説いて、他の教法は皆これ仮偽なることを教えよう、既に真証の生活に入り身を自由の天地におけば、学行は無限に教化は遍く、法界を挙げて成仏の大道は実現されよう」と。この願の光被するところは広大にして法界の辺際のないように、また無限に拡充さるることは虚空の窮極のないように。斯くして未来永劫、一切の時、常に仏行を完うして真実の大智慧と大神力を実現して怠ることはない。

諸《もろもろ》の仏子よ、この十大願は歓喜地に於て発起する、諸願の基調を十種に分類したので、実は聖者の「願行」は無限であり、無量である。そのわけは生類は無量なるが故に、世界は無限なるが故に、空界は無限なるが故に、絶対真理の世界は無限なるが故に、涅槃は無限なるが故に、聖者の学行は無限なるが故に、諸仏の智慧は無限なるが故に、機類は無限なるが故に、真証の境地は無限なるが故に、斯く教化の対象、原理、方法の三は無限なるが故に。もし生類に限りがあれば我が願にも限りがあろう。もし世界、虚空、真理その他凡てに限りがあるならば我が願にも限りがあろう。然し生類の無限なる如く他の凡ては無限であるから、聖者の起す願行もまた無限であり無量である。

布施の徹底

諸《もろもろ》の仏子よ、聖者がこれ等の大願を発せば自ずと心は真理に安んじて柔軟に、温順に、静寂に、精進に、閑寂に、実直に、和潤にして瞋《いか》りもなく、総て迷妄に汚さるることが無い。

この心に基いて「信の行」を成就せんとする者は仏の霊徳と行歴とを信じ、諸《もろもろ》の波羅蜜を修して漸次に転進する十地の勝徳を信じ、仏の十力と優越性と特殊性とを信じ、更にその証《さと》る真理の不可思議と神力、聖行の無量とを信じ、また万有は因縁に依って生ずることを信じなければならぬ。要は聖者の学行と性能と智慧と霊能とを信ずるのである。

諸《もろもろ》の仏子よ、この聖者は次に心に念う、「仏の正法は斯《かく》の如く幽玄にして差別の相を離れ、義理を全備し、一切を否定し、固執すべき相もなく、本来清浄にして無限に広大に破壊し得る何物もない。然るに凡夫は真理に迷うが故に、常に真智は無明に閉ざされて、高く憍慢の幢《はた》を掲げ、自ら貪愛の網に縛《まつ》われ、諂曲《よこしま》、慳惜、嫉妬などの惑いを起して、次の生を招く因を作っている。斯く貪欲、瞋恚、愚痴が募る為めに種々の罪業を起し、煩悩の風は心を乱して迷いの火はいよいよ熾んに、惑いと業とは互に資助して物欲、内観、妄見、無明の四流の相続となり、創造（心）思惟（意）識別（識）の主観作用の種子となって、ここに迷界の苦悩は芽ぐむ。即ち主観作用（識）に因って名（精神）色（物質）を生じ、名色和合して六官（六入）の発達を見、六官と六塵（外界の物質）との接触に依って触（感覚）を生じ、触に因って外境に対する心象を明確にして分別見（受）を生じ、次で苦楽好悪の境に対して憎愛の情（愛）を起し、憎愛の情は昂進して意志行為（取）となり、遂にこれを行為に上《のぼ》せて一の性能（有）を作る。この有は更に生、老、病、死の憂悲苦悩を醸成する。この因縁関係が一切の苦の基いとなり悩みの源となる。この縁起には主宰者もなくその世界もない、従って造物者又は被造者と云うものはなく、吾々も自然界の草木瓦石又は影や響きと同一で、決して特殊的のものでない。然るに凡夫は愍《あわ》れにもその真相を知らず、その真理を覚らずして引き続く悩みに苦しめられている」と。

聖者は諸々の生類が永遠に免れぬこのあわれな苦しみの相を見て、真実の智慧に基く大悲行と大慈行とを起して「我一切の苦しみ悩む生類を救護《まも》って、必ず仏の真実道に導き、永遠不滅の楽しみを与えよう」と。

聖者はこの大慈悲行に促されて深妙な心を起し、万有救済の仏智を体して大施行を完うする為めに自己の一切を捧げて惜しむところがない。金、銀、瑪瑙、瑠璃、珊瑚、琥珀、真珠などの珍宝、装身具は元より、愛する象、馬、輦輿《れんよ》、下僕、婢女、国土、城邑、公園、劇場、妻妾はおろか自らの頭目四肢までも与えて毫《すこ》しも惜しまぬ。これ全く万有救済を生命とする仏智を体現せんとするからで、そこには一切を施し尽した上に、施に就て与えるとか受けるとかの考えさえ止めぬ。

万有救済を念願する聖者は前の大慈悲行、大施行はもとより、有我、無我の一切の善行美事を不断に行うて、寸時も怠ることがなく、ここに無疲倦の徳を養う。

又 諸《もろもろ》の経典論書を研究し理解してその奥義を究め、以て克く世相に通じ、作《な》すべきことと、作《な》すべからざることとを分別して、生類の要求に適応する方法を講ずる。ここに世俗的の智徳を養う。世相を解すれば時と所を稽《かんが》え、慙愧の衣を着て自利利他の道を修むる。ここに慙愧の徳は得らるる。これ等の徳性を養うて懈《おこた》ることがなければ、精進不退の徳を養うて忍受の力を得、この力に依って努めて一切の仏に事《つか》え、その教えの儘《ことごとく》を学行して仏智を体得する。

諸《もろもろ》の仏子よ、斯く信と慈と悲と施とを行って倦怠を覚えず、諸《もろもろ》の経典論書を学んで世相を見、慙愧し精進して諸仏を供養し、以てその教えを体現することは「歓喜地」に住む聖者の心地を浄化する法である。

真証の第一相

聖者が「歓喜地」に住して少しでも真理を体得して仏を見奉れば、願力に依って数限りなき諸仏を拝することが出来る。諸仏を拝するに依って心は益々練達されて、歓喜はいよいよ多く、深重の尊敬を捧げて諸仏僧衆を供養し奉る。この供養の福徳を凡て無上真実の学道に回向する。

聖者は諸仏供養の徳に因って、生類教化の念を強め、四摂法の中、布施と愛語（正義と親切）とは完うするが、同事（共済）利行（完全進歩）の二は信仰の力に依って行うも、尚体得の域に達せぬ。

この聖者が心地を浄化して得る諸《もろもろ》の霊能を、凡て仏智に回向すれば、心地は益々浄化され学行はいよいよ練達されて、種々の偉大な霊的活動を現わす。たとえば冶金師が金を練るに、しばしば火にかければ益々精錬されて用途は意に任せ、光沢は一層加わるように、聖者が諸仏を供養しその光明の裡に、生類を教化し、心地浄化の行を完うして、その徳能を真実の智慧に回向すれば、心地は浄化されて霊的活動は意のままである。

諸《もろもろ》の仏子よ、この聖者は「歓喜地」の学行を成就する間に、仏と聖者と善友とに真実行完成の方法を諮《たず》ねて倦むことなく、また初地の中にあって諸仏、聖者、善友に第二、第三、第四、第五、第六、第七、第八、第九、第十地の学行とその完成の相を諮ねて、その実現に努むる。

聖者はこの不断の学行に依って、各階段に於ける心地浄化の相、学行の成否、学行と成果、進趣の精粗、純浄の行、向上転進の相、自己と万有に対する迷悟、不断の向上、無限の向上等を知り、更に各階段に於ける学行を完成すれば仏の境地に到達し得ることを知る。

諸《もろもろ》の仏子よ、聖者は各《おのおの》心地の相状を知って、初地より次第にその学道を辿って断たなければ、礙《さまた》ぐる何物もなく、次第に聖者としての霊能を得、遂に仏の智慧と光明とを体得する。

たとえば一大隊商の首領が多くの商人を率いて大都市に行こうとするには、予め往還の嶮難、便不便を尋ねて未だ出発しない前に、周密に考えて宿るべき場所その他旅行に要する一切の用具を整うれば、途中如何なる艱難に遭遇しても、毫《すこ》しも苦しむことなく、自己は元より多くの隊商も無事、目的の都市に到着することが出来る。聖者もまた、真証の都に上るには第一階段の初地にあって、能く各階段の染障《けがれ》を除く法を学び、乃至一切聖者の心地を浄化する道を修むるに依って、始めて達せらる。即ち初地のなかに仏地に至る道程に要する福徳、智慧の資糧を十分具えておけば、自身は元より一切生類も総て生死の険難悪処より免れ、真実安穏永遠不滅の智慧の大城に入って、一切の苦悩を除くことが出来る。故に聖者は撓まず怠らず、各階級の学行を修めて、次第に転進し、遂に仏の境地に至らねばならぬ。

諸《もろもろ》の仏子よ、予はこれ迄、聖者の「歓喜地」に於ける生活の概略を述べたが、もし詳細に説けば数限りのない事柄があって、到底言説のよくするところでない。

歓喜地は十王の中の閻浮提王の境地にでも比すべきであろう。地位の尊貴と行動の自由は元より、常に正法を護持して生類を済度し、自他の貪慾の垢《けがれ》を清むる「大施」は不断に且つ無限に行わるる。そうしてその間の学行は布施と聖愛と共済と進化の四に概括される。また聖者は仏、法、僧の三宝、十地の学道、波羅蜜、仏の特殊の徳性である十力、四無畏、不共法、乃至仏の真実智等を念じてこれ等を体験し、而して心に念願するよう、「我当《まさ》に一切生類の中に於て長者となり、最勝者となり、雄大者となり、指導者となり、師友となり、乃至一切の依憑者となろう」と。

諸《もろもろ》の仏子よ、この聖者がもし出家して学行に精進するには、家と妻子と五官の欲望を捨てねばならぬ。家を捨てて精進努力すれば、間もなく百の三昧を得て百の仏を見奉ることを得る。また百仏の神力を体得し、百仏の世界を動かし、百仏の世界に雄飛してその世相を照見し、その世界の生類を済度する。その寿命はまた□(欠)百劫にして能く過去未来一切の事象を徹見して百の真理を体験する。その身には百の分身があって各《おのおの》、百の聖者を従えている。

もし真実の願行を成就して法界の理に悟入すれば、智徳、霊能は無礙自在で、百はおろか無量無限である。』

二　三業の浄化（離垢地）

発心より進んで実行に移り、先ず十善道を行って三業の浄化さるる境地。十種の直心をおこし、十善道を修して自利利他を満足する。戒波羅蜜を主とする。

会衆の讃仰

諸々の聖者は歓喜地の説明を聞き
自ずと心の浄化さるるを覚え歓喜溢れて

妙なる華を散して金剛蔵を歌頌し奉る。
「あな尊しや、世尊は智慧の輝きいみじくして
聖者の道を、のこるくまなく説き給う」と。
大士解脱月は会衆の心浄らかに
進んで第二の境地の説明を
ひたすら願うを察知して、金剛蔵に申すよう
「大智の人よ、願わくは第二地の学行を説き給え、
倶《とも》に心を一にして尊きみ教えを聞き奉らん」。

十種の真実心

時に金剛蔵は解脱月に語らるるよう、

『仏子よ、聖者が真実学道の第一階段より、第二の階段に進むには、十種の真実心をおこさねばならぬ。一は他を害わぬ心（柔軟心）、二は自らを害わぬ心（調和心）、三は犠牲的な心（堪受心）、四は細瑾をも慎む心（不放逸心）、五は無差別の心（寂滅心）、六は確固不抜の心（直心）、七は間断なき心（不雑心）、八は貪吝なき心《（無貪吝心）》、九は利他の心（勝心）、十は真理を求むる心（大心）、この十心に因って第二地に入って、体験は一段と精細になる。

十種の善道

聖者は第二離垢地に入れば、

第一に自然に総て生あるものを殺さなくなる。生物の命を奪う一切の器具を蓄えないばかりでなく、自他に慙愧して忿恨の心を捨て、進んでは慈悲心を起して一切生類の進化発展をはかる。心に殺生を企むさえ恐しい罪であるから、他の心を傷《やぶ》り肉を害うことは元よりしない。

第二に一切の事象に対して盗みの心がない、生活の必須品に就ても常に分に安んじて、決して他の所有を侵害しない。

第三に性の問題に就て誠実公明である。余の婦人に対して微塵も愛欲を起さないのは勿論、妻に対しても真実公明である。

第四に虚妄の言を慎む。言論に就ては常に誠実で、事象の真相に違わず、時機を誤らず、夢寐にも虚偽を語らぬ。況《ま》して故意には尚更らである。

第五に協和を破る言辞（両舌）を弄しない。聖者は闘争反噬を事とする者の間に立っても和衷協同をはかる。

第六に麤悪《そあく》の言（悪口）を用いて、自他を害うことはない。自らを傷つけ他を壊《やぶ》る一切の悪言を遠離する。

第七に真理に悖る虚飾語（無義語）を用いない。常に生物の幸福と安寧を、増進する為めに談笑の間にもこれを慎み、故意になすことは元よりない。

第八に心に貪慾を抱かぬ。他人の所属に対しては毫末の欲望を起さぬ。

第九に不満の境に対して怒り恨むことがない。常に生類の福祉と悦楽とを念じて心の平和を乱さぬ。

第十に因縁の理を無視しない。仏とその教法と護持者とを尊信して他の浅劣低級な教えに惑わされない。

三乗の十善道

聖者はこの十種の善道を厳守して思惟するに「一切生類の堕落は皆この十種の善道に悖る十不善業に因る。故に我は当《まさ》に自ら正行を修し、そうして他を教えて善事を行わしめよう。自ら体験した上でなければ他を導くに力がないから」と。更に進んで「十種の不善行為は地獄、畜生、餓鬼の苦しみを受け、これに反する十種の善道を行えば人道を完うし、学道は更に上位に進んで欲界の最上位に進むであろう。又この十善業を真理探究の智慧に伴って行う中にて、他の指導に由って現実の生活を脱せんが為めに専ら自利的の学行を修するものを声聞と云う。この人は理想も低く慈悲心もなく、なお未だ迷妄の根本を離れていない。もし他の教えを受けず、自ら自然現象を観察して万有成生の理を覚るも、尚利他の心を有《も》たぬものは辟支仏（義訳して縁覚）と云う全然主観を否定する境地に至る。もしたとい十善道を修するにしても、常に仏行完成の大理想の実現を志願して偏狭な差別観を離れ、確固不抜の信念と包容的な大慈悲を養って、万有救済のあらゆる方法を尽し、不断に心地浄化の学行即ち波羅蜜を行って、深広なる成仏の大道に入れば、仏の十力、四優越性（無畏）、四無礙智、大慈悲及び万有の真相を究むる智慧を円具して仏陀の境地に至ることが出来る。故に我は限りなき聖智を念願して十善を行おう」と。

十悪の思念より救済へ

この境地の聖者はまた次の如く思惟する。この十悪は動機の軽重と対象に依ってその招く果報を異にする小悪は餓鬼に、次悪は畜生に、最悪は地獄の報いを受ける。十悪は何れも斉《ひと》しく地獄、畜生、餓鬼の三悪道の結果を招くが、人生に於ける報いは各々異っている。殺生は短命と多病。盗みは貧窮に、団体生活には除外され、邪婬は妻は不貞に、六親眷属は命に従わず。妄語は常に誹謗を受け、詐偽にかかる。両舌は悪徳の友多く、親族不和に。悪口は悪評を聞き、争論に悩まさる。無義語は言葉に信用なく、言議明瞭を欠ぐ。貪欲は多欲に、生活は不満に。瞋は常に非難の的となり、民衆に悩まさる。邪見は事理を弁えず、心は諂曲《よこしま》になる。斯く十悪は何れも皆、苦痛と懊悩の集団即ち三悪道の因となり縁となるものである」と。

聖者は斯く観察思念することに依って、「我は速やかに十悪を捨て、更に進んで自ら十善を修すると共に、一切生類にこれを行わしめよう」と、念願して、一切生類に対して悩みを除く心（安穏心）、善を欣ぶ心（楽心）、苦を免れしむる心（悲心）、楽を与うる心（慈心）、苦を愍《あわれ》む心（哀愍心）、邪を救う心（利益心）、正しきを護る心（守護心）、友に親しむ心（師心）、師を敬う心（大師心）、下をいた

わる心（自己心）をおこし、更に憶念を進め、

『もろもろの人々が、謬見に陥って、嶮悪な邪道に仏に捧ぐる聖血を流して苦しんでいることは実に愍《あわ》れむべきことである。我は彼等迷えるものを仏の都へ通ずる正道に導いて、真理の世界に住ませよう。

世の人々は常に彼我の分別に基いて闘争を事としている。我当《まさ》に彼等に平等の慈悲を行わしめよう。

世の人々は財産欲に駆られて飽くことなく、常に不正な資料で生活している。我当《まさ》に彼等に正しい生業を与えて、清浄な生活をさせよう。

世の人々は一切の不善行為の源となる貪欲、瞋恚、愚痴に駆られ、常に煩悩の大火に身を焼かれて、解脱の方法を講じない、我は応《まさ》に彼等に煩悩の火を滅して清涼の処を得させよう。

世の人々は無明の暗黒に覆われて、智慧の光明に閉ざされ、変化流転の険阻を攀《よ》じて、様々な邪見の罪を重ねている。我は応《まさ》に彼等に十方一切の事象に輝き亘る智慧の眼を得させよう。生類はこの智慧の眼に由って一切万有の真相を究め、真理相応の、一切に透徹する智慧を得ることが出来る。

世の人々は変化定めなき生死の道に陥って、将に地獄、畜生、餓鬼の苦患を受けようとしている。真理撥無の網にからまれた身が、愚痴の森林に覆われた妄執の邪道に踏み迷うて、案内者に離れたとすれば、迷いの道を真理の道と信じて、迷いは更に迷いを呼んで、益々仏の都には遠ざかるものである。我応《まさ》に彼等を流転の嶮阻難路より安全な正道に導き、仏陀の平和な都に住ませ諸《もろもろ》の苦悩を免れし

めよう。

世の人々は煩悩の濁流に没せられ、物欲と内観と妄見と無明との四流に弄され、流転の流れに副うて愛欲の大河に入れば、煩悩の濁流にさらわれて、仏陀救いの瀬に浮ぶことは出来ず、或は貪欲、瞋恚、愚痴の悪虫に害われ、或は肉体を実在とする我見の鬼に捕えられ、或は五官の欲望の渦に巻きこまれ、愛欲の淤泥《おでい》に溺れ、或は自我を主張する陸地に燋枯《しょうこ》して行くべき所もなく、僅かに辿りつけば感覚と対象の交錯動乱する十二人の強盗の巣窟であると云う。

この長い生死の流れに於て出ずるに道はなく、渡るに舟はない。我応《まさ》に大悲の心をおこし、学行の力を以てこれ等の恐怖より救い、真理の輝く光明の島に住ませよう。

世の人々は欲望の為めに多くの憂悲苦悩の患がある。憎愛に絆《ほだ》され、物欲の械《かせ》に繋がれ、無明の密林に苦悶している。我応《まさ》に彼等を三界の繋縛から脱せしめて、解脱自由の涅槃に入らしめよう。

世の人々は自我とその環境との実在を信じ、肉身と精神である五陰に捕われ、肉体、知覚、精神、対象の四に関する錯誤観に基いて、六種感官の悦楽を恣《ほしいまま》にし、四元素構成の唯物観は毒蛇の如く、これに基く迷妄は群賊の如く、聖者の生活を害い生命を傷つけて苦しみは限りがない。我まさに彼等の固執する迷妄を破り、清浄安穏の涅槃の境地に至らしめよう。

世の人々は偏狭浅劣な思想をもって、低級な教えを信じて無上真実の学道を捨て、小乗教を固執して大乗の解脱を求めない。我まさに彼等に広大な理想を抱き、無上の大乗、限りなき仏行を体験せしめよう」と。

諸《もろもろ》の仏子よ、聖者は斯《かく》の如く仏の定められた規律を厳守し、その精神を体現することに依って、能く仏の大慈悲心を実現する。

真証の第二相

聖者が離垢地に進めば数限りなき諸仏を拝し、衣服、食物、臥具、医薬等のあらゆる生活の必須品を捧げて尊敬し奉る、また十善道を受学し、以て無上真実の仏行を完うして永劫廃することはない。この聖者は永遠の未来を尽して貪欲と破戒の垢を離るるが故に、布施と持戒の二徳を学行し完成する。

たとえば冶金師が黄金を錬るにしばしば火にかければ、一切の塵垢を焼き尽して明浄となるように、聖者も離垢地に在って永遠不断に貪欲を捨て、破戒を遠ざけるに依って、布施と持戒の徳を養うことが出来る。

この聖者は四摂法の中には聖愛（愛語）を中心とし、十波羅蜜に於ては戒波羅蜜を中心として、他の総てと共に念々に成就し念々に増長せしむる。

仏子よ、聖者が上に説くが如き境地に達したのを、聖者の第二離垢地と名づける。

この境地に在るものは、十王の中の転輪王に比すべきであろう。大法王となりて種々の霊能と、自由な活動とに依って一切人類の貪欲と破戒の垢を除き、更に万全の方法を以て、人類と共に、十善道と大布施の徹底を不断にはかっている。一切の行為は布施、聖愛、共済、完全進歩の四を離るることはない。またその培養する福徳は仏法僧の三宝を始め無差別の智慧を憶念して忘れず、而して心に念願するに「我まさに一切万有の長者となり、最勝者となり、依憑者となろう」と。

仏子よ、この聖者がもし出家して学修せんとすれば、直に家庭を捨て、一切の繋累を離れて禁欲の生活に入るであろう。而して不断に学道にいそしめば、間もなく初地に勝って千の三昧を得、千の仏を見、千仏の神力を体得して千仏の国々に雄飛して、その世相を熟知し、その生類を教化する。その寿命は千劫にして能く過去未来の各千劫の事象を徹見して、千の真理を体得する。その身には千の分身があって、各々千の聖者が随従している。

もし真実の願行を成就して、法界の理に悟入すれば智徳、霊能は無礙自在で、千はおろか無量無限の性能が具えらるる。』

三　真相の達観（明地）

吾々の執着を離れた現象界の真実相を観察して、真の同情を起し、苦海に沈淪する生類を救わんと求法に努むる境地。ここに十種の深心をおこし、四禅、四空定を修して忍辱波羅蜜を主とする。

会衆の讃仰

諸々の聖者は第二の勝れた学行を聴きて心に歓び、

限りなき尊敬を捧げ、空に妙華を雨降らし、香雲を漂わせ
金剛蔵を供養し礼拝して、み徳を讃えるよう。
『あな尊しや、金剛蔵はもろもろの
大乗人の「戒」を護持する相《さま》を明かされた。
凡ての生類に対する哀愍に基いて
第二の学行は敷演し解説された。
聖者の妙なる行は真実にして、永劫変ることがない、
これ一切聖者の法界に到る行足である。
人天の斉《ひと》しく帰依したてまつる大聖者よ、
願わくは第三地を説いて、智慧の作用と、聖者の学行と、を示されよ。
願わくは、聖者の行ずべき布施と持戒と忍耐と、
精進行と智慧の作用と慈悲心を説き給え
並びに心地浄化の方法をも。』
解脱月は金剛蔵に尋ねて、
『第三地に到るには、如何なる心であるべきや』と。

十種の深心と現象の達観

すなわち金剛蔵は解脱月に告げて曰うよう、

『仏子よ、諸《もろもろ》の聖者が第二地の学行を完うして、進んで第三地に到るには次の十種の強盛な心を起さねばならぬ。十と云うのは一に清浄な心、二に欲望を離るる心、五に精進する心、六に堅固な心、七に明盛な心、八に淳厚な心、九に勝れた心、十に大悲心である。

聖者が明地に進むと一切現象界の真実相を観察する。即ち現象界の生滅変化あること、苦なること、主宰の義なきこと、不浄なること、永恒性のなきこと、破壊性をもつこと、信頼できないこと、刹那生滅して生滅、何れとも決定し難いこと、過去より来らず、未来に至らず、然も現在に止住するでもなく、全く確実性なきことなどを観察して、万有の捕捉し難く、何等依憑とすることの出来ないことを知る。又一切の生類は常に憂悲苦悩に苦しみ、愛欲に縛《つな》がれて永続性もなく、生活の安定も得られず、殊に貪欲、瞋恚、愚痴の心火は熾んに燃えて、未来永劫の苦悩を累積増大させている。万有は一つとして確実性はなく、さながら幻の如きものであると、観ずる。

斯く諦《つまびら》かに観察することに依って、却って万有を厭い、仏の真智を渇仰することになる。

そして聖者は仏の智慧が吾々の思議を絶して称量し難いこと、最高至正、無礙自在な大精進力を以て、始めて無畏安穏の涅槃の大城に至り、能く苦しみ悩む無量の生類を済度することを知見する。

斯く限りなき仏智と、苦しみ多き現象とを観察して、一切生類に対して、勝れた十種の心をおこす。十心とは一に一切生類の孤独無援を愍《あわれ》み、二に一切生類の貪婪飽くなきを愍み、三に一切生類の三毒の猛火を愍み、四に一切生類の三界の牢獄に幽閉さるるを愍み、五に一切の生類の煩悩の痒林に苦しむを愍み、六に一切の生類の正観の力なきを愍み、七に一切生類の修養心なきを愍み、八に一切生類の仏の妙法を学行せざるを愍み、九に一切生類の解脱の不徹底を愍み、十に一切生類の真の涅槃を欣ばざるを愍むことである。

聖者はこの十心に依って、一切生類の頽廃苦悩の状を見て大精進を発起し「これ等の生類を救済して、業の束縛を解こう、煩悩の汚れを浄めよう、悪の報いから脱れしめよう、法則に従って善を行わしめよう、三昧に入って智慧を磨かせよう、浄化の悟りを得させよう、正邪の弁別を明らかにさせよう、波羅蜜を得させよう、一切の苦を滅せしめよう」と、努むる。

求法の熱誠

聖者は現実の苦しみを見、仏智の勝れた霊徳を知ると共に、実行の足を運んで、仏の智慧を具え生類を済度せんが為めに、聖者の学行にいそしむ。そして心に惟《おも》うよう、「一切の生類は煩悩の流れに身を沈めているが、如何なる手段に由ってこれを済度し、これを永恒の楽土に導くことが出来ようか」と。この志願は一切の繋縛から解脱した真実智を、体現するものに由ってのみ満足せらるる。而してこの真実智は万有の真相に通暁する如実智と、無意識の禅定慧とに依って起るものであるが、更に根本的なものは見聞覚知即ち聞慧である。一切の仏教はこの見聞に依る智慧に基くと云える。

聖者は斯く現象の観察より、仏智体得に至るまでの次第を弁まえ、聞慧がその根本なることを知れば、総て法を求め教えを聞くことに一段の精力を注ぎ、日夜に法を聞き道を求めて怠らない。すなわち正法を喜び、深義を愛し、真実の教えに依り、聖意に順《したが》い、聖教を宣揚し、教旨を体現し、身命を捧げて法を護持し、そして法の真意義を体験する。

聖者は法を求むる為めには、あらゆる手段を尽すが故に、如何なる珍宝も法の為めには惜しまない。世人は財宝を得るを難事とするが、聖者は法を説く人に対して難遭の思いをなす。故に法を求むる為めには内外一切のものを犠牲にして悔ゆることはない。国土、人民、七珍万宝、象馬、輦輿《れんよ》、装身具は更なり、妻妾子女、四肢五体まで、自己の一切を法に捧げて惜しむ処がない。又法を重んずるに因って法を説示する者に対しては深重の敬意を表して、地位の如何を問わず、衷心より深大な尊敬を払う、真実、奉仕供養の誠意を尽して、法を聞く為めにはあらゆる苦毒の中に身をおいても忍受して悔いない。未だ聞かない法はたとい一句の教えでも、これを得れば三千世界に満つる宝を得たにも勝る喜びを感じ、未だ聞かざる一偈の法を聞き得たよろこびは、転輪王、帝釈天、梵天王などの宮殿に永劫、住まうにも勝ることであろう。

もし人が来て「自分は仏の説かれた法を有《も》っている、それは唯の一句に過ぎないが、能く聖者の学道を浄むるに足る。汝いま能く大火坑に入って大苦を受けなば、すなわち与えよう」と、云った時には聖者は斯《こ》う念うであろう。「私はその一句を聴く為めには、たとい三千世界に充満する大火の中にでも、必要とあれば梵天から身を投げよう。況《ま》してそれより小さい火とあれば、なお更のことである。又私は諸《もろもろ》の地獄のあらゆる責め苦を受けようとも、法を求むることは断念しない。況《ま》して人生の小さい苦痛など」と。

法を求むる心が強盛であるから、斯《か》くの如き心を発すので、斯くして法を聞けば心は常に悦に満ち、更にこれを憶念し観察してその意義を明確に了解する。

八種の精神修養法

聖者は教えを聞いて散乱する心を制し、静に安座して黙想するに、「教旨のままに修行する者は、仏道を完うし得るも、口説の徒はその門戸さえ、窺うことは出来ない」と。

かくて聖者は論議を捨てて直に実行の足を運び、始めに感覚情意の欲望を捨てて、直観推理二つながら浄めて、意識は明瞭に、漸く身心の喜楽を覚ゆる。これを初禅と云う。次に直観推理共に滅して心を一境に専注して、唯喜楽の感情のみがある定境に入る。これを二禅と云う。次に散漫な感情を捨て分別の作用を離れ、専ら意志の活動をはかって、情操の楽しみを受くる。これを三禅と云う、唯聖賢のみが感情の喜びを捨てて意志の生活に入り、そして情操の楽しみを受くるのである。次に憂悲苦楽の一切の感情作用を断棄して、ただ意志のみ動く、清浄平等なる境地に進む。これを四禅と云う。

更にこの聖者は一切の物質を超越し、一切の形体を捨脱して空間の無辺際を観察する。これを虚空無色定と云う。次に一切の空間的無辺の聯想を超えて、意識の無辺を観る。これを無色定処と云う。更に進んで現象認識の差別の超越を観じてその無差別を知る、これを無所有道処と云う。最後に無差別観によって、無所有とする実在もまた、無所有なりと観じて、全的否定の安穏処に入る。これを非有相非無想処と云う。

聖者は斯く八定に入るも、これは目的としてではない。目的は生類の教化にあれば、この境地に耽着し停止することはない。

この聖者は上の修観に因って、生類に対する広大限りなき慈悲心を発すが故に、瞋恨の心は起らず、従って他を悩まし害うことは毫《すこ》しもない。更に万有に対する理解は能く一切を平等に慈しむことが出来る。なお生類に対して苦悩を救う悲心、その安楽を喜ぶ喜心、惑いを捨てしむる捨心を発すことは云うまでもない。

聖者は又禅定を修するに依って、五の神秘な力を具える。一は身体動作の自由で能く世界を動かし、また一身より多身を現わし、多身を一身に摂《おさ》めるなど出没自在で、或は岩石の中を過ぎ、或は鳥の如く空中を飛び、或は水上を歩行し、或は地中に没し、或は身より火炎を出し、或は日月を捉え摩《な》ずるなど、変現出没自在であるこれを神足通と云う。二は聴覚の偉力で、天人に勝る聴力を得て、人天一切の音声の遠近を弁別する。これを天耳通と云う。三は勝れた読心の力で、他人の心を自在に観破して誤ることがない、これを他心通と云う。四は過去の宿命を知る力で、過去幾百万年の盛衰興亡、自身及び一切生類の、過去の生死流転のあとなどを知る。これを宿命通と云う。五は眼力の優越で、天人の眼にも優って一切生類の生死苦楽の相、貴賤美醜の状を透見する。これを天眼通と云う。聖者がこの天眼を以て観るに、一類の人は身、口、意の何れも罪悪に満たされ、聖賢の士に逆らい、邪教を信じて様々の罪を犯すが故に、命終るののち、悪処に堕落し、又一類の人はこれに反して身、口、意に善事を行って、聖賢の教えに順《したが》い、正法を信じてあらゆる善事をなすに由って、命終るの後は善処に生れている。

聖者はかかる四禅、四無色定、五神通等を成就して出入意のままであるが、決してこれ等に耽着し、拘束せらるることはない。従ってこれ等を仏の境地に至る手段とすれば、願力に依って聖者と成り、仏となることが出来る。

真証の第三相

聖者が明地に進めば数限りなき諸仏を拝し、衣服、食物、臥具、医薬等を捧げて諸仏に親昵してその教えを聴き、法の如く実行する。この聖者は万有は本来、不生不滅で、増減の見るべきものはないが、因縁の染浄に依って迷悟の別を生ずることを達観するに依って、過去百千万劫より積集し来れる愛欲、内観、無明の繋縛は漸次微薄となって、その余習を止むるに過ぎない。僅かに無明の余習即ち習気を止むるのみであるから貪欲、瞋恚、愚痴は全く起らない。

たとえば冶金師が黄金を錬るに、しばしばこれを錬冶すれば益々精錬されて、いよいよ光彩を増すように、聖者も明地にあって物欲、内観、無明の三の繋縛を離るれば貪欲、瞋恚、愚痴の三毒を断ち、一切の善根は倍々増大し、いよいよ浄化さるる。即ち堅忍の心、善妙の心、被害を瞋《いか》らぬ心、悪罵を忍ぶ心、憂悩なき心、惰慢せざる心、一切の行為に報酬を望まざる心、繊小なる他の行為にも報うる心、誠実不偏の心、微細の穢垢をも捨離する心などが倍々洗錬されて来る。

この聖者は四摂法の中には聖愛と完全進歩とを中心とし、十波羅蜜では忍辱波羅蜜と精進波羅蜜とを中心として、他の総ての覚道資助の法を、念々に成就し増長せしむる。

諸《もろもろ》の仏子よ、上来、予は聖者が仏地に至る第三階段即ち明地の概略を述べた。

この境地には十王の中の帝釈天に比すべきであろう。即ち聖智慧は益々純化されて、いよいよ犀利に、教化の方法も一段の進運を見、もろもろの生類に情欲を離れしめ、一切の行為は布施、聖愛、共済、進歩の四を離れることはない。また仏法僧の三宝を始め無差別の智慧を憶念して忘れない。而して心に念願するよう、「我当《まさ》に一切万有の長者となり、最勝者となり乃至依憑者となろう」と。

仏子よ、この聖者がもし出家して不断に学道にいそしめば、間もなく第二地に勝って十万の三昧を得、見仏、遊化、寿命、分身、従者等同じく十万の数で表示される。

もし真実の願行を成就して、法界の理に悟入すれば智徳、霊能は無礙自在で、十万はおろか無量無限の性能が具えられる。

四　真智の熾烈（焔地）

学行が漸く根本的になって、万有の実証を明きらめ、真智の輝きの熾然たる境地。十種の宝体観察法によってこの境地に達すれば、三十七道品を修行して知恩教化に努力する。精進波羅蜜を主とする。

人天の讃仰

諸《もろもろ》の仏子は深妙限りなき「明地」の学行を聞き
心は歓喜に充ち満ちて、あまたの妙華と
香雲を散して仏を供養し奉り
大地や大海の水まで凡て震動する
天の采女等もまた空中にて
妙なる声もて正法を讃歌しまつる
他化自在王はまた大いに歓びてみ仏に
摩尼の宝珠を雨降らし、讃辞を述べて
「あなられしや、み仏、この世にいでまして
法のみ蔵を開け放ち、我等を教化利益し給う。
百千劫にも聞き難い、尊き聖者の学行を
我等はいま、聞くことを得た。
願わくは、更に次の階位を説示して
総ての生類を済度し給え、
我等は頂礼して聞きまつらん。」
解脱月は重ねて請うよう

「願わくは諸《もろもろ》の聖者の為めに、四地に至る学行を説き給え」と。

十種の実体観

金剛蔵は解脱月を始め来会の大衆に告げて言うよう、

『仏子よ、諸《もろもろ》の聖者が進んで第四の生活に入るには、十種の世界を観察せねばならぬ。一に生物界、二に現象界、三に世界、四に空界、五に精神界、六に感覚の世界、七に意識の世界、八に観念の世界、九に智慧の世界、十に慈悲の世界の観察である。

聖者が第四焔地の生活に入れば、仏道の体験は一層精細に亘り、内容的に霊化さるるに依って十種の智慧が得らるる。十智とは一に心に懈怠がない、二に三宝に対する信念の不動、三に万有の実相を観ずる、四に万有の否定を体験する、五に世界の生成の因縁関係を体験する、六に万有は各自の業に因って生ずること即ち□(欠)業感縁起の旨を体験する、七に迷悟の二道の差別を体験する、八に生類の意志行為の差別を体験する、九に同一世界の、迷悟に依って前後差別する所以を体験する、十に万有の変化即ち「生」の流れを体験することである。この十項を体験するに依って、聖者の生活内容は更に充実さるる。

三十七科の修養法 (三十七道品)

仏子よ、聖者が第四地に達すれば、身体の各部を内観し、または外観し、または内外同時に観察してその不浄を知り、勤めて一心に肉体に対する執着を離るる。次に内外の知覚を別々に或は同時に観察して、苦なりと知り、次に内外の心を別々に或は同時に観察して無常なりと知り、次に内外の現動法を別々に或は同時に観察して無我なりと知り、各々の有我的執着を離るる。

斯くして心の動転軽躁を制止した聖者は進んで、未だ生ぜざる過悪を起さしめないように、已《すで》に生じたる悪不善はこれを断尽しようと精進努力し、未だ行わざる諸《もろもろ》の善法はこれを行わんと勤修精進し、已《すで》に行った善法は益々増広充実せしむるように勤修精進して修善を策進する。

次で聖者は真実の智慧を生ずる定力を得る為めに四如意足を修行する。一は欲定、これは断悪に就ての欲求で、諸《もろもろ》の煩悩を厭い離れこれを断滅して涅槃の真智に回向することに依って成就せらるる。二は精進定、三は心定、四は慧定で、その欲求を体得せんと精進し、心を専注し、観察実行して厭、離、滅、回向の次第に断悪の行は完成さるる。

次に聖者は修善の根基をなす意志の堅固なる「信根」、目的を貫徹する「精進根」、正念に安住する「念根」、理解し決断する「定根」、境界を理解する「慧根」の五を修行して厭、離、滅、回向の次第に断悪を成就する。これを五根と云う。

次に信力、精進力、念力、定力、慧力の強盛な力を以て厭、離、滅、回向の次第に凡ての悪を断棄する。

更に智的考察に歩を進めて専注考察する「念覚分」、正邪を甄別《けんべつ》する「択法覚分」、善を選取実行する「精進覚分」、理解を喜ぶ「喜覚分」、身心の平安である「猗覚分」、妄念に乱されない「定覚分」、真楽に安住する「捨覚分」の七覚分（七菩提分、七覚支、七覚意とも云う）を修して厭、離、滅を経てこれを涅槃に回向する。

次に躬《みずから》に行わんと四諦の理に明らかなる「正見」、思慮を正しくする「正思惟」、悪語を慎む「正語」、一切の悪行為を離るる「正業」、正善の資料にて生活する「正命」、断悪修善に努力する「正精進」、心を正道に集注する「正念」、五欲、憤怒等に動乱せられざる「正定」の八正道を修して厭、離、滅と次第してこれを涅槃の真智に回向する。

聖者がこれ等の修行をするのは一切の生類を救う為めで、決して自利の為めではない。即ち自己の本願に催され、大慈悲を本とするが故に、また仏智を求むるが故に、仏国を荘厳する為めに、仏の内在的優越性と円満な相好と無礙自在なる音声とを具えんが為めに、仏の深広な解脱を体得せんが為めに、生類を済度する為めの手段を思惟せんが為めに、これ等の三十七種の修養をなすのである。

精進の種々

諸《もろもろ》の仏子よ、焰地に住する聖者は自我及びその世界に対するあらゆる執着を離れて煩悩の汚染《けがれ》はない。

煩悩の汚染を離るるに由って精進は益々増上して、真智に基く成仏の大道を資助する三十七種の修養は修するに随って、いよいよ心を真理に契合させて、進趣に堪えしむる。すなわち念々に真智を向上せしめ、増大せしめて一切の世間を救い、更に師友に親近して教えを聞き、そして克くその旨を躬《みずから》に行うのである。

聖者はいま修行成就するを見て教えを受けた師恩に報ゆるために、すなおに師の命を奉じて、自らたかぶらず、師の説を非難することなくそのまま実行して、真理を体得するのである。この報恩行を実行するによって、修養心を旺盛にする善心、柔軽心を得、煩悩を滅する寂滅心、報恩行を完うする忍辱心を得て一切の行為を浄むる観察と実行に努める。

聖者は斯くしてここに無量の精進の徳を得る。退転のない精進、所信を執って動かない精進、煩悩に破壊されない精進、倦怠を覚えぬ精進、利他の精進、生類済度の精進、勇猛な精進、他の及ばざる精進、その他無量の精進を成就する。

斯《かく》の如き精進を修習して求道心は清浄に、修養は益々真実に、真理の体験は一層微細に、学行は更に増進して差別見に基く垢濁《けがれ》は除かれ、一切の疑念は悉《ことごと》く払われて、専ら仏の利他行を思念する。また勝れた志願によって、心は自然に三昧に相応し、無量の真智はその三昧の中に現われて来る。

真証の第四相

聖者が焔地の学行を完うすれば、能く無量の諸仏世尊を拝することを得て、恭敬讃歎、あらゆる衣服、食物、臥具、医薬などを捧げて供養し、そして諸仏に親しみ一心に法を聴いて、尊信奉持、多くは仏のみ許に於て出家して道を修むる。

聖者の理想と信念は清浄に、信と解とは沌一して一層明確になって限りなき寿命を得る。その限りなき間に学行は益々進み、心地はいよいよ浄めらるる。たとえば最上の黄金を以て装飾品を作るときは他の金属は到底及ばないように、聖者がこの焰地に在るときは学行は、益々進んで下地の聖者は、到底及ぶことは出来ぬ。また摩尼珠の光が四方に輝けば他の宝はみな光を隠し、また水雨に浸すもその光は滅しないように、焰地の聖者には下地の聖者の、及ばない徳と力とを有して、一切の悪魔及び諸《もろもろ》の煩悩も到底その境地をおかすことは出来ない。

諸仏子よ、これが第四焰地の概略である、聖者のこの境地にあるのは十王の中の須夜摩天王に比すべきであろう。能く生類を教化し自我の妄執を破って、布施、聖愛、共済、進歩の四精神を体し、また仏法僧の三宝及び無差別の智慧を憶念して忘れず、心には「我まさに一切生類の長者となり、最勝者となり乃至その依憑者となろう」と念ずる。かくて精進策励すれば間もなく第三地に勝って、百億の三昧を得、乃至百億の聖者を示現して同朋とすることが出来る。

もし真実の願行を成就すれば法界の理を体得して、智徳霊能は無礙自在に、百億はおろか、無量無限の霊能を具えることが出来る。

五　霊徳の増勝（難勝地）

万有の本質観を成就した結果として事象を平等視する性能を得る境地。十平等心をおこし四諦観によって宇宙の如実相を究め、生類の教化の為めに世のあらゆる学芸を修め、禅波羅蜜を中心とする。

会衆の讃仰

大衆一同は第四地の学行を聞いて歓喜踊躍して、天、宝華を雨ふらし
そして仰ぎ讃えるよう「あな尊しや、大聖金剛蔵」と。
他化自在天王はその一族と共に、空中に妙なる光明を放ち、
天の音楽を奏して、み教えを喜び、仏の聖徳を讃え、聖者の徳を歌歎した。
また天の采女たちは、清らかな声を揃えて、仏を称讃するよう
『世尊が久遠の昔より身命を賭して願求された、
無上真実の正道は今はじめて実現された。
天人を教化せらるる世尊はいま天宮に来られ
漸くにして釈尊を見奉ることを得た。
ために久遠の昔より、待たれた法の大海は、始めて潮の唸りをたて、
不滅の真理は始めて妙なる光を放つ
一切の生類はここに始めて大慈悲の福音を聞き、始めて限りなき慰安を得た。
永劫の昔より望みをかけた功徳の彼岸に度《わた》り、
始めて聖者にまみえて憍慢、我欲を破ることを得た。
無比の聖徳は恭敬すべきに、いま供養し奉ることを得て、
踏むべき道を聞き、限りなき智慧を得た。

清らかにして限りなき世尊のみ徳は虚空の如くに、
世俗の法に染まぬことは泥中の蓮の如くに、
み徳の高大なことは大海の中にある須弥山王の如くである。
心は歓びに満ち恭しく礼拝し奉る。』
天女の妙なる歌頌は已《おわ》って、一座は寂《しず》かに、ただ仏を瞻仰《せんごう》し奉る。

現象の平等

金剛蔵は解脱月に語らるるよう、

『仏子よ、聖者が第四地の学行を成就して第五地の学行を修めんとするには十種の平等観を修せねばならぬ。一は過去諸仏の生活内容の平等、二は未来諸仏の生活内容の平等、三は現在諸仏の生活内容の平等、四は持戒の平等、五は修禅の平等、六は身に関する謬見を除く平等、七は戒に関する誤解を除く平等、八は真智を練磨する平等、九は智的考察転進の平等、十は生類教化の平等である。この十平等観を成就して第五難勝地に進めば、聖者は能く前の智的考察に依る清浄な信念の下に、不断の向上を期するによって真証の境地に至ることが出来る。それはこの聖者が大願力を得て慈悲心広大に、一切の智慧を磨いて利他の行を励み、而して念々に学行の進展をはかって、諸仏の護念を得、真理を体得するからである。』

四種の真理（四諦）

聖者は如実に『迷界は苦なり』（苦諦）、『苦の因は煩悩なり』（集諦）、『涅槃は迷いの否定なり』（滅諦）、『涅槃の道は精進なり』（道諦）の四の真理を証《さと》る。

更に観察を進めて四諦の世俗的解釈（世諦）を知り、第一義的深義（第一義諦）を知り、密接な関係（相諦）を知り、その差別（差別諦）を知り、智的観察の法（説諦）を知り、観察に伴う結果（事諦）と迷妄の生起（生起諦）とを知り、迷妄の滅尽（尽無生諦）を知り、正観の実修（入道諦）を知り、仏陀成道の深観（如来智諦）を知る。

聖者は機類に応じて理解せしむるが故に、世諦を知り、唯一の真道を究意するが故に第一義諦を知り、万有の真実相を理解するが故に相諦を知り、万有各《おのおの》その相を異にするを以て差別諦を知り、万有は命辞概念に依って彙類し、概括し、分科せらるるが故に説諦を知り、身心は苦悩に満たさるるが故に苦諦を知り、因果相続するが故に集諦を知り、一切の苦悩を滅するに由って滅諦を知り、平等一如の理を証《さと》るが故に道諦を知り、仏智を以て総ての法は聖者の辿る道なることを知るが故に仏の智諦を知る。これは信解の力に由って知るので、未だ仏の最上智を得ることは出来ぬ。

聖者はこの四諦観察に依って、一切の現象は悉《ことごと》く虚偽誑詐の仮りの存在で、常に凡夫を誑《たぶら》かし惑わしていることを知る。そこで生類を憐愍するの情は更に加わり、生類救済の大慈の光明は輝き亘るのである。

生類の迷いに迷いを重ねている相を見て、これを救うために常に仏の智慧を求めて万有の因と果とを観察して、人は過去の無明と愛慾と悪の行為とに依って生死に流転し、苦悩を増していることを知る。この過去より現在へ、現在より未来へと移り行く流転の事実の中には主体、客体、生命、人、知る者など云う固執すべき実体があるのではない。斯《かく》の如く何等実在性のないものを、愚痴のものは実体あるが如く、執着するために解脱すべき道のあることも、輪廻の窮りなきことも知らないのである。

そこで聖者は念うよう『凡夫のしていることは怪訝に絶えない。無明の痴闇によって無始以来、量り難い生死を重ねて来た苦しみの身は、過去に滅し現在に滅し未来も滅すべきものである。斯《かく》の如き生死常なき体を愛着して厭離することの出来ないのはあわれなことである。まして迷いを重ねて輪廻の苦を増し、生死の水に漂うて免れることも出来ず、五の要素（五陰）の仮和合に過ぎぬ体をば実在のものと愛着して捨つることも出来ず、客観世界を構成する四大の毒蛇を怖れず、憍慢の箭を引き抜くことも出来ず、貪欲、瞋恚、愚痴の火を滅することも出来ず、無明の痴闇を破壊して、愛着の大海を乾し尽すことも出来ず、十力を具える大聖の指導も仰がず、常に悪魔の心をむかえて生死の城に、邪しまな観察推理を恣《ほしいまま》にしていることは同情に堪えぬ。斯《かく》の如き孤独苦悩の生類は救うものもなく、宿るべきところもなく、常に闇から闇にさまようている。私はいま侶《とも》もなく唯一人、大悲の智慧を磨いて資糧を積み、これ等の憐むべき生類を安穏の境地に導いて、万有に透徹する知力を得させよう』と。

聖者は斯《こ》う惟《おも》うと同時に正道を観察して知力を養い、そして誓いを立つるよう『作《な》す処の一切の正善の行為は凡て、一切の生類を済度し、解脱せしめて彼等に安楽を与え、そして正しい信仰の下に、三学を修めて諸《もろもろ》の迷妄を除き心を清うして学行を成就せしめんが為めである』と。

教化の手段

聖者が難勝地に進めば種々の霊徳を具え、その霊徳に依って様々に名づけらるる。即ち万有を憶持して忘れないから念者と名づける。智見が透徹しているから智者と名づける。経典聖書の義理に通ずるから有道の者と名づける。柔和で忍耐強いから有慙愧の者と名づける。仏の戒を厳守するから堅心の者と名づける。因果の理を究むるから覚者と名づける。真智を証《さと》るから随智の者と名づける。諸《もろもろ》の正邪を甄別《けんべつ》するから随慧と名づける。善く禅定を修するから得神通の者と名づける。生類の欲求に応じて教化するから方便の者と名づける。善く自他成仏の資糧を集むるから無厭足の者と名づける。常に智慧を磨いて怠らないから不捨の者と名づける。大慈悲を以て教化の功を積むから疲倦無き者と名づける。思慮を正しくして一切の邪念を未萌に防ぐから破戒を遠離するものと名づける。専心に仏の十力、四の優越性、十八の特殊性を求むるから常に仏法を念ずる者と名づける。常に生類の断悪修善を念願するから仏国を荘厳する者と名づける。仏の福徳、荘厳、三十二相、八十種好を理想として相好の円満をはかるから種々の善行を為す者と名づける。仏の身、口、意を荘厳して怠らないから精進を行ずる者と名づける。常に正法を説く聖者に奉仕供養するから大恭敬を楽《ねが》う者と名づける。聖者として生類を教化するに自在であるから心無礙の者と名づける。自利を捨て日夜に利他にいそしむから、昼夜余心を遠離する者と名づける。

次に聖者は日夜に努むる利他行を完うする為めに、生類の教化に就ても様々の手段を試みる。或は布施をなし、或は身を以て万有の進化を示し、或は真の同情心より教えを説いてその蒙を啓き、或は万有共済の事業を徹底させ、或は仏と聖者の生活を示して向上を策励し、また愛欲に耽るものには、流転の苦相を示し、小乗の教えを信ずるものには、仏智の深広を説き、邪教を信ずるものには或は神通を現わし、或は法を説いて邪道を捨て、正道に就かしむる。斯く種々の方法を以て生類を教化するも、決して自己の修養を疎かにすることはない。常に無限の向上を求めて、仏行の完成を期する。

またこの聖者は生類の教化の手段として、あらゆる世間的の学芸技能に達し、哲学、文芸、数学、鉱物学、医学、呪術等の知識を始め、音楽、歌舞等の娯楽的技能にも秀で、また国家、都市、町村の施設、住宅、公園の経営、薬草花卉の栽培、財産の整理などにも通じ、尚お天文、占筮等にも通暁している。然し布施を行い戒を持って、決してこれ等に惑溺することはない。これ等の学芸を修得して、生類に世間的安定を与うると共に、更に進んで無我の修養に向わせる為めに、貪欲を除く禅定、邪教を警むる神通、誤れる善行を矯す四無量心、不徹底の解脱を知らしむる四無色定などを修める。

これ世間的学芸によって生類の苦悩を除き、幸福を増進せしむるも、生類に対する真の同情より、その慶福を更に徹底せしむる為めに、これ等の真実正道を勧むるのである。

真証の第五相

聖者が難勝地に達すれば、限りなき仏に値《あ》い、衣服、食物、臥具、医薬等を捧げて尊敬供養してその教えを求むる。教えを聞けば法によって出家学行し、更に、自ら法を説いて他を教化する。自他の聞法に依って、更に勝れた多聞の三昧を得て百千万劫にも忘れず、総ての福徳善行は一層浄化される。たとえば黄金を硨磲《しゃこ》で磨けば、一層その光を増すように、聖者がこの地に住すれば生類教化の智力に依って、学行は益々浄化されて前の境地に勝る。また日月星辰、諸天宮殿は各々その位置を持って、自然の法則を失わないように、聖者がこの境地に至れば、利他教化の力に依って、学行は更に浄化さるるも敢て証《さとり》を究めず、仏道を成就しない。

仏子よ、これが難勝地の概略である。

聖者がこの境地にあるのは、十王の中の兜率天にでも比すべきであろう。凡ての能力は堅実に、克く一切の外道を摧破して、その行は布施、聖愛、共済、進歩の精神を体し、また仏法僧の三宝及び無差別の智慧を憶念して忘れない。而して心に念願するよう「我まさに一切生類の長者となり、最勝者となり、乃至その依憑者となろう」と。かくの如く勤行精進すれば間もなく第四地に勝れて千億の三昧を得、乃至千億の聖者を示現して同朋とすることが出来る。

もし真実の願行を成就すれば、法界の理を体得して、智徳霊能は無礙自在に、千億はおろか、百万億の時を費しても計り難い霊能を具えることが出来る。

六　自由の顕現（現前地）

平等心をもって万有に差別を認めざるに依って、そこに一切の拘束を脱し得た真の自由境が顕現する。十平等法によってこの境地に入り、十二因縁を順逆十種に観察して三解脱門を現わす。般若波羅蜜が修行の中心である。

会衆の讃仰

諸《もろもろ》の聖者は第五地の学行を聞いて、空中から諸《もろもろ》の珍宝を雨ふらし、清らかな光明を放って金剛蔵を供養して、讃え申すには『あな尊しや、大聖金剛蔵』と。

また無数の天人はみ教えを喜び、空中に様々の珍宝を雨ふらし光明を放つので、互に入り乱れて美しさは云いようもなく。更に妙なる香華、飾物、幡蓋《はた》は仏に捧げられた。

他化自在王は一族と共に珍奇な宝物を雪の如《よ》うに降らして、仏を歌頌し金剛蔵を称讃して『尊しや。快く仏道の歴程を説き給えり』と。

また千万億の天女は空高く、天の音楽を奏して

仏の偉徳を讃える妙なる声は響いた。

『仏のみ教えは限りなく尊く、能く一切の煩悩を滅する。

万有の実体は空で、相《すがた》の執るべきものは毫もない。

その「空」はさながら虚空の如きもので、認識の対象ではない。

生滅の相もなく論議の余地もない。本来清浄のもので、無差別平等である。

もし人がこの万有の実体を体得すれば、物の有無によって、心が動揺することはない。

自己の解脱も要は、凡ての生類を済度する大悲を養うにある。これをこそ仏のみ教えを奉ずる諸仏のみ子と云うのである。常に「布施」を行うて凡ての悦びを生類に頒ち、心の実性には煩悩なきも尚「戒」を持って心を堅固にする。もともと心は傷《やぶ》らるべきものでないが而も「忍辱」の徳を養い、万有の実体は総ての染《けがれ》を離るることを知るも、尚お「精進」を行う。既に煩悩を滅するも、尚「禅定」を修め、先に万有の空を解《さと》るも、尚万有の実性を究める。既に多くの無差別の智慧を有《も》つに、しかも差別の世界を捨てない。克く諸《もろもろ》の悪法を滅するものを大丈夫と名づける』と。

天女の妙なる歌頌は已《おわ》って一座は寂《しず》かに、ただ仏を仰ぎ奉る。時に解脱月は金剛蔵に請うて『如何《ど》うすれば第六地の学行を完うし得るでしょうか』と。

十種の平等観

聖者金剛蔵は告げらるるよう、

『仏の子よ、聖者が第五地の学行を成就して第六地に進もうとするには、十種の平等観をせねばならぬ、十とは何であろうか。一に万有には本然の性質がないから、二に本然の相状がないから、三に自ら生ずるものでないから、四に本来、滅すべきものでないから、五に本来無差別であるから、六に不完全な言葉では表わされないから、七に取るべき浄法もなく、捨つべき染法もないから、八に惑業も本性には染を離れているから、九に縁に依ってあること幻、夢、影、響、水中の月の如くであるから、十に有無何れとも名づけられぬ有無一如のものであるから、総ての万有は平等であると観ずる。聖者はこの十平等観をなして、万有の平等一如を知って第六地に進むことが出来る。

斯く一切万有の本体を観察して、能くその真理を体得し真如に随順するが故に、未だ無生法忍は体得しないが、最上の柔順忍を体得する。

万有の生成観（十二因縁）

聖者は前に万有の相状を観察して首《はじ》めて、三世の生類に対する大悲を起したが、更に大悲を徹底させる為めに、万有生滅の相《すがた》を観じて心に念うよう、

「世のあらゆる迷妄の生起と積集は、総て〈我〉に愛着することに基くのである、故にもし〈我〉に対する執着を捨つれば、迷妄は起らない。一切の凡夫は常に思慮の正しくない為めに邪道に陥り、愚痴に迷わされて〈我〉に執着し、遂に感覚界、意識界、観念界の苦因である罪行、福行、不動行を作る。この行によって煩悩の種子を起し次で愛欲、執意、行為に由って次の迷いの生死を生む。即ち意志行為の田に主観作用の識の種子を蒔き、無明の土をこれに蔽えば、愛の雨の潤いと、自我の灌漑と、偏見の保護とに依って、やがて名（精神）色（物質）の芽を生ずる。名色に因って眼、耳等の六根（六官）を生じ諸根が具足し外境に接触して触（触覚）を生ずる。触より受（知覚）を生じ、苦楽の受に

対して愛憎の情を起す。愛の昂進は取（意志）となり、取の反覆は有（行為）となる。この有に因って五陰構成の身体を生ずるのである。これを生と云う。五陰の衰頽変化するのを老と云い、その消滅するを死と名づける。この衰頽生滅の老死に、憂悲熱悩のもろもろの苦しみが堆積する。

これを十二因縁と云うが、或る主体があって集むるのでもなく、また散ずるのでもない。縁が集合すれば存在するし、縁が離散すれば消滅する」と。

聖者は斯くして十二因縁を順逆両観して更に心に念うよう、

「真理を真理のままに知らないのが無明で、この無明の業《はたらき》（主客未分）を行と云う、行によって認識作用の主体である識が起り、識と共に色、受、想、行の四陰があって、これに依って名（心）色（物）がある。名色発達して六入（六根）が生じ、六根と外境と接触するに依って触（触覚）を生ずる。触を因とし縁として受（知覚）を生じ、受に対する情愛の情を愛と云う。愛が増長して意志に移るのを取と云い、取より意志行為を起すのを有と云う。業に報いて生ずる五陰を生と名づけ、五陰の変化するを老と名づけ、五陰の破滅を死と名づける。死して別るる時、愛着を起して心の熱するのを熱と名づけ、声を発して慟哭する感覚作用を苦と名づける。別離に対する第六意識の作用を愛となし、憂苦転《うた》た盛んなるを悩とする。斯《か》くの如く一歩あやまれば身に従うものは大苦の堆積のみである。この十二因縁には主体となる我もなければ、我の世界もない、またこれを作るものもなければ、作らしむるものもない。もし作るものがあるとすれば作らるるものがなくてはならぬし、作るものがなければ作らるるものもない筈である。然るに第一義の中には作るものもなく、作らるるものもない」と。

聖者は更に念いを続けて、

「迷いの三界は実在ではなく、唯法界一心の顕現である。従って十二因縁もまたこの一心に依って生ずる。業に随って生動の欲念を生ずる。この心が識で、業は行である。行は心を誑《たぶら》かすからまた一種の無明である。識の依止する所を名色と名づけ、名色の発達を六入と名づける、感官と外境と心と和合して触があり、触と共に苦楽の感を生ずるを受と名づける。知覚の境に貪著するのを愛とし、愛執して捨てないのが取で、愛と取と合して行為となるのが有である。有の起すところが生、生の変化が老、老の破滅が死である。

また無明を始め十二支の各々に二種の作用がある。

無明には一に自相としての痴と二に行を生ずる作用。行は一に未来世の果報を生じ、二に識を生ずる。識は一に主観作用、二に名色を生ずる。名色は一に相続性、二に六入を生ずる。六入は一に客観の六塵を縁じ、二に触を生ずる。触は一に対象に触れしめ、二に受を生ずる。受は一に苦楽を差別し、二に愛を生ずる。愛は一に愛欲心を起し、二に取の因となる。取は一に煩悩を増長させ、二に有を生ずる。有は一に他界に生ぜしめ、二に生の因となる。生は一に五陰を起し、二に老の因となる。老は一に諸《もろもろ》の能力を発達させ、二に死の因となる。死は一に五陰の和合を壊《やぶ》り、二に無明の相続を絶えさせない。

また無明は諸行に縁《よ》ると云うのは無明は、行を相続させて、行の作用を助成するから、また行は識に縁《よ》るとは、識を相続させて識の発達を助けるから、識は名色に縁るとは、名色を相続させて名色の成立を助けるから。乃至生は老死憂悲苦悩に縁《よ》るとは、生は死を相続させて死の作用を助成するからである。

もし無明が滅すれば諸《もろもろ》の活動も滅するし、乃至生が滅すれば老死憂悲苦悩も滅する。結果を招く因が無くなれば、その結果の無くなることは当然のことである。

また十二因縁の中、無明と愛と取の三が相続するのを煩悩道、行、有の二支の相続するのを業道、その他の七支の相続を苦道と云う。この三道は過去より現在へ、現在より未来へと常に展転して断ゆることはない。またこの三道には主体及びその世界がなくて然も生滅展転している。

もしまた十二因縁を三世に配して無明と行とを過去世に、識、名色、六入、触受は現在に、愛、取、有、生、老死は未来に属する。それ故十二因縁は三世に亘って輪転し、無明が滅すれば諸行も滅すると云うことは三世の相続を断つと云うことになる。

また十二因縁は三苦に分けらるる、無明、行、識、名色、六入は変化に対する不安即ち行苦で、触、受は外界の圧迫に依る苦しみ即ち苦々で、愛、取、有、生老死、憂悲苦悩は歓楽の破壊から来る苦しみ即ち壊苦である。故に無明が滅すれば諸行も滅し、乃至生が滅すれば老死も滅するてうことは、三苦の相続を断つとも云える。

また無明の生滅に依って行が生滅するのは唯因縁関係に依るので、行そのものには実体がない。その他の十一支にも皆実体はなく何れも空である。

これまで無明を因とし無明を縁として行が生ずるといい、また無明が滅すれば行も滅すると云って、説明上止むなく捕われた生滅と云う差別的な言葉を用いたが、畢竟《ひっきょう》縁起法は、分別思慮を離れたものである。その他の支もこれに同じい。

またこれまで十二因縁を順観して、無明に依って行を生ずる等と観察したのは、差別を壊《やぶ》らずに而も、恒に無差別なることを観ずる即ち随順無所有観の説である。また逆観して無明滅すれば、諸行も滅する等と観察したのは、差別、無差別の何れとも、執すべき何ものもないと観ずる即ち随順尽観の説である。

第六地の聖者は斯く十段に、十二因縁を順逆両観して万有を深観する。十段とは即ち前に説いた因縁の次第と、一心に包容せらるること、二つの作用のあること、次第相続すること、三道相通じて輪転すること、三世及び三苦に区別すること、実体なく因縁生なること、俗に寄せて具を顕わすこと及び無所有尽観とである。

三種の自由境（三解脱門）

聖者が十二因縁を現観して万有には自我、人、生物の如き実体もなく、また作るもの、作らるるものと云うが如き主体、客体もなく、総て因縁によって存在することを知れば、そこに万有の空なる真理を、体得するによって得らるる自由の境地——空解脱門は開かるる。已《すで》に有の実体を空観すれば、その他のものが本然の相でないことは自然に領解されて、そこに差別相の否定に依る自由——無相解脱門が開かるる。この二門に通達すれば迷いの事象に何等の願望を有《も》たず、唯大悲の心より自由に生類を教化する境地、所謂欲望の脱離による自由――無願解脱門が開かる。

聖者はこの三解脱門を修するるによって自他の主観と客観の現象とを捨て、更にその主客否定の固執をも捨つることが出来て、大悲の心は益々増大して、衆生教化のために精進刻苦、永遠に成仏せざる菩提の道を成就するのである。

聖者はまた心に念うよう、

「諸《もろもろ》の現象は因縁の和合によって生成し、因縁が離散すれば消滅する。即ち衆縁具われば生じ、欠ぐれば滅する。私は今、因縁によって作らるる事象の過悪を知るから、因縁の和合を破て凡ての万有を否定する。然しそれは惑業の否定で、実は清浄の因縁を以て万有の完全進化をはかるのであるから、全然万有を否定し尽すものではない」と。

聖者はかく、現象諸法は実体もなく、本然の差別相もなく、生滅の論ずべきものがないと一切の妄念を否定し尽せば、そこに大慈悲と合して、万有の完全進化を完うする無礙自在な智慧の光明が現わるる。聖者はこの智慧を得て始めて、無限向上の菩提の学行を修得して、特殊法の中にあって然も特殊法に執着せずに、万有はすべて空なりと観じ、更にその空観にも執着せずに、無上の学道を念々に成就する。

聖者が現前地に住すれば、いろいろの勝れた三昧を体得する。即ち勝空三昧、性空三昧、第一義空三昧、究竟空三昧、大空三昧、合空三昧、生空三昧、如実離空三昧、略空三昧、離分別不分別空三昧を始め万の空三昧門を体得する。「無相」、「無願」に就ても「空」と同じ三昧を得る。

またこの境地に達すれば、金剛不壊の心、正邪甄別《けんべつ》の心、真実心、深奥を究むる心、不退転の心、精進の心、学行広大の心、救済普遍の心、無限の啓発を楽《ねが》う心、教化の完全を期する心などが、益々深化され、無上の学道は更に拡充されて、如何なる論議学者の説にも動揺せられない。

また聖者は学行を精進して声聞、縁覚の低級な心地を、無上の仏智に転向して、如何なる悪魔にも、恐るべき煩悩にも侵さるることはない。また智慧の光明に照らされて空、無相、無願の自由の天地を開拓し、正しい手段をもって生類を済度する。

聖者は現前地にあって真智の無限啓発即ち般若波羅蜜を中心に、凡ての学行を修めて最高の柔順忍を体得する。

真証の第六相

聖者が現前地に達すれば、数限りのない仏を拝することを得、衣服、食物、臥具、医薬等を捧げて供養讃歎して、そのみ教えを聴き、教えのままに修行して仏の意をむかえる。

常に仏のみ教えを奉行するに由って、更に深く仏智の宝蔵をさぐり、無限に一切の学行を修して、性能は念々に浄化せらるる。たとえば黄金を磨くに瑠璃をもってすれば、光彩特に加わるように、聖者が現前地に住すれば自らその智を啓発し、生類を教化するに依って、凡ての徳性は更に霊化せられ、下位の聖者の及ぶところではない、たとえば月が玲瓏と澄めば万象は凡て美化されて四季何れの風も光を障《ささ》える雲を呼ぶことの出来ないように、現前地の聖者は学行いよいよ勝れて、自他の煩悩と云う煩悩の火を悉《ことごと》く滅するが故に、煩悩、我執、飽満、堕落の四種の悪魔も動乱することは出来ぬ。

仏子よ、これが現前地の概略である。

聖者がこの境地にあるのは十王の中の善化自在天王に比すべきであろう。智慧は犀利に、克く一切の高慢心の者を破り、声聞の論難し得るところでない。その行は布施、聖愛、共済、進歩の精神を体し、また仏法僧の三宝及び無差別の智慧を憶念して忘れない。而して常に念願するよう「我まさに一切生類の長者となり、最勝者となり乃至その依憑者となろう」と。かくして精進努力すれば、直に第五地に勝れて百千億の三昧を得、乃至百千億の聖者を示現して同朋とすることが出来る。

もし真実の願行を成就すれば法界の理を体得して、智徳霊能は無礙自在に、百千億はおろか、百千万億の時を費しても計り難い霊能を具えることが出来る。』

七　霊能の発揮（遠行地）

既に証《さと》りの智慧を成就するが故に、その自然の流露として一切の行為は、慈悲行と現われて、完成せらるる境地。差別に即する平等、平等に即する差別を体験する、十種の妙行を挙げて一切の仏行を該摂する。迷いは遠く光は近づく、故に遠行又は深遠と云う。方便（教化）波羅蜜を中心とする。

会衆の讃仰

時に諸《もろもろ》の天人は空より香華と宝とを雨ふらして仏に供養し、その徳を讃えて、
『幸なるかな、金剛蔵よ、真理を体得されて、無量の霊能を具えらるる人中の白蓮華である世尊は、
世を救う最上のみ教えを説き給う。
他化自在天王は光明と宝華を雨ふらして、憂いと悩みを除く世尊を供養し奉る。
諸天と天王は声をともにして「このみ教えを聞くものはこよなき幸を得ん」』と。
時に百千種の妙なる天の音楽は奏せられ、
諸《もろもろ》の天は仏の偉徳を讃えまつる、
『仏のみ力によって諸仏は、万象否定の上に煩悩を霊化し給う。
差別を超越して而も差別の相を示し、
仏身は真如の理体と知って、而も差別の相を示さるる。
言葉に万有の全的否定を説いて、言葉に捉わるることもなく、
百千の国土を越えて仏に妙華を具えつつ、
仏と国土とは差別を離れた無礙智の現われと知る。
生類を教化しつつ、教化し教化せらるるの想を捨て
一切の聖行を努《いそ》しむも、証果を求めない。
現実に迷う三毒の火は燃えて、世界を焼くも

世尊は現象の差別を捨てて、慈悲を精進し給う。

諸天と天女の讃頌は終って一座は寂《しずか》に、ただ恭敬して仏を礼し奉る。

時に解脱月は金剛蔵に請うよう、

『一同の心は清浄に、上地の法を聞くに堪ゆ、願わくは七地の学行を説き給え』。

十種の妙行

金剛蔵は請に依って説かるるよう、

『仏子よ、聖者が第六地を成就して、第七地に進まんとするには、「救いの智慧」に因る十種の勝れた行を起さねばならぬ。その十種の妙行とは、

（一）に空、無相、無願の三解脱門（一七四頁参照）を修めつつ、然も生類に伍して慈悲を行う。

（二）無差別平等の真智を体得して、然も諸仏を供養することを忘れない。

（三）常に万有の空なることを思惟して、然も成仏の資糧を集める。

（四）迷いの三界を捨てて、然もこれが浄化をはかる。

（五）根本より諸《もろもろ》の煩悩の焰を滅して、然も生類の為めに貪欲、瞋恚、愚痴の煩悩の焰を滅する法を弘める。

（六）万有は幻の如く、夢の如く、水月の如く平等一如の相と知って、然も種々の智的迷妄を起しその報を受ける。

(七)凡ての仏の世界は差別の相を離れて空なりと認知して、然も国土を浄化する様々の聖行を修する。
(八)仏の法身は形なきものと知って、然も三十二相、八十種好の如き形貌の円満をはかる。
(九)諸仏のみ声は言語を絶した無差別の相と知って、而も機根に随って種々の差別的言辞を用ゆる。
(十)諸仏は一念の中に三世の事象を、体達せらるると知りて、然も一切の時、一切の処に真理を体得し、生類の能力に応ずる種々の法を説く。

聖者はこの無差別に即する差別である十妙行を行うに因り、その体である「救いの智慧」を現わして、第七地に入ることが出来る。

十種の妙行を完うして第七地に入れば、無量の境界に対して、諸仏が現わさるる無量の霊能を、発揮することが出来る。即ち無量の生物界に対しては、諸仏の用いらるる無量の教化法を行い、無量の世界に対しては、これを無量の清浄国土になさんとし、無量の差別の現象界に対しては、無量の真智を体得し、無限の時間に対しては、三世通達の無量の真智を現わし、無量の機類に対しては無量の分身を現わし、生類の願行と資性の差別に応ずる無量の法を説いて教化解脱せしめ、無量の認識の対象に対しては無量の智的意志をはたらかせ、声聞の無量の信解に対しては、無量の因縁法を説いて生類を信解せしめ、無量なる縁覚の思想に対しては、無量なる甚深の智慧の教えを示し、聖者の無量なる学道に対しては、無量の大乗法によって、よく事を完成させて、生類を真証の生活に入らしめんとする。

次に聖者は心に念うよう「いま、かく諸仏の有《も》たる無量の霊能を思念したが、更にその霊能を毫も心を労せず、自然に発揮しよう」と聖者はかく思惟して、限りなき救いの智慧を学修するに少しの動揺もなく、遂に仏智を体得するに至る。

諸地の比較

聖者の霊能は自然に発揮せられて、万有教化の道を行うに何等の礙げもない。座作進退悉《ことごと》く生類教化の行為となって、迷妄は除かれ、威儀は正されて、専心ただ向上の一路を辿る。ここに於て聖者は念々に十波羅蜜及び十地の学行を成就することが出来る。その所以は、念々の中に広大な慈悲を本として、総ての教えを学修し、而して一切を真智に回向するからである。

十波羅蜜とは（一）仏道に志して修得する一切の霊徳を悉《ことごと》く生類に施与して、その行為に関する想念をも止めない檀（布施）波羅蜜と、（二）一切の煩悩を滅尽する戸（戒）波羅蜜と、（三）慈悲を本として一切生類の心を傷つけない群提（忍辱）波羅蜜と、（四）霊徳を欣求して寸毫も退転することなき毘梨耶（精進）波羅蜜と、（五）常に学道の心を仏智に専注して、散乱せしめざる禅波羅蜜と、（六）万有の実相達に通する般若（智慧）波羅蜜と、（七）限りなき救いの智慧をおこす方便波羅蜜と、（八）無限に智慧の啓発を求むる願波羅蜜と、（九）如何なる悪魔、異端者の侵害も許さぬ力波羅蜜と、（十）一切現象の常に流るる真実相を、如実《ありのまま》に説明する智波羅蜜とを云う。

この境地の聖者はこれ等の十波羅蜜を、念々に成就すると共に、布施、聖愛、共済、進歩の四摂法三十七道品、三解脱門など、無限向上の学道を資助するの法を、念々の中に成就することが出来る。』

解脱月は金剛蔵に問うよう、

『仏子よ、聖者は唯第七地にのみ、これ等の学道資助の法を成就するのですか、それとも総ての位階に成就するのですか。』

金剛蔵は答えて、

『仏子よ、聖者は総ての階位に於て、みなこれ等の学道資助の法を成就する。ただここに説いたのは「遠行地」が他の階位より勝れているからである。即ち聖者が第七地に達《とお》れば、一切の学行を成就して、智慧と力とを獲得するから、遊行地に勝るのである。

仏子よ、初地には一切の仏道に志し、第二地には心の垢を除き、第三地には仏智を求めて諸法の相を明らかにし、第四地には無我の正道に入り、第五地には教化の為めに世俗の法を行い、第六地には甚深の因縁法を体験するが故に、これ等の諸地は各々学道資助の法を成就する。

いま第七地も一切の学行を成就するが故に、同じく総ての学道資助の法を成就する。即ち前六地は一行の中に、一切行を成就するのであるが、この地は一切行の中に、一切行を成就するから、特に他に勝れているのである。第七地に於て一切行を成就し得る所以は、この境地は、諸《もろもろ》の智慧の自然に現わす、正道を成就するからである。この一切行成就の力によって、次の第八地は自然に成就せらるるのである。

仏子よ、たとえば、純浄の世界と、純穢の世界との中間世界は、穢より浄に超ゆる一代難処であるから、深遠な智力と、広大な理想とを以て処せねばならぬように、聖者が浄穢の中間境なる第七地に処するにも、深重な大願力と無限の「証《さとり》の智慧」と無限の「救いの智慧」とがあって、始めて浄境に進転することを得る。』

解脱月は進んで尋ねるよう、

『第七地の聖者の学行は全く浄化されたのですか、或は尚垢穢《けがれ》があるのですか。』

金剛蔵は答えて、

『聖者が入聖の始めから修する学行は、総て無上の学道に回向せらるるによって、罪の穢れはない。故にその階位に応じて修する行は、元より清浄ではあるが、未だあらゆる迷妄を悉《ことごと》く解脱していない。仏子よ、譬えば転輪王が大象に乗り四天下を巡行し、庶民の貧困の状態を視察するも、王は何等の苦しみを感じない。然し一切の人間苦を離れているわけではない。王が転輪王の身を捨てて梵天王と成り、その世界を巡行して威勢を示す時始めて、一切の人間苦を離れることが出来るように、聖者も初地より諸《もろもろ》の波羅蜜を学修するによって、一切生類の認識事項と煩悩の穢れとを知って、能く煩悩に汚されずに、学道を進みつつあるも、未だ真に解脱を成就していない。もし今迄養った聖行に対する意欲を捨てて、八地に入ればその時始めて純浄の生活となる。即ちたとい聖行に対してでも、執着と云う執着を悉《ことごと》く捨るとき、一切の迷妄から脱却するのである。故に第八地に達して真に汚れの世界を超越することが出来る。

諸《もろもろ》の仏子よ、聖者が七地に達すれば、貪欲等の煩悩に汚さるる生活は脱するが、無煩悩とは云わない、また有煩悩とも云えない。所以は七地では煩悩を起さないから有煩悩ではない、然し仏の智慧を貪り求めて理想に対する欲求を捨てないから無煩悩でもない。

無限の霊能

七地の聖者は身、口、意の総てが浄化されて、あらゆる不善の行為を始め総て煩悩に相応するものは悉《ことごと》く捨脱して、常にあらゆる正善の行を練行する。また五地に説く世間の百科の学の如きは自然に修得して、三千大千世界の第一人者となり師表となる。故に仏と八地已上《いじょう》の聖者とを除いては、如何なる篤信精進の人も比肩することは出来ない。その現わす諸《もろもろ》の禅定、神通、解脱三昧は予備的修養をまたず、意のままに自在に現われる。また救いの智慧と無上学道を資助する法とは念々に勝れて能く菩提善伏三昧、善思義三昧、進慧三昧、分別義蔵三昧、如実分別注三昧、堅固安住三昧、神智通門三昧、浄法界三昧、順仏教三昧、種々義蔵三昧、背生死向涅槃三昧等百万の三昧を成就して益々心地を浄化する。これ等の三昧によって証悟と教化とを円満して、大悲の心を深化するが故に、浅薄な声聞、縁覚の境地を出でて、仏智の境地に入ることが出来る。

またこの聖者が声聞と縁覚に勝ることは、その身、口、意の行が無量にして、然も総ての差別相を離れているからである。かく純浄行を成就するが故に、ここに真理体得の無生法忍を得て、万有の真相を明らかにする。』

解脱月はまた尋ねるよう、

『仏子よ、聖者は初めて道に志した時に、既に無量の学行を完うして声聞、縁覚の境地に勝れていたではありませぬか。』

金剛蔵は答えて、

『第六地までは仏の正法を理想とするが故に、二乗（声聞と縁覚）に勝れているのであるが、未だ実行力が現われない。然るに第七地はこれを実行し、その霊能を発揮するから、声聞、縁覚は遠く及ばない。たとえば王家の者は尊貴な血を享けて、生れながら庶民の上に立つが、真実に一切に勝るるのは、生長して学成り徳具わってからであるように、聖者も初めて道に志す時、既に声聞、縁覚に優っているが、それは高遠な理想の下に精進努力するからである。今この境地に至れば内にととのった智慧が、外に力として現わるるによって、真に声聞、縁覚の境地に優ることが出来る。

しかし仏子よ、七地の聖者は一切の行為が純浄に、しかも自然に行われているが、更に向上を求めて止まないからその境地を証《さとり》と思って満足することはない。』

解脱月はまた尋ねて、

『仏子よ、聖者は何れの境地から、真実無差別の境に入るのですか。』

金剛蔵は答えて、

『六地を経て無差別の境に入る。この境地に達すれば、念々に成就して念々に向上を求める。即ち一切の行為は不思議の霊能を現わして、常に真実を実行しながらそれに満足して実行を中止することはない。譬えば舟師《ふなのり》が舟に乗って海上で様々の仕事をしていても、能く潮流の緩急浅深を知るが故に、風雨の際にも沈没することはない。その如く七地の聖者は波羅蜜の船に身を托して、無限に進展すべき万有の真実の相に応じて、これを実行するが故に、無限に学行の成就に満足することはない。

広大な誓願の力と智慧の力とを得て、万有救済の力を現わす七地の聖者は、涅槃の境を熱愛して、而も流転の世界を捨てず、恩愛に親しみつつ而もこれを遠離することを忘れない。本願を成就する手段として、たとい迷いの三界に身をおくことがあっても、世の汚れに染むことはない。平安を求むる心が熾んな丈け、却って救いの活動ははげしくなる。故に仏のみ教えに随って低い声聞、縁覚の境地から進んで仏陀の境地を欲求しつつ悪魔の世界に身を現わし、邪悪を厭いながら敢て悪魔に類する行をすることもある。唯これは教化を完成する迄の道程であるから、たとい異端者の群に入るも仏のみ教えを忘れない。俗にあって、しかも真実の生活に心を遊ばすのである。

要は無限の向上にあれば、物的にも心的にも飽満されて諸《もろもろ》の天、竜、夜叉《やしゃ》、乾闥婆《けんだつば》、阿修羅《あしゅら》、迦楼羅《かるら》、緊那羅《きんなら》、摩睺羅伽《まごらか》、人、非人、四天王、帝釈天《たいしゃくてん》、梵天王《ぼんてんおう》等の神霊、天の大王に勝る楽を受けても、尚これに満足せず、無限に正法を求めて、永遠に学道を追求し努力する。

真証の第七相

聖者が第七遠行の境地に体達すれば、量り難い諸仏にまみえ、己れの衣服、食物、臥具、医薬等の生活品までも捧げてこれに奉仕し、正法を護持して声聞、縁覚の如き浅薄な思想に動揺さるることはない。従って生類を憐む救いの智慧は一層磨かれて真理の体得（無生法忍）は更に進境を見て、限りなく進展され、正しい力は増大する。

譬えば黄金に他の宝石を用いて象眼装飾すれば、更に光彩を放って他の金石の及ばないように、聖者も遠行地に入り霊能を発揮すれば、救いの智慧に依って一切の行為が錬達せらるるから、総てが更に浄化されて他に汚さるることはない。たとえば太陽には月の光も、星の輝きも及ばない光と、能く総ての濁水をも乾し竭《つく》す力とを持っているように、遠行地の聖者には声聞、縁覚の及ばない純浄な霊徳と、一切の煩悩の淤泥《おでい》を洗浄する霊能をもっている。

諸《もろもろ》の仏子よ、霊能発揮の境地は他化自在天王にも比すべきであろう。凡ての性能は霊化されて生類教化の因縁となり、そのなすところは布施、聖愛、共済、進歩の精神を体し、常に仏法僧の三宝及び無上真実の智慧を憶念してその実現を期する。また心には誓いを立てて「私は一切生類の長者となり、最勝者となり、乃至依憑者となろう」と。聖者は斯くして精進琢磨するによって、直に第六地に勝れて百千万億無量の三昧を得、乃至百千万億那由他の聖者を現わして同朋とする。

もし真実の願行を成就すれば、自由の天地を開いて百千万億にも過ぎて、百千万億無量の時を費しても計り難い霊能を発揮することが出来る。』

八　無慾の活動（不動地）

既に法の無差別を知るも尚実行に心を労した。今は一切の行為が自然に行われて何等の作意を要しない。通常の認識の域を脱して無心の如く、一切の動乱より免れ、量的差別を捨てて一行即一切行、一切行即一行を徹底する。無生法忍を得、願波羅蜜を主とする。

会衆の讃仰

他化自在王と諸天と聖者とは無上の学行を聞きて歓び、
妙なる香薬、幡蓋《はた》、瓔珞《ようらく》、真珠、摩尼等を雨ふらして、仏と大衆に捧げ奉る。
天女は空に音楽を奏して仏と聖者を供養し、共に仏の徳を讃えて、
『限りなき智慧を具え給う最尊第一の世尊は、生類を憐み、
あらゆる神秘の力を現わさるる』と。更に万象悉《ことごと》くこれに和して讃歌は空に響く。
『一微塵の中に無数の諸仏の説法する相《さま》を現わし、
一微塵の中に現わるる無数の仏の世界は、
須弥金剛に囲まれて世の汚れに染まず。
一微塵の中に迷いの世界は現われ、中に天人阿修羅の報いを受くる相を見る。
諸仏の世界の、仏のみ声は無上の法を説いて、生類の心に応《かな》い、
あまたの生類、国中に満つるも、仏はその身に応じて現われ給う。
すべての天の人々も仏のみ国を住居とし、仏は望みに応う法を説く。
総ての生類は仏のみ力をうけ微塵の中の仏国《みくに》を見て、然も無限の国土と観る。
これ等は皆仏のみ力の現われである。その限りなきことは言葉に尽されぬ。』

妙なる響きは終り、総ては歓びに満ちて、唯黙して仏を仰ぎ奉る。

真理の体得

金剛蔵は解脱月の請いに依って説かるるよう、

『仏子よ、聖者は第七地に於て真智の霊能を発し、教化を一切に偏頗なく施して無上の学道は更に進境を見た。初地以来、十大願を起し、戒を持って仏の加護を受け、また自ら八種の心理観察、三十七科の修養法に依って、仏の力と優越性と特殊性とを規範として、真実に、その体現を精進して福徳智慧を成就し、七地に生類教化の大慈悲は一切を漏さず済度して、ここに限りなき霊能を現わすことが出来た。これを基いとし更に万有の真実相を達観して、万有は本来、執すべき存在はない（無生）、また修養に依って真実が発起されるものでもない（無起）、従って執るべき相はない（無相）。また汚れを脱して真実の生活が新たに成就されるのでもなく（無成）、また真実が現われたからとて、迷妄が破壊された訳でもない（無壊）、また真実の生活は汚れを離れて清浄に向って来たのでもなく（無来）、また涅槃の境に向って妄染を捨て去るのでもない（無去）、また真実の生活が開かるるも染と浄に増減があるのでないから、初めが染《けがれ》のみでもなく（無初）、中間に両者半ばするのでもなく（無半）、最後に浄のみになるのでもない（無後）、斯くの如く万有の真理を領解して、無差別の仏の智慧を体得すれば、凡ての意識分別をまたず、自然に、虚空の如き無限広大の天地は開かれて、「無生法忍」を体得し第八地に入る。

無欲の活動

聖者が不動地に入れば「深行菩薩」と名づけらるる。この境地は認識の境を脱してそこに認識さるる相も、認識そのものもない。凡て執着と云う執着は悉《ことごと》く離れているから、声聞、縁覚の思想に動揺さるることはない。また一切の作意を離れて一切は自然に行わるる。たとえば比丘が神通を得て次第に、心的拘束から脱れて遂に滅尽定（無意識の三昧）に入れば、認識の根本を滅するに依って□《（欠）》覚、想像、思惟の心的作用は悉《ことごと》く滅するように、聖者がこの第八の境地に達すれば、諸《もろもろ》の作意に依る身口意の行為は悉《ことごと》く自然に滅して、一切の拘束を離れる。また人が夢中に大河を渡らんと大いに努力して種々の方法を講ずるも、未だ渡らない間に夢が醒むれば、その方法は悉《ことごと》く放棄するように、初地以来、精進修行した総ての学行は悉《ことごと》く捨てて、迷いと悟りとを別々に思うが如き局限された認識作用は無くなる。また梵天に生るるものには欲界の煩悩が起らないように、「不動地」に入れば世俗的の創造、思惟、識別の心は元より、仏陀、真実智、涅槃に対しても、ただ行為意志のみ働いてこれを求むる心は起らない。況《ま》して諸《もろもろ》の有我の心は決して起らない。

仏子よ、聖者がこの不動地に心を遊ばすことの出来るのは本願の力に依るのであるが、また諸仏が聖者の為めに、自然に流るる水の如き「無生忍」の中に、み姿を現わして仏の智慧を恵み、これを助け給うに依る。

諸《もろもろ》の仏は勧めらるる、

「よいかな、求道者よ、汝は既に真理体得の階段にあって第一真理に順応している。求道者よ、予は仏としての十の力と四の優越性（四無畏）と十八の特殊性（十八不共法）を具えているが、汝は未だ具えていない、これを得る為めには、努めて精進してこの無生忍を捨ててはならぬ。

求道者よ、汝は第一甚深なる清浄の解脱を得ているが、一切の凡夫は未だ清浄の法を体得せず、常に煩悩や観察思惟の為めに惑乱されている。汝まさにこれ等のものを愍《あわ》れまねばならぬ。

求道者よ、汝はまさに汝の本願を憶念して、生類を教化せんことと、不可思議なる仏智を体得せんことを期せねばならぬ。

求道者よ、一切万有の実体と現象とは仏の有無によって変ることなく、常恒不変である。一切の仏は単に万有をそのままに知り給うが故に、仏と云うのではない、この万有の無差別常住なることは声聞、縁覚も領得している。

求道者よ、汝は我等の限りなき清浄の身相、限りなき智慧、限りなき清浄の世界、限りなき教化の方法、限りなき円光、限りなき清浄の音声を観ぜよ。而して汝は直にこれ等の霊能を体現せよ。

求道者よ、汝はいま適々《たまたま》「一切万有は清浄にして差別がない」と云う唯一の真理を体得したが、我等は無量限りなき真理を体得している。汝はまさに総ての真理を体得せねばならぬ。

求道者よ、十方無数の世界には、限りなき生類と限りなき万有の差別とがある。汝まさにこれ等をありのままに達観して、総ての真理を体得せよ。」

諸仏はかくして智慧を得る無量の学行をおこす因縁を与えられた。聖者はこれ等無量の学行によって、無量の霊能を起し、そして成就される。

諸《もろもろ》の仏子よ、もし諸仏が智慧を起す学行を教えられなかったならば、この聖者は終に消極的涅槃に入って生類の教化を放棄したであろう。然るに諸仏がこの無量の学行を教えらるるによって、僅か一念の中に起す智慧でさえ、初地より七地迄に起す智慧に百倍、いな更に幾千万倍するか、数や喩えで示すことは出来ない。これ先には唯一身を以て学行するも、今は諸仏の教えに依って、無量の身をもって聖者の道を修め無量の音声、無量の智慧をもって己れの住む無量の世界、無量の清浄なる世界にて無量の衆生を教化し、無量の諸仏に奉仕供養し、無量の正法に順って無量の神通力と説法の智慧とを養い、無量の身、口、意を以て総ての聖者の学道を、不断に精進するからである。

仏子よ、たとえば人が船に乗って大海を渡らんとするに、まだ大洋に出ないまでは種々の努力を要するも、大洋に出ずれば帆は自然に風を含んで、何等の艱難もなく進むことが出来て、その行程は準備の努力に依る進度に勝って、準備の努力を以ては百千歳を経ても達することは出来ぬ。聖者もそのように、これまで累積した性能を集めて大乗の船に乗り、聖者の大智慧の海に入れば、何等の努力を要せず、能く仏の真実智に近づくことが出来る。然しもしこれ迄の学行を、もってしては如何に精進するも、無限の時間を費して尚お達することは出来ない。

国土の浄化

仏子よ、聖者が第八地に達すれば限りなき「救いの智慧」より、大自然的活動の心をおこして、諸仏の智慧の威力を思惟し、世界の生成と破滅、世界の持続と破壊を思惟する。そして如何なる行為の因縁が集まって世界は成立し、また如何なる行為の因縁が滅して世界は破壊するかを知る。

この聖者は万有の構成要素である地、水、火、風の実体とその相状の小、中、無量、とその差別を知り、また物質の細分子である微塵の相状の差別とその細小とを知って一世界の中にある、あらゆる微塵の差別と、あらゆる地、水、火、風の微細分子（微塵）の多少と、衆生身の微細分子の多少と、万物の微細分子の差別とを知る。また人類の大身と小身とが幾何の微細分子より成るかを観察分析し、更に地獄身、畜生身、餓鬼身、阿修羅身、天人身が幾何の原子より成るかを悉《ことごと》く了知する。斯く分子を分析するによって感覚界、意識界、観念界の破壊と、成立と及び成壊半ばすることを知り、また感覚界、意識界、観念界の小相、中相、無量相とその差別相を知って、三界（感覚、意識、観念の三世界）の実相を了知する。

この世界を分析観察することは、聖者が生類を教化するに当って、その智慧を資助するものである。

生類の浄化

聖者はまたよく生類の身体を分析し、その生処を観察して、生類の生処と形貌に応ずる身体を現わす。即ち遍く三千大千世界に身を現わして、教化する生類の身に応じて種々の異相を現わす。たとえば日月の影を万水に浮かべるように。

聖者は救いの智慧を体得すれば一世界、乃至限りなき諸仏の世界に於ても身を動かさずして、生類の身に応じ要求に応じて身を現わし、また諸仏の説法の会場にも身像を現わす。故に沙門の中には沙門の形を、波羅門には波羅門の形を、刹利種には刹利種の形を、居士には居士の形を、四天王、帝釈、悪魔、梵天には梵天の形を、乃至阿迦膩吒天には阿迦膩吒天の形を、声聞の教えをもって済度すべき者には声聞の形を、縁覚の教えを以て済度すべきものには縁覚の形を、聖者の教えを以て済度すべきものには聖者の形を、仏身を以て済度すべきものには仏身の形を示して教化を完からしむる。斯く生類の楽《ねが》う所に随って種々差別の体を現わすも、決してその体に執着せず、差別に即する平等の観念を失うことはない。

万有即ち仏身

聖者はまた一切の生物界（衆生身）、国土、山川などの自然界**（一）**（国土身）、道徳界（業報身）、声聞（身）、縁覚（身）、聖者（身）、真理の体現者（仏陀その人、如来身）、霊覚の智性（知身）、永遠の真理（法身）、虚空（虚空身）など、総て宇宙は悉《ことごと》く仏身なることを知る。従って生類の熱心な要求に対しては自在に或は自ら衆生身となり、または衆生身を国土身、業報身、乃至虚空身となし、または国土身を己身、業報身、乃至虚空身となし、または業報身を己身、乃至虚空身となし、または己身を衆生身、国土身乃至虚空身とする。

斯く互に鎔融自在である仏の十身には各々にまた種々の身相がある。即ち衆生身に於て行為と、その報いと、煩悩妄念とは各《おのおの》一の身相をなし、意識世界、観念世界にはまたそれぞれ異なる相がある。国土身には小、中、無量、垢、浄、広、狭、平等、方円、差別など様々の相がある。業報身、声聞身、縁覚身、菩薩身には各々仮設的名称の差別がある。また如来身には真理体得の（二）菩提身、利他本願の願身、万有教化の化身、真理保持の住持身、相好円満の相好荘厳身、神通自在の如意身、生類威伏の勢身、福徳円満の福徳身、真実絶対智の智身、真理実体の法身がある。知身にもまた種々の絶対相があり、法身は平等にして永遠不滅の相であり、虚空身には無量、普遍、無形の相がある。

この宇宙万有、悉《ことごと》く仏の身体であることを、体認すれば寿命、要求、所有、行為、如意、生存、願望、知行合一、証悟及び救済の十種に対する自在即ち十自在を体得する。

（訳者注）仏身に就て華厳経には盧舎那品以下の四章に、詳しく述べてある。今ここに説く十種の仏身はその無礙円満の盧舎那仏の霊徳霊能を一往十種に分類したので、多仏を云うのでない。符号（一）の十仏を解境の十仏と云い、宇宙間一切の万有を悉《ことごと》く仏身と見る。吾々の見る自然界は千差万別にして何等の統一もない、然し華厳経の主張によれば国土、山川斉《ひと》しく平等の仏陀である。（二）の十仏を行境の十仏と云う（後の離世間品に説く処と名称少しく異なる）。これは実行の上に現わるる事実の仏を云うので、解境の十仏中の如来身を更に十種に分けたのである。証りの上の霊徳霊能は十に限らるべきものでないが、暫く十身を説く。実に華厳経はその題目を始め内容 悉《ことごと》くが仏身を説明するものである。この思想を最も具体的に且つ明瞭にしたのがこの二種の十身である。

智徳霊能の優越

聖者が十自在を体得すれば広く一切の事象に就て、その蘊奥を窮めて確固たる信念を養う絶対の智慧の所有者となることが出来る。またその行為は総て、智慧を軌範として、身にも口にも、心にも決して罪をおかさない。智慧は実行によって一層琢磨されて大悲を元とする万有の救済を念願する。この志願に従って諸仏の神力に護られながら、常に「救いの智慧」をはたらかせて限りなき世界の、千差万別の事象を体認する。

要するに第八地の聖者の修行は、悉《ことごと》く無限向上の仏行となるのである。故に総ての煩悩を離れて、清浄な心力を得る。また心は常に正道を思念するが故に、向上に対する深重な心力を得る。また苦しむ人を憶念して、済度せんと欲するが故に、大悲の力を、あらゆる社会を救済するが故に大慈の力を、見聞する所のみ教えを忘れざるが故に、万物総摂の力を得、総ての仏のみ教えを思索し観察するが故に弁論の力を、相異なる無量の世界を遊化するが故に神秘の力を、聖者の踏むべき道は悉《ことごと》く学行するが故に本願の力を、一切の仏教を学修するが故に波羅蜜の力を、仏智を体得するが故に仏の力を完うする。

聖者は斯《かく》の如きあまたの智力を体得するが故に、その行為には何等の拘束もなく毫《すこ》しの誤りもない。

不動の名に就て

諸《もろもろ》の仏子よ、この無慾の活動は異端者に、動揺せらるることなきが故に不動地と名づけ、その智慧は煩悩の為めに礙《さまた》げらるることなきが故に不転地と名づけ、世俗智を以て測り難きが故に、威徳地と名づけ、色欲を離るるが故に童真地と名づけ、意のままに学行を成就するが故に自在地と名づけ、意を用いずして自然に成るが故に成地と名づけ、一切を知り尽すが故に究竟地と名づけ、広大な誓願を発すが故に変化地と名づけ、他の意慾に動かさるることなきが故に住持地と名づけ、先に正しい力を養うが故に無功力地と名づける。また聖者は真実の智慧を体得するが故に、仏の境地に達してその霊徳に照らされ、威儀を学び、そして仏の境地を体現する。

この境地にあれば常に諸仏の神力に護られ、四天王、帝釈天及び諸《もろもろ》の梵王の供養を受け、密迹金剛《みっしゃくこんごう》神《しん》に護衛せられて、よく諸《もろもろ》の禅定を修め、無量の分身を現わす。その分身は各々盛んなる威徳と神秘なる作用とを具えて、無量の三昧の中に自在に法を説いて、生類の性能を浄化し、仏の予言に従って無上の学道を成就する。

聖者が斯る大智慧を体得すれば万有の真実相を証《さと》り、真智の光明に依って自在に、平等の真実世界と差別の現実世界の融即関係を了知して、意のままにあらゆる霊徳を示すことが出来る。また迷悟の差別を明らかにし、悪魔の誘惑もこれを霊化して真証の生活に入り、而も一切の処に於て、永遠不断に聖者の道を学行して、退転することがない。この故にその境地を不動地と名づけるのである。

真証の第八相

仏子よ、聖者が不動地に達すれば、禅定の力に依って限りなき諸仏にまみえ、一切の時、一切の処に於てそのあらゆる一切の仏を供養し讃歎し奉る、この奉仕供養に依って法界一切の真実相に体達することが出来る。仏に就て真理を究むるも遂に究め尽す時なく、永劫、真実を問い真実を行うのである。

この無限の啓発によって、聖者の正しい力は更に浄化されて、恰も黄金を種々の宝と共に転輪王の装飾品とすれば、更に光りを増して一切を凌駕するように、一切の声聞、縁覚、乃至七地迄の聖者の及ぶところではない。

またこの無慾の活動は、平等に即する教化差別の智慧を以て、一切の生類に対するが故に、その凡ての苦悩を滅除することが出来る。また千の世界を主《つかさど》る大梵天が徳政を布けば王威は千世界に輝くように、聖者が不動地に住すれば、智慧の霊光は十方一切の微塵の如き最小世界までも照らして、生類の煩悩を除き、清浄なる天地を得させる。

諸《もろもろ》の仏子よ、余はかく不動地の概略を説いたが、詳細に亘れば無限の時間を費しても説き尽すことは出来ぬ。

聖者のこの境地は千の世界を主《つかさど》る大梵王に比すべきであろう。霊能は能く諸《もろもろ》の生類、声聞、縁覚及び聖者に、無上の学道を教えて余すところなく、自在に世界の差別相を説いて、布施、聖愛、共済、進化を軌範としている。その行為はまた常に仏法僧の三宝、及び無上真実の智慧を憶念してその実現につとめ、そして心には「我はまさに万有の長者となり、最勝者となり、乃至その依憑者となろう」と誓う。聖者は斯くして精進琢磨すれば、直に第七地に勝った霊能を得て、大千世界を微塵に細分した数にもましている。

もし真実の願行を成就すれば、自由の天地を開いて数に表わされぬ霊能を現わすことが出来る。』

九　完全なる智慧（善慧地）

一行即一切行の徹底は仏の無礙の智用を思わしめる。万有一切が互に理解し合う鎔融無礙の境地。一行即一切行の事実は仏の転法輪に見らるる、故に聖者の学道の確実性を決定する形式として四無礙智を挙げ、指導方法の縦横無礙なることを詳説してある。力波羅蜜を配する。

会衆の讃仰

八地の深義を説く時、仏の神力は総ての世界を動かし、仏の智慧は妙なる光を十方に放って、総ての生類に限りなき平安を与えられた。百千万の聖者は空中にあって、天にもない諸《もろもろ》の供養をたてまつり、自在天と梵天と他化自在王とは、み教えを喜びて、大海の如き偉徳を具え給う仏に美妙の供養を捧げ、千万の天女は、また歓喜して妙なる音楽を奏して、仏の徳を讃え奉る。

『清浄法を学行するものは一切の悪心を離れる。己の道を開拓すると共に、世を救わんが為めに十方に仏のみ教えを説いて遊化せらるる。心は虚空の如く開豁に、道を行うに何等の礙碍《（マヽ）》がない。

仏のみ子よ、仏智を求むるものは、仏の護りを得て自在を得、
座を立たずして一切の処に現われて生類を済度する。

明月の影を万水に浮かべる如《よ》うに。一切の言語に対する差別の想《おもい》を捨てて、
然も声に依って法を説く、山に響くこだまのように。

現実の生活を厭うも尚思想の幼稚なるものを導くには声聞の道を以てせらる。

智慧漸く勝れて因縁の法を楽《ねが》うものには、ために縁覚の境地を説く。

智慧大いに勝れて、生類教化の大慈悲を抱くものには聖者の道を説く。

無限の向上心を有して、成仏を楽《ねが》うものには、ために真理体現の境を示し深妙の法を説く。

教化に用うる種々の差別相は、平等の実相を離れていない。

この法を聞く仏のみ子は、智慧に依って一切の学行にいそしむも、心を労しない。』

天女は美妙の歌頌を已《おわ》って、寂《しずか》に仏を瞻仰《せんごう》し奉る。

解脱月は金剛蔵に願うよう、

『一同は心を清うして一心に、九地に入る学行を聞かんと願っています。』

教導者の学行

金剛蔵は一同に告げらるるよう、

『仏子よ、聖者が第八地に於て得たる一即一切の深義を証《さと》る智慧をもって、無上の学道を観察すれ

ば、更に勝れたる一切の妄執を離れたる解脱を求めんと欲し、また更に勝れたる仏の智慧を思惟せんと欲する。また仏の本義に悟入して、不思議なる教化の智慧を観察せんと欲し、また教化を完全ならしむる諸《もろもろ》の三昧と神通とを得て、世界の完全進化を完うせんと欲し、また仏の十力と、四種の優越性と、十八種の特殊性とを成就して、仏の教化自在の力に相応せんと欲する。かかる大悲大願を成就せんと思惟し精進することに依って、聖者は第九地に進むことが出来る。

聖者は第八地に達して道徳行為の自然性を知り、更に善行の中にて有漏（煩悩性）と無漏（純浄）との活動を知る。また通常認識の世界と無差別の世界、認識と超認識、散漫心と統一心、声聞と縁覚、智者の学道、仏陀の境界、変化と常住などの活動をありのままに知る。

聖者は前に得たる智慧に基いて実行を進むるに、無限向上心を体現する障害、煩悩の障害、行為の障害、感官の障害、愛欲の障害、性質の障害、直心の障害、使心の障害、生の障害、習慣性の障害、証悟に就ての三種類（三聚）の障害を知る。即ち、

（一）心の差別を知る。心の世界を造作し浄化する相《ありさま》、心の存在と変化の相、心の生滅の相、形無の心相、変転自在の心相、本性清浄の心相、穢悪と清浄の心相、拘束と自由の心相、正邪の心相及び業道に随う心相とをありのままに知る。

（二）煩悩の諸相を知る。即ち煩悩の深重の相と軽微の相、心に随伴する相と相離れざる相、智的妄見なる十使の差別相、心を繫縛するとせざると、更にそれぞれの行為によって生を享くる時に果報を得る相、三界に於ける差別相、愛欲、愚痴、邪見の心に喰い入ること箭の如き相、憍慢と愚痴の重罪

が、身、口、意の因縁によって断ゆることなき相など、総て八万四千の煩悩の作用を、実の如く了知する。

（三）一切行為の善、悪、無記（非善非悪の中性）、決定的の行為意志（未動作）と外的動作の相、心の本体と相応して互に離れざる関係、念々に滅し、然も次第に果を招いて能力の不滅なる相、過去の行為によりて既に果を受けたると、未だ受けざるとの相、悪因は悪果を、善因は善果を、善悪交わるものは善悪交わる果を得る相を、また煩悩の染《けがれ》なき無漏の行為を起して果を招く差別相と、無量の因縁に依りて起す意志行為の果を招く相、有我の行為と無我の行為の区別、結果を招く時間に就て現在生と次生と第二生以後の区別、果報の必然性と偶然性の別等、八万四千の総ての行為の差別相をありのままに知る。

（四）感能の種々の差別相を知る。過去現在による同異、上、中、下の区別、煩悩に相応する相、求道者の各種類の中に於ける優劣、意識の所依となりて互に展転し、生滅し、直観推理を惹起する作用、次第に浄化されて種々の正行をおこし、而して能力を自由に発揮する相、及び三世に於てその能力の練達さるる次第と正行と相応する差別など、八万四千の感能の差別相を如実に知る。

また（五）欲望、（六）資性、（七）理解の各々にある上中下の差別相八万四千を如実《ありのまま》に知る。

（八）生類を駆使して迷いに陥れる智的迷妄（使又は見惑）の種々相を知る。生起するに心と共生するとせざると、心と相応するとせざるとを、また無始より生類を悩まして、常に禅定、神通——解脱の道——に相違する相、迷の三世界に繫縛して総ての善心を起さしめず、煩悩を籏出して改過遷善の道を塞ぐ相、また微細にして殆ど認識し難く、解脱の正道と遠く離るる相などを如実に了知する。

（九）境遇の差別を知る。地獄、畜生、餓鬼、阿修羅、人、天、色界（意識世界）、無色界（観念世界）、有想天（意識界）、無想天（無意識界）の区別と、行為の田に、愛欲の水に潤わされ、無明に覆われて識の種子は次の存在の芽を生じ、更に名色和合し、愚痴、愛欲相続して、愛欲に愛欲を重ねて涅槃を求めざる、三界に於ける迷妄相続の相を如実に了知する。

（十）諸《もろもろ》の悪の習慣性を知る。習慣性の起るものと起らざるものと、処によって習慣性の有無異なること、また人の善行、煩悩は元より、禁欲の行など凡て善、悪、中性の各々に習慣性のあること、またその習慣性は次第に受くる境遇に於て更に習慣性をおこし、永遠に煩悩行為を持続すること。もしこれを離るれば全く迷妄を脱却すること。これ等のことを如実に了知する。

（十一）涅槃を求むるものと求めざるものとを知る。涅槃に至るもの（正定）と涅槃を厭うもの（邪定）と未だ決せざるもの（不定）とを知り、また煩悩に就いて正見は正定、邪見は邪定、二者何れとも決せざるは不定なること、また行為に就いて五逆は各々邪定、五根（二五七頁参照）は正定、この二以外は不定なること、外道の立つる邪位は邪定、声聞の正位は正定、その他は不定なること、深く邪定聚に迷い入るものは解脱の道に転向し難く、正定の人はよく無上の学道を修する困縁成就し、不定聚のものは世間の道徳を護持することなどを如実に了知する。

仏子よ、聖者が完全なる智慧を得ればこれ等の智と行とを成就する。

教化の完全

聖者が善慧地に達すれば生類に関する一切の差別相を知り、その能力に相応する解脱の因縁を与える。即ち生類を教化し済度する正法と、声聞、縁覚、聖者又は仏など云う対象の能力を如実に知悉して生類の因縁にまかせて説法する。先ず論法を聞くに堪ゆる器となす為めにその知識、能力の程度に応じ、希望に随って法を説き、次で真智に乖《そむ》かざるよう広くその行為に随い、更にその正しき理解に随って法を説く。また一切の行為を知り、生類の資性に応じて必要の時は危険を侵して法を説き、その境遇、生活、煩悩、習慣性に随従して迷いを重ぬるものに対し、その理想に応じて解脱を得させるべく説法する。

聖者は第八地に入って大指導者と成り、諸仏の正法を守護してその深義を究めることが出来る。而して限りなき真実智より流露する教化の方法に従い、四無礙の智を以て説法して寸時も怠ることはない。

四無礙とは法無礙、義無礙、辞（詞）無礙、楽説（弁）無礙である。聖者は法無礙の智をもって万有の自相を知り、義無礙の智をもってその差別の属性を知り、辞無礙の智をもってそれに一定の名辞を与え、楽説無礙の智をもって誤らざる断定を下す。また法無礙の智をもって万有の体性を知り、義無礙の智を以て万有生滅の相を知り、辞無礙の智をもって仮設の名辞（仮名）を連続して法を説き、楽説無礙の智は、仮設の名辞にて、完全に無限の真理を表わし得る。また法無礙の智をもって現在の現象差別を知り、義無礙の智をもって過去未来の現象差別を知り、辞無礙の智をもって過去未来現在の万有に一定の名辞概念を与え、楽説無礙の智をもって三世に亘る断定と推論を下して法を説く。また法無礙の智をもって現象の差別相を知り、義無礙の智をもってその属性の差別を知り辞無礙の智をもって、諸《もろもろ》の言語によって法を説き、楽説無礙の智をもって聴者の理解し得る法を説く。また法無礙の智をもって現象差別の体を直観し、義無礙の智をもって如実に現象差別を推知し、辞無礙の智をもって現象差別を世俗的に説き、楽説無礙の智をもって第一義を説く。また法無礙の智をもって現象の平等一相にして能造者なきを知り、義無礙の智をもって万有を彙類し分科し、統括すること、及び四諦、十二因縁の差別を知り、辞無礙の智をもって美妙の音声を出して世間の帰入を得、楽説無礙の智をもって幽玄の理を説いて生類に無限の真理を体解せしむる。また法無礙の智をもって、唯一の真道が能く一切の真理を包容することを知り、義無礙の智をもって諸教の差別を知り、辞無礙の智をもって能く諸教の差別を説き、楽説無礙の智をもって一法門を説いて無限の真理を明らかにする。また法無礙の智をもって聖者の準備行為と智的錬磨と真理体達と教化救済に入り、義無礙の智をもって区分して聖者の十階位の差別を説き、辞無礙の智をもって十地の学行を軌範として懈怠すべからざるを説き、楽説無礙の智をもって一切行の無限の差別相を説く。また法無礙の智をもって一切の仏は念々に無上の学道を成就することを知り、義無礙の智をもって一切の時、一切の処に現わす霊能の差別を知り、辞無礙の智をもって諸仏の得道の差別を説き、楽説無礙の智をもって一句の法を説くに無限の時間を費して尽すことが出来ぬ。また法無礙の智をもって一切の仏の言葉、力、優越性、特殊性、大慈大悲、自在の智、説法教化の平等に即する差別の智慧を知り、義無礙の智をもって、仏は八万四千の異種の音声を以て聴者に契合することを知り、辞無礙の智をもって仏の声にて万差の機に対して万有の実相を説き、楽説無礙の智をもっては仏の智力にて聴者の理解し得る法を説く。

万霊の大指導者

聖者が四無礙の智を得て、教化が完全に行わるれば、仏陀真証の内容を体得して、万霊の大指導者となることが出来る。かくて衆義（諸《もろもろ》の義理）の呪、衆法（諸《もろもろ》の教えを知る）の呪、起智（救いの智慧）の呪、衆明（諸《もろもろ》の光明）の呪、善慧（教化の智慧）の呪、衆財（供養）の呪、名聞（大乗教の偉大）の呪、威徳（大乗教の威力）の呪、無礙（自由）の呪、無辺旋（説法の深遠）の呪、雑義蔵（説法の広汎）の呪など万徳を包含する百万無数の呪を得て、無量の断定推論を自由に用いて完全に法を説く。

聖者はこの無量の呪を得て、無量の仏の所にて法を聴き、能くこれを憶持して、更に人の為めに法の如く種々に説法する。

聖者はまた一仏のみもとに於て無量の呪をもって正法を聴く、余の無量の仏に対しても同様である。また仏を礼敬する時に聞く真理は、呪文の力を得た博学の声聞が無限の時を費すも証《さと》ることは出来ぬ。聖者は斯る呪文の力と無礙智の弁説の力をもって法を説くが故に、大千世界の生類に対して、自由に法を説くことが出来る。

この聖者は生類教化の実行に於て、唯だ仏と、仏の位を嗣ぐ聖者を除いては第一人者で、一の教えに依って万人を理解せしめ、或は種々の教えによって一切を領解せしめ、或は黙して唯光明を放って領解せしむるなど、その意の欲するままである。また或は全人格を挙げ、或は全宇宙の物質精神の一切を挙げて教化を行わしめ、また全宇宙の一切の生類、事々物々が一時に無量の難問を発するも、一念の中に唯一の教えをもって総てに解決を与える如く、幾百千万の宇宙の生類に対しても同様に、ただ一の法を説いて、完全に理解せしめ、教化に遺漏がない。

また一微塵の中に言葉に尽せぬ世界があって、その一々の世界に仏は法会を開いて、聴者に相応する法を説きこれを教化している。これは一仏に限らず一切の仏も同様で、また一微塵に於けるのみでなく、十方一切の世界に於て同様に行われている。この一切の法会に参じ、大憶念力を出して一念の中に、仏より受くる真理は一句も漏らすことはない。この不朽の真理を以て、清浄の教えを説くが故に、克く一念の中にその生類を開解せしむることが出来る。まして少数な世界の生類を教化することは極めて容易である。

真証の第九相

聖者が第九地則ち完全な智慧を得れば、霊能は更に勝れて仏と行を同じゅうし、一切の仏と合同して解脱は更に深めらるる。無礙自在の智慧を得て常に無量の仏にまみえ、美妙の供養を奉り、そして仏に種々の疑いを質して、諸《もろもろ》の呪文に通達する。かくして霊能は更に輝かされる。

仏子よ、真金を精錬し、あらゆる装飾を施して転輪王の宝冠に用うれば、他の小王は奪うことは出来ない。聖者も完全なる智慧を得れば、霊能は一層深化されて声聞縁覚及び下地の聖者は到底及ぶところではない。その霊能は、大梵王が三千大千世界の一切の難処を照らすが如く、能く諸《もろもろ》の生類の煩悩を照らし、これを除かしむる。

諸《もろもろ》の仏子よ、予は斯く善慧地の概略を説いたが、詳細は無限の時間を費しても説き尽すことは出来ぬ。

聖者のこの境地は三千大千世界を主《つかさ》どる大梵王にも比すべきであろう。万有を念々に流れ動く実相のままに領解することが出来れば、自在の中に自在を得、能く声聞、縁覚及び聖者に波羅蜜を説いて余すところはない。

常に布施、聖愛、共済、進化を実行して、仏法僧の三宝、無上真実の智慧を念願し、その体現にいそしみ、そうして常に心に誓って「我まさに万有の長者となり、最勝者となり、乃至その依憑者となろう」と。聖者はかくして精進琢磨すれば直に第八地に勝れた三昧霊能を得て、その数は三千大千世界を微塵に細分した数にもましている。

もし真実の願行を成就すれば、自由の天地は開かれ、数に表わされぬ霊能を現わすことが出来る。』

十　霊光洋々（法雲地）

学道究竟して、離れ難き一切の情意の迷妄をも脱却し、無量の霊徳霊能の洋々として宇宙に漲るを覚ゆる境地。仏位の第一継嗣者として授けらるる資格、及び宇宙を挙げて協調偕和する大光明の輝く法界の風光を明らかにする。智波羅蜜を配す。

会衆の讃仰

大聖の学行を聞き、浄居天の人々は心に歓び、
美妙の供養を捧げて仏を敬し奉り
無量の聖者も、歓喜すること限りなく、奇妙の香を焼きて煩悩を除滅した。
他化自在王も諸天と共に歓びに満ち、恭敬の誠を捧げ、天の衣を散して舞い下る無量億の天女は身心、悦びに満ちて、空高く仏に供養する百種の天の音楽を奏した。
『仏は座を立たずして、普く十方の世界にみ姿を現わし、相好威儀の勝れたること、世に比《たぐい》なく、一の毛孔より無量の光明を出して世の業火を滅す。
たとえ一切世界の微分子の数は計り得ても、一毛孔の光明は量り難い。
仏の相好は円満に、三十二相、八十好を具えて、無上の法輪を転じ給う。
教化の方法は様々にして或は兜率に在《い》まして諸天を教化せられ、
或は下りて母胎に托し、人の世に生れて、夜半に、家を出で山に入り、
真証《さとり》の筵に座して無上の学道を成就せられ、法輪を転じ、涅槃に入り給う。
衆生を済度せんが為めに、一切の処に現われてこの教化の相をなす。
たとえば巧みなる奇術師の異形を示すが如く、

仏智によりて種々の化身を変化して世界に満つる。

万有は空にして、虚空の如く実体もなく、現象もない、
大指導者たる仏もまたこれに同じく、
第一義真実の理を体得して、万有の実相に相応する霊能を示さるる。

万有は空なるが故に、仏の真証も学行も生類も斉《ひと》しく無相である。

一切の仏の法は斉《ひと》しく第一義純浄の中にあって、通常認識の対象ではない。

もし仏智を得んとせば、一切の分析的認識を捨てよ、
有無を総相として達観する時、人天を指導し得る。』

天女の妙なる音楽は止み、一座は寂《しず》かに、ただ仏を仰ぎ瞻《み》奉る。

解脱月は大衆の黙然たるを見て金剛蔵に請うて言うよう、

『誉れ高き仏子よ、願わくば聖者の第九地より、第十地に至る諸《もろもろ》の霊能を略説し給え。』

学行の成就

金剛蔵は答えて言うよう、

『仏子よ、聖者は限りなき智慧をもって、次第に仏道を如実に修行して、第九地に進み、真証の法を学び、無量の学道を修むれば、仏の「救いの智慧」に護られて大慈悲を行い、教化の為めに深く世界の実相を究むる、そして煩悩の難処より生類を救い、仏の真証の生活に入り、一切の限定、一切の執

着を離れた仏の無礙自在の天地を念願して、仏の力と優越性と特殊性とを体現せんことに全力を尽せば、仏位に亜《つ》ぐ一切智位に至ることが出来る。

聖者はかくして仏の境地に近づけば離垢涅槃の障礙を離れ尽す（離苦）三昧が現われる。また万有の実相に体達する（法界差別）三昧、近く仏位を成就する（荘厳道場）三昧、一切世間の華香を雨ふらす三昧、一切を包容する（海蔵）三昧、万有の実相を一時に顕現する（海印）三昧、広漠なること虚空の如き（虚空広）三昧、万有の実体を観察する三昧、生類の要求に随う三昧、万有をありのままに知る三昧、仏の智信を得る三昧などが現われて、更に量り難い三昧を体得する。

聖者は斯る無量の三昧に心を統一して、各々の霊能を体得することが出来る。最後の三昧を益一切智位と名づける。

仏位継承の儀

心を益一切智位三昧に統一すると同時に、一大宝蓮華が現われる。その円周は百万の三千大千世界の如く、あらゆる珍宝をもって荘厳せられ、その壮麗は、人天に属するものの及ぶところでない。これ全く無差別の霊能より現われるからである。総ての物は幻の如く、化の如しと、その真実を体得して、局限された認識を離るる時、無礙自在の光明が現われて、十方一切のものに無限の力を与えるものである。その宝蓮華は瑠璃の茎、栴檀の台《うてな》、瑪瑙の鬚《しべ》、黄金の葉より成って、限りなき光明と、一切の砂宝とが内に満たされ、宝網はこれを覆うて十三千大千世界の一切の蓮華を眷属としている。既に聖者の身は汚れなく殊に勝れて、この宝蓮華を座とするには宝に、相応《ふさ》わしい体である。聖者は仏智を成就する三昧力を得るが故に、自らこの大宝蓮華に座すると共に、一類の蓮華の上には各々聖者が座を占めて、百万の三昧を得、一心に大蓮華上の大聖者を敬い瞻仰《せんごう》し奉る。この聖者が蓮華の座に昇る時、十方現在のあらゆる世界を震動させ、総ての悪は姿をひそめ、十方の世界は普く光明に照らされて美しく荘厳され、さながら仏の一大会合を見るようである。

聖者はこの大蓮華に座すると共に、足の下より無量の光明を出して十方の阿鼻《あび》地獄を始め総ての地獄界を照らし、両膝より若干の光明を放って十方の畜生界を照らし、臍《へそ》より若干の光明を放って十方の餓鬼界を照らして、各々の苦しみを除き、また左右の脅《わき》より若干の光明を放って、十方の人間界を照らして平安と快楽とを与え、また両手、両肩、項《うなじ》、口、眉間の白毫相より各々若干の光明を放って次第の如く十方の諸天、阿修羅の宮殿、声聞、縁覚、九地までの聖者及び仏位を得る聖者を照らして、総ての悪魔の宮殿は蔽い隠されて終う。また頭上より無量の三千大千世界の微分子の数の光明を放って、十方諸仏の大会を照らして繞ること十たび、已《もっ》て空中に光明の網を作って諸仏に供養奉仕の誠を捧げる。この供養の霊徳は広大にして入道以来、九地に至る一切の供養はその百分の一にも及ばず、否、数も喩えも及ぶところでない。この光明網は無差別の霊能より現わるるが故に、世のあらゆる供養の徳に勝れている。もしこの供養の広大な霊能を覚る者は、必ず無上の学道を成就することが出来る。これ等の光明は種々供養の盛儀を示して、後に諸仏の足下に収まる。

時に諸仏及び大聖者は、何の世界に聖者某甲《なにがし》が学道を完うして、いまや仏位継承の儀式を挙ぐるを見て、十方無量の聖者と共に来り会して盛んなる供養を行い□（欠）礼拝恭敬して各々三昧を得、何れも仏位を嗣ぐ資洛を得る。万徳を具えた胸より破魔賊と名づくる無量の光明を十方に放って、無量の神力を示す聖者もまた来て大聖者の胸に姿を隠し、姿を隠すと共に、その光明は滅して無量の大勢力と神通と智慧とは、大聖者の併せ具うるところとなる。

時に諸仏は眉間の白毫相より、仏智を成就する光を放たれる。この光明は一類の無量の光明と共に十方を照らし、諸仏の大神通力を現わして、無量の聖者を仏道に導く。その光明の為めに十方の世界は六種に震動して、一切の過悪より生ずる諸《もろもろ》の苦悩を滅し、悪魔は恐れて姿を潜める。また諸仏の学道と一切諸仏の大会の雄大壮麗の有様を現わして、広大なることは一切の制限を脱した法界の如く、辺際《はてし》のないことは虚空の如くである。諸仏の眉間の光明はかく一切の世界を照らして後、なお様々の不思議を表わしてこの聖者の頂に注ぎ、これに附随する他の光明は大蓮華座を囲む聖者の頂に注がれて、未得の十千の三昧を成就させる。かくの如く聖者の頂に注がるる光明は、一仏のみでなく一切の仏の光明も、悉《ことごと》くこの聖者を照らして、その学行の成就を祝福する。

十方一切の諸仏の光明の頂に注がるる時、聖者は仏位の継承者たる霊徳を得て、仏の境地に入り、ここに仏の十力を賦与されて仏の数に入る。

仏子よ、転輪王の太子が王たるの資格を具うれば、転輪王は先ず白象宝の閻浮檀金《えんぶだんごん》の高座《たかみくら》をしつらえ、上に羅帳を張り四囲に幢幡《はた》を掛け、而して妓楽を奏せしむる。王子が導かれて高座に登れば、王は四大海の水を盛る金瓶の香水をその頂に灌ぐ。この灌頂に依って太子は始めて王位を継ぎ、十善道を完うして、転輪聖王と成るのである。聖者もまた仏の聖職を受くる時、諸仏に智水を灌頂され、始めて灌頂法王と成り、仏の十身を具えて仏の数に入るのである。これ法雲地を「聖者が真実の大智慧を授かる境地」と名づくる所以である。

聖者はこの聖職を与えらることによって、無量千万億の苦行難事を受くることになる。この受職の式を已《おわ》って「法雲地」に往すれば無量の智慧霊能は更に深化さるる。

霊光洋々

仏子よ、聖者が法雲地に至れば、如実に感覚世界、意識世界、観念世界の因を知り、また差別界、生物界、認識界、虚空界、実体界、涅槃界などの特殊性、普遍性、真理に背く邪見、諸《もろもろ》の煩悩などの因、諸《もろもろ》の差別界生滅の因、声聞と縁覚と聖者の学道の因、諸仏の力と優越性と特殊性と相状と実体の因、一切智、成仏、教化、入涅槃の因これ等無量の因を如実に知ることが出来る。要するに如実に万有の差別の因を知るのである。

その智慧は無上の学行を軌範として如実に、生類、意志行為、煩悩、智的迷妄、差別界、絶対界、声聞、縁覚、聖者、仏等一切万有の化現応同を体得して、宇宙法界の一切の事象に応じて、或は意識し、或は自然に縦横自在の教化を施して一切万有本然の生を完うさせることが出来る。

また聖者は仏力、理法、智慧、意志行為、煩悩、本願、寿命、時間、過去世等の宇宙法界を挙げて我が身を加佑し護念して、その間に感応通交のあることを体解することが出来る。

また諸仏のあらゆる教化の方法に精通してその霊能を体得する。即ち仏は生類教化の為めに、過去の学行を完うして命終れば、更にこの世界に人と生れ、出家し学行して正覚を成就する。正覚成就によって、無礙自在の霊能を得、盛んに法輪を転じて生類を済度せられ、この世の教化終って肉体は滅ぶるも、その教法は永遠に精進学道の中に生きると云うが如き、仏の教化を精細に体験する。

また諸仏の神秘な霊能を知る。即ち仏は身、口、意に不思議な霊能を有して、教化の時機の適否を知り、生類に対して或は寛容主義を取り、或は厳粛主義を執り、また真実の一道を適宜に区分し解釈して、生類の能力に就て八万四千種に区分さるること、行為に対する結果の次第前後等を知り、また聖者に成仏の保証を与え、学行成就して必ず仏に成る等あらゆる仏の霊能を体認する。

また、あらゆる時間の融即を知る。即ち一時に無量時を摂《おさ》め、無量時に一時を摂め有限時に無限時を摂め、無限時に有限時を摂め、一念に数時を摂め、数時に一念を摂め、時に非時を摂め、非時に時を摂め、有仏の時に無仏の時を摂め、無仏の時に有仏の時を摂め、過去未来に現在を摂め、現在に過去未来を摂め、長時に短時を摂め、短時に長時を摂める等の時間の相即融渉を体験する。

また諸仏の有《も》つ分析的の智慧、国土浄化の智慧、生類の肉体と精神の堕落と向上に関する智慧、生類の知力、一切の処に至り遍く仏道を行ずる智慧、万有を観察するに順逆両様になす智慧、不可思議智など総て凡夫、声聞、縁覚及び低位の聖者の知り能わぬところを如実に体得する。

仏子よ、諸仏の智慧は限りなく広大なるも、この地の聖者は悉《ことごと》く体得することが出来る。またあらゆる拘束制限を解脱すれば、そこに無量の霊能がある。即ち動作の自由、願望の自由、学行の自由、対境応同の自由を得、そこに仏の霊徳は現われて、よく異端者の論議を破し、三世を達観し、万有の縁起を知り、而して霊能は十方に輝き、無限に進展して窮りがない。
また百千万の量り難き三昧と万徳を包含する力と神通を体得することも前と同様である。

法雲の名に就て

聖者が一切の智慧を成就して第十地に入れば、仏智を理想として無量の本願を成就し、一念（刹那）の間に十方無量の仏のみ許に詣でて、限りなき真理と限りなき教説を悉《ことごと》く護持する。彼の娑伽羅竜《しゃからりゅう》王《おう》の降らす大雨は、唯大海のみが能く収容して他はこれに堪えざる如く、仏の雨ふらす霊妙なみ教えは唯法雲地の聖者のみ護持し得るので、他の一切の凡夫、声聞、縁覚乃至九地の聖者は受持することが出来ない。

また大海は一竜王の起す大雲雨は元より、無量の大竜王が一時に濺《そそ》ぐ大雨をも悉《ことごと》く収容し得る如く、聖者もまた法雲地に住すれば、一仏の真理の大雨を受持し得るのみでなく、一刹那の中に無量の仏の法雨を聴受し能くこれを護持する。この故にこの第十の境地を法雲地と名づけるのである。』

解脱月は問うて云うよう、

『仏子よ、この聖者は一刹那の中に、幾何の大智光の雨を受容することが出来ますか。』

金剛蔵は答えて、

『仏子よ、十方の量り難い微塵数の生類の総てが、仏の説法を憶持する所謂多聞第一の徳を以て、各々異なる問題を尋ねて教えを請い、それを悉く《ことごと》聴受し護持するとせば、その受容力は如何程であろうか。』

解脱月は答えて、

『それは莫大なもので、到底計り知ることは出来ませぬ』と。

そこで金剛蔵は言葉を改めて、

『仏子よ、聖者が法雲地に住して一念の間に、一仏より受くる三世のあらゆる真理は、その無量の多聞力に依るものに百倍する。否《いな》数や喩えの及ぶところではない。一仏に於ける如く十方微塵数の諸仏の限りなきみ教えを一念の間に、よく受容することが出来る。この故に法雲地と名づけるのである。

仏子よ、また聖者が法雲地に至れば、自己の願力によって大慈悲、福徳及び智慧の密雲の中に、種々に応現する難色の雲を呼んで神通畏徳の霊光を起し、大法雷を轟かして悪魔を降伏する。然も一念の中に普く微塵の世界に善法甘露の法雨を雨ふらし、生類の楽《ねが》いに応じて、無明の起す処の焔を滅するが故に、この境地を法雲地と名づけるのである。

また法雲地に住すれば、一世界は元より一切の世界に次第して八種の教化の相を現わし、自在に生類を教化するものである。

仏と聖者の霊能

聖者が法雲地に住すれば智慧に就て最上の自在力を得る。或は狭い国を広くし広い国を狭くする。

或は垢《けが》れたる国を浄らかに、浄らかな国を穢れたる国にする。或はまた一微塵の中に三千大千世界の山川草木を容れて、なお余地あらしめ、更に言語思慮の及ばぬ世界の万有を悉《ことごと》く一塵の中に容れ得る。或は一世界の自然現象の中に無量の世界を現わし、或は無量の世界の生類を一世界の中におさめ、一世界の生類を無量の世界の中におき、或は無量の世界を一塵の中に容れて苦しからず、互に狭からず広からず鎔融自在である。

或はまた一処の中に一切の仏の霊能偉徳を示し、或は一刹那の中に無量の世界に身を現わして、各々一身より無量の手を出し、一々の手に恒河《ガンジス》の沙にも等しい蓮華を取りて諸仏に捧げ、また種々の香、幡蓋、宝物等の一切の荘厳具を捧げて諸仏に供養し奉つる。

また一一《いちいち》の身に無量の頭を戴き、一一の頭に無量の舌を具え、而して諸仏を讃歎し奉る。また一切の世界に同時に身を現わし、神通を示して生類を教化するのみでなく、過去未来に亘って身を現わし、神通を示して、自身の中に無量の仏、無量の仏土を顕現することが出来る。

或は一の毛孔より一切の風を吹き起して然も衆生を悩まさず、或は無量の世界を直ちに一大海水に化して中に大蓮華を現わし、形状は秀麗に、光明は赫奕として、一切の世界に遍ねく、その中に菩提樹下に行わるる成仏の相を現わす。或はまた自身より十方の摩尼宝珠又は日月星辰の一切の光明を放ち、或は口より大気を嘘ぶいて、生類を驚かさずして大いに十方無量の世界を動かす。或は十方世界滅尽の時に現わるる風、水、火の三災を示して、生類の霊格を向上せしめ、或は自ら仏身を現わし、或は仏身に自身を現わし、また如来身を己が真証の世界とし、己が真証の世界を仏身とする。

仏子よ、聖者は法雲地にあってかくの如き神秘の力を現わし、更に無量の霊能は自在に示現さるる。』

時に会座の中の諸《もろもろ》の聖者を始め、天、竜、夜叉、乾闥婆《けんだつば》、阿修羅《あしゅら》、迦楼羅《かるら》、緊那羅《きんなら》、摩睺羅伽《まごらか》、四天王、帝釈天、梵天王、自在天子、浄居天等の神霊、諸天は各々念うよう、

『もし聖者の神秘の力と智慧の力とが、斯《かく》の如く無量であるならば、仏は云何《ど》んなであろう。』

解脱月は大衆の心を察して金剛蔵に問うて云うよう、

『仏子よ、諸《もろもろ》の大衆は只今聖者の神通の力と、智慧の力とを聞いて疑念を生じています。どうかこの疑問を解く為めに聖者の神通の不思議を今一度説いて下さい。』

時に金剛蔵は仏国体性三昧に入り、諸《もろもろ》の天王、神霊を始め大衆は悉《ことごと》く、自ら金剛蔵の身中に入るように感じて、この中で三千大千世界の様々の相を見た。その相は到底言葉で言い表わすことは出来ない。その中に仏の正覚成就を表象する菩提樹がある。茎の円周は十万三千大千世界、高さは百万三千大千世界、その木影には三千億三千世界の国々がある。樹の下に調《しつ》らえられた獅子座の上には一切智王仏と申す仏がいられる、その周囲は美しく荘厳されて、盛んな供養は行われ、大衆は甚大な敬意を表している。金剛蔵はこの不思議を現わした後、大衆を本の処にかえしたが、大衆は奇異の想いをなして、ただ黙然と金剛蔵を瞻仰《せんごう》し奉る。

時に解脱月は金剛蔵に問うて云うよう、

『仏子よ、この三昧は驚くばかりの力があるので、私共は不思議に堪えませせぬ。この三昧は何と名づけますすか。』

金剛蔵は答えて、

『この三昧は一切仏国の本体と名づける。』

更に問うて、

『この三昧の勢力の及ぶ範囲は如何ですか。』

金剛蔵は答えて告げるよう、

『仏子よ、もし聖者がこの三昧を体現すれば無量の三千大千世界をも自己の身中に現ずることが出来る。いま法雲地にある聖者は、斯かる三昧を無量に体得するが故にその身と云う身の霊能、口と云う口の霊能、意と云う意の霊能は測り知ることは出来ぬ。またその神力の自在、三世万有の観察、三昧の体得、智慧の力、自由解脱の境地に心を遊ばすことなど、一つとして認識思惟の及ぶところでない。善慧地の聖者さえこの地の聖者の一挙手一投足を窺い知ることは出来ぬ。

仏子よ、法雲地に達するものの学解霊能は斯くの如く限りないもので、無限の時間を費しても説き尽すことは出来ぬ。』

解脱月はまた問うて言うよう、

『仏子よ、聖者の霊能が斯くの如くであるならば、仏の霊能は如何ですか。』

金剛蔵は答えて、

『仏子よ、汝の問いは一塊の土を見て「無量の世界の土はこれより多量であるか」と云う問いと同一だと思う。仏の限りなき智慧を云何《どう》して聖者の智慧で測ろうとするのか。仏子よ、大地から少分の土を取り除くに、残るものは極めて多いように、予が法雲地に就て述べし処は極めて少分で、詳細は無限の時間に説明せらるべきものである、まして仏の境地はたとい無限の時を費すとも説き尽すことは出来ぬ。予はいまその所以を説明しよう、仏は必ず現われて予の説を証明さるることであろう。聖者がたとい限りなき霊能を具えて、霊徳智慧禅定を体験するも、仏の霊徳智力に比較すれば百分の一にも、否百千万億分の一にも及ばず、数や喩えで表わし得るものでない。

真証の第十相

仏子よ、聖者はこの智慧に基き、仏の身、口、意を理想として、聖者の三昧を修し、一切の時、一切の処に無量の諸仏を供養しこれに奉仕するが故に、諸仏の神力を受けて、学行は更に増進し成就さるる。故に万有の本体と現象の問題に関しては、他の追随を許さぬ真理を体得することが出来る。

仏子よ、譬えば天の黄金に摩尼珠の装飾を施して、他化自在天王の装飾品とせば他の諸天に及ぶものもなく、またその尊厳をおかすものもないように、十地の聖者の智徳霊能には初地より九地まで及ぶ何ものもなく、大智慧が朗然と輝いて一切万有の真実相に徹するが故に、他の智慧に動かさるることはない。また大自在天王の光明は人の身心を浄化する徳を具えて、生類のもつ光の及ぶ所でないように、法雲地の聖者の智慧の光明は一切の声聞、縁覚及び九地の聖者も比ぶべくもない。

仏子よ、聖者が法雲地に達すれば無量の生類を仏道に導き、十方諸仏はその為めに三世に透徹する智慧、万有の実相を知る智慧、一切世界を浄化する智慧、大慈悲をもって一切の生類を済度する智慧などを説いて、仏道成就の法を示さるる。

聖者の第十地にあることは摩醯首羅《まけいしゅら》天王に比すべきであろう。智慧の光はいよいよ明らかに一切の真理に体達して声聞、縁覚、聖者に波羅蜜を説き、万有の本体に就いて究めない処はない。その為す所は常に布施、聖愛、共済、完全進化の精神を体し、また仏法僧の三宝、乃至無上の真実智を念願して忘れない。そして心には常に誓って、「我まさに一切生類の長者となり、最勝者となり、乃至生類の為めに依憑者となろう」と。斯くして精進琢磨すれば、一念の中に無量百千万億の言葉に尽せぬ三昧を得て無量の霊徳霊能を具えることが出来る。

もし真実の願行を成就すれば更に勝れた霊能を具えてその学行、心行合一、供養奉仕、光明、能力、如意足、音声、教化等の勝れていることは、到底言葉には尽せぬ。

海と山と摩尼珠との喩え

仏子よ、聖者は上に説く十地を次第に学行して、一切の真理を体得する仏陀の境地に証入するのである。譬えば阿耨達池より流れ出る四河は四方の国々を潤して窮りなく、遂に大海に注ぎ入るが如く、聖者もまた無限向上の学道より大願大行の水を出し、布施、聖愛、共済、完全進化の四摂法をもって無限に一切の生類を教化しつつ、遂に万有の真実を究むる仏智に至るのである。

仏子よ、聖者の十地の学行は仏智を基調とするが故に、体験の精粗によって差別がある。それは大地に因って十の大山があって各々その成分を異にするが如きものである。十の大山とは雪山《せっせん》、香山《こうせん》、

軻黎羅山《かりらせん》、仙聖山《せんしょうせん》、由乾陀山《ゆけんだせん》、馬耳山《ばにせん》、尼民陀羅山《にみんだらせん》、斫迦羅山《しゃからせん》、宿慧山《しゅくえせん》、須弥山《しゅみせん》である。

　歓喜地は、雪山の一切の薬草を繁茂させて余す処のないように、常に世俗の経書、技芸、文学、呪術等を修して残すところがない。第二離垢地は、香山の一切の香を集めて余す処のないように、戒を持ち、垢染《けがれ》を払い、威儀を正し、学行を修して尽くるところはない。第三明地は、軻黎羅山の諸《もろもろ》の妙華を集めて取り尽すことの出来ないように、有我的の禅定、神通、解脱三昧を集めて余すところはない。第四焰地は、仙聖山の多数の五通仙人を住まわせて窮りのないように、衆生を学道の因縁に入らしめて、種々の難問に尽さるることはない。第五難勝地は、由乾陀山の夜叉、神霊を集めて窮りのないように、種々の自由と、神通とを得て説き尽せない。第六現前地は、馬耳山の種々の美果を集めて取り尽せないように、因縁法の深義を学して声聞の智を以ても説き尽すことは出来ない。第七遠行地は尼民陀羅山のあらゆる大力の竜神が集まって限りのないように、種々の「救いの智慧」を磨いて縁覚は窺うことは出来ない。第八不動地は、斫迦羅山の自適逍遥の者を集めて限りのないように、常に無礙の大用を現わし差別界の実体を明らかにして窮りがない。第九善慧地は、宿慧山王の通力ある阿修羅を集めて限りのないように、生類を教化してその形式は世相に応じて窮りがない。第十法雲地は、須弥山の諸《もろもろ》の天神を集めて限りのないように、常に仏の十力、四の越優性を具え、仏のみ教えを明らかにして止むことがない。

　これ等十種の山は斉《ひと》しく大海にあって体性を同じゅうするも、周囲の水によってその山容に差別があるように、今説く十地も、斉《ひと》しく仏智を基調とするが故に根本に於て異りはないが、その智慧を体験する精粗によって行相を異にするのである。

仏子よ、大海には十種の属性がある。この属性あるによって大海と称せられ、そこに独自の力をもつのである。聖者の学道もまた、十種の異なる因縁あるによって十地に分れ、そこに独自の天地がある。大海の十種の属性とは一に次第に深度を増す、二に死屍を留めない、三に諸河の水も注ぎ入ればその名を失う、四に同一鹹味《かんみ》である。五に無量の宝を蔵する、六に最も深くして入り難い、七に広大にして限りがない、八に巨大の生物が棲む、九に潮の干満は時をたがわない、十に一切の雨水を容れて溢るることがない。聖者の学道もこれに似たものがある。即ち歓喜地は次第に深重の大願を起す、離垢地は破戒をとどめない、明地は諸《もろもろ》の仮設の名辞即ち差別相を捨てる。明地は仏に対して唯一金剛の清浄心を起す、難勝地は世俗的の無量の教化の手段を示して世相を明らかにする、現前地は甚深の因縁法を観察する、遠行地は広大の心をもって万有を観察する、不動地は大宇宙の完全進化を期する、善慧地には一切の拘束から解放されて、現実問題を処理して誤りがない。法雲地には諸仏のあらゆる大智光の雨を受くる。

仏子よ、十地はまた摩尼の宝珠に喩えらるる。摩尼の宝珠は凡そ十種の手数を経て、生類に宝を与うるものである。一に大海より採取され、二に細工師が粗雑な研磨をかけ、三に更に精巧な琢磨を加え、四に洗滌《せんでき》して垢穢を除き、五に火を加えて精錬し、六に種々の宝に飾られ、七に美麗な紐に縷し、八に瑠璃の高柱に安置し、九に光輝は四方を照らし、十に転輪王の意に随って諸《もろもろ》の宝物を雨ふらす。無限向上の学道の宝もまたこれに似て、一に初めて発心して布施を行い慳貪を離れる、二に戒を持ちて汚れを除き苦修練行する、三に諸《もろもろ》の禅定を修して体験は更に精密になり、四に八正道等を完うして心地を清浄に、五に四諦観の火に錬治され、六に十二因縁の法をもって荘厳し、七に種々の「救いの智慧」を以て一切の学行を統一し、八に高く真実自由の天地を開き、九に広く生類の心状を察して教化自在の光明を放ち、十に仏位継承の聖職を受け、生類と共に仏行を励んで仏の数に入る。

仏子よ、この無限向上の学道――集一切智慧功徳法門品――は深密な霊徳を養わなければ聞くことは出来ぬ。もし「聞き得たものは幾何の幸福を得る」と尋ぬるものがあれば、予は答えて云う「仏のあらゆる智慧と霊能とを理想とすることになる。即ち万有に透徹する智慧をおこして、身と心の触る処に福徳を与え、そこに自己の慶福をも見出す。故に無限に向上を求むる志願なきものは、たといこの教えを聞くも信解し、憶持することは出来ない。況《ま》してこれを実行し完成することは尚更不可能である。すなわち万有に透徹する智慧を理想とする人はこの学行を聞きて、信解し護持し、実行することが出来る」と。』

聖者の証明

この聖者の真証の生活――十地品――を説くとき、宇宙法界は六種に十八相に震動して驚異の相を示した。これは仏の神力によって、然《し》かあるので、諸《もろもろ》の天人は香華、瓔珞《ようらく》、宝衣、幡蓋、装身具等を雨降らし、天の音楽は真証の生活の一切に優越することを讃頌した。今この世界の他化自在天王の宮殿に十地の教えを説くように十方一切の世界にも斉《ひと》しくこの教えを説いている。

時に十方の限りなき諸仏の国土を過ぎた無量の世界より、あまたの聖者は来会せられて十方の空中に充満し、そして金剛蔵の説法を証明して、

『よい哉、よい哉、金剛蔵よ、よくも聖者の十地の学行を説かれた。仏子よ、我等もまた皆金剛蔵と名づけ、いま金剛徳世界の金剛幢仏の、み国を発して来会したのである。その間に経過した一切の国々に於て我等も同じくこの十地の法を説いたが来会者も、説明の形式も内容の精粗も、これと秋毫の異りはない。我等はいま仏の神力によって、来会し、証明する次第である。我等がなすように、無量の聖者は十方一切の他化自在天王宮の摩尼宝殿に来会して、その説法を証明している』と。

第二十三　真証の徳能（十明品―住処品）

普賢《ふげん》（聖者）　前出。

心王《しんおう》（求道者）　教理に洞達せる心地を人格化せるもの。

前に真証の生活の基調と相状を明らかにしたから、今はその基調より顕現さるる徳能を説く。これを経には五章（品）に分ち十種の知力（十明）と、十種の智体（十忍）を明らかにし、次に徳能の優越（阿僧祇）を示し、更に時間的に（寿命）又空間的に（住処）考察してある。

十種の知力（十明品）

その時、普賢は諸《もろもろ》の聖者に告げるよう、

『仏子よ、聖者は十種の智力を有《も》っている。十種とは、

【一、他心智明】 聖者は広く一切の生類の善心、不善心、中性心、向下心、向上心、声聞心、地獄心など種々無量なる心を知ることが出来る。

【二、天眼智明】 聖者は一切生類の此処に死し、彼に生ずることを知る。即ちその明浄な天眼は結果の苦楽、種々の行為、思願等を総て照らし現わす。

【三、宿命智明】 聖者は自他の過去世一切の事件を憶念して生活、境遇、地位等を悉《ことごと》く了知することが出来る。

【四、未来際の智明】 聖者は未来永遠に亘って一切生類の生死、流転、行為などや、仏の生涯の経歴など未来のあらゆる事項を知ることが出来る。

【五、天耳智明】 聖者は何ものにも障礙されない聴覚を具えて、その作用の鋭敏なことは教えを聞いては証《さと》りを得、一度聴けば深義に達し、正邪を決定することが出来る。故に遠近一切の音声を弁別し、聞、不聞もまた自在である。

【六、神通智明】 聖者は勝れた神秘力を具えて、微塵数の一切世界の諸仏の所に、居所を離れず往詣して、奉仕供養することが出来る。故に一切の仏を見、一切の法を聞いて志願を成就し、普賢の無量の大願行を体験することが出来る。

【七、分別一切言智明】　聖者は一切世界の生類の言語音声を悉《ことごと》く了知することが出来る。言語は教化の方法として、教えを解釈し、思想を表明するに必要であるから、広く世界を遊歴して生類の本性を知り、一切の言語音声の法に通暁する。

【八、色身荘厳智明】　聖者は一切の物質を知っている。聖者は無量の真理に体得して、然も種々の物的形体を示して教化を施し、一切の生類を済度することが出来る。

【九、真実智明】　聖者は万有に名称、実体、差別相なきことを知り、また平等と差別と融即して相偏せざることや無我なることなど総て万有の真実相を達観することが出来る。万有の真実を知るが故に、相対的原理にも絶対的原理にも執着せず、諸《もろもろ》の差別的説明を避けて平等の本性に想応する。

【十、滅定智明】　聖者は念々の中に一切万有の差別相を滅する三昧に入って動揺しない。平等の理を証《さと》るも聖者の学行を捨てず、生類教化の心を捨てない。諸《もろもろ》の波羅蜜を修めつつ、よく諸仏の世界を分別して怠らない。また万有は縁によって生じ、差別的言語は真実でないことを知り、然もこれを用いて聴者に完全に理解せしむる。聖者の万有の差別相を否定する三昧にある期間は一定しない。然しその間、容貌、体質に変化はなく、常に聖者の学行を成弁し、生類を教化して十方に身相《すがた》を現わしている。然し三昧の境地にあって寂然として労作することはない。

聖者のこの智力は凡夫、天人、声聞、縁覚、低地の聖者は推《はか》り知ることは出来ない。唯仏のみ有するもので、仏はよくこれを説明せらるるも、余人は不可能である。聖者がこの知力を養えば、過去未来現在に透徹する智慧が得らるる。』

十種の智体（十忍品）

聖者普賢はまた諸《もろもろ》の聖者に告げらるるよう、

『仏子よ、聖者が十種の体験を成就すれば、真理の体得を妨ぐるあらゆる障礙を除いて、一切諸仏の限りなき霊徳と自由の境地が得らるる。十種の体験とは随順音声忍、順忍、無生法忍、如幻忍、如焔忍、如夢忍、如響忍、如電忍、如化忍、如虚空忍である。この十忍は三世の諸仏の等しく説き給うことである。

仏子よ、聖者は真実の法を聞いて信解し、護持し、実行して驚怖することがない。これを随順音声忍と云う。仏子よ、聖者はまた差別を離れて万有の平等観を完うし、万有の真相を体験する。これを第二の順忍と云う。仏子よ、聖者は万有の生なく滅なき真理を体得する。万有は不生不滅、離苦清浄にして一切の意欲を離るるが故に、平等にあって差別相の教化作用を起し、理と行の一致を現わす、これを無生法忍と云う。

仏子よ、聖者は万有は因縁生れなれば、幻の如しと体験する。従って一物の中に多物を解《さと》り、多物の中に一物を解《さと》ることが出来て、一切の現象、迷と云わず悟と云わず悉《ことごと》く実体なき化の如きものと体得する。これを如幻忍と云う。仏子よ、聖者は一切の現象を燃え上る焔の如く、固定した形体容積のないものと体験して、万有の真相を仮設名辞なりとする真理を体得する。これを如焔忍と云う。

仏子よ、聖者は一切の現象は皆夢の如しと解《さと》る。夢は現象でもなくまた現象を離れてもいない、また生死、浄穢の相はなくて然も様々に現われる、万有も皆斯《かく》の如きものと覚る、これを如夢忍と云う。仏子よ、聖者は聖行□（欠）学修し、これを成就して彼岸に到ることを得て、万有は皆響きの如しと知る。万有は総て響きの声に応ずるが如く相依相助で、他に実体があるのではない。かく体解するを如響忍と云う。

仏子よ、聖者は現象界にあってこれに捕われず、また全然これと離れもしない。故に聖者は学行を修するも特別の努力を要せずして大願を成就する。すなわち執すべき実もなく、虚もない。恰も電《いなずま》の輝きが電と不即不離の関係のあるように、また電の遠く光って然も電に遠近のないように、聖者の智慧は彼我一切の境を照らして、然もその智慧には差別がない。これを如電忍と云う。

仏子よ、聖者は一切の現象は化現なりと知る。万有は総て実在せざるによく仏事を現わし、化現の有無何れとも断じ難いように、聖者は万有の実在を否定して、然もその中にあって無上の学行を修し、生類を教化する。これを如化忍と云う。仏子よ、聖者は一切の法界は実体なきが故に虚空の如しと解《さと》る。あらゆる拘束繋縛を脱し無礙なること虚空の如く、真に自由の境地にある智慧を体得するを如虚空忍と云う。これが聖者の十種の智体である。』

数量と徳能（阿僧祇品）

時に心王は仏に問うよう、

『世尊はよく阿僧祇、不可量、不可思議、不可説と云うことを云われますが、それは如何なることですか。』

仏は心王に告げらるるよう、

『よいかな、汝はよくぞこの深義を尋ねた、この問は人々を稗益するところが多い。百千の百千倍を一拘梨《こうり》と云い、拘梨の拘梨倍を一不変と云い、不変の不変倍を一那由他《なゆた》と云い、かく転倍して七十八回するを一劫と云い、更に三十三回するを一不可思議と云い、更に二回するを不可量と云い、更に二回するを不可説と云うのである。

殆ど想像し能わぬ、説くことの出来ぬ不可説は、一切に充満して不可説である説くことの出来ない時間の中に不可説を説くも、遂に尽すことは出来ぬ。仏は一念の中に於て不可説の世界を説き、説くことの出来ない時間の中に念々に次第して説いている。不説の時間は尚お尽すべくとも、仏の霊能の不可説は尽すことは出来ない。また説くことの出来ない微塵の中に、各々不可説の生類がいて、みな普賢の徳を讃えるとも、尚讃え尽すことは出来ない。

一々の毛端の処に不可説の仏の世界をおき、毛端は虚空を量り尽すとも、仏の世界を説き尽すことは出来ない。諸《もろもろ》の仏は不可説なる清浄の法を説いて、不可説の真理を明らかにされる。仏の智慧は限りがなく、常に不可説の浄らかな音声を出して正法を説き、不可説の経典を叙説せらるる。また生類の罪悪を浄めることも数量を絶し、不可説の自在の力をもって生類の能力に応じて現わさるる教化もまた不可説である。この不可説の教化をなす形式は、種々様々で、数量を以て表わすことは出来ない。

聖者は一毛端の処に不可説の仏の世界を現わして、その大小、広狭、浄穢の種々相は無量で、到底、説明することは出来ぬ、広大な心をもって勇猛に精進し、身、口、意共に清浄なることも、また生類の教化、諸仏に奉仕供養することも数を超えている。諸《もろもろ》の波羅蜜を学修すること、生類の妄染《けがれ》を除くこと、智慧を増し、万有の真相を達観することも皆説明することは出来ぬ。

説くことの出来ぬ無限の時間に、聖者の聖徳霊能を讃えるに、たといその無限の時間を究め尽すことがあろうとも、聖者の聖徳霊能を讃歎し尽すことは出来ないのである。

かく仏には無量の染《けがれ》なき霊能があって、無限の時間に讃歎するも、讃え尽すことは出来ない。仏の住む国土の清浄なること、その十力、正法《みおしえ》、智慧、寿命共に無量で、これに至る学行、如実の智慧もまた無限である。』

時（寿命品）

その時、心王は諸《もろもろ》の聖者に告ぐるよう、

『仏子よ、この娑婆世界の一劫は阿弥陀仏の安楽世界の一日一夜で、安楽世界の一劫は金剛仏の聖服幢《しょうふくどう》世界の一日一夜に当る。聖服幢世界の一劫は善楽光明清浄開敷仏《ぜんぎょうこうみょうしょうじょうかいふぶつ》の不退転音声輪《ふたいてんおんじょうりん》世界の一日一夜に、音声輪世界の一劫は法幢仏の離垢世界の一日一夜に当る。かく次第に比較して百万阿僧祇を重ねた最後の世界の一劫は、賢首仏の勝蓮華世界の一日一夜に当る。普賢等の大聖者はその中に充満している。』

処（住処品）

復《ま》た心王は聖者の住所に就て諸《もろもろ》の聖者に告ぐるよう、

『仏子よ、東方にある聖者の住処は仙人起《せんにんき》山と云い、現に住まっている聖者を金剛勝と云い三百の聖者と共に常に法を説いている。南方のを勝楼閣《しょうろうかく》山と云い、法慧と云う聖者が五百の聖者と法を説いている。西方のを金剛焔山と云い、聖者無畏師子行《むいししぎょう》が三百の眷属と共に法を説き、北方のを香聚《こうじき》山と云い、聖者香象《こうぞう》は三千の眷属と共に法を説いている。東北方のを清涼山と云い、文殊師利は一万の眷属と共に説法している。乃至毘舎離城の南の住処を善住と云い、華子城のを金灯僧伽藍《こんとうそうがらん》と云い、真旦（支那）のを那羅延《ならえん》山と云い、辺夷《へんい》国（疏勒）のを牛頭《ごず》山と云い、罽《けい》例賓国のを欝提戸山と云い、犍陀羅《けんだら》国のを寂静窟と云い、各々過去の聖者が住まっていた。』

第二十四　仏陀の聖徳（不思議品―小相品）

青蓮華（聖者）　一行一切行の法界縁起の理を体現する性能を人格化せるもの。

真証の生活は自己反省の上からは、無限に完全円満の境ではない。無限に自己を批判しつつ、念々に自己の内生活を充実せんとするのが華厳経の高調する真道即ち理想である。これが仏陀の自覚体より云えば完全円満にして言語思慮を絶した絶対境である。この円満なる仏陀の絶対境に一往の説明を加えたるものが、以下の三章である。始めに自覚体である智慧を各方面より眺め、次に認識を捨てて直観すべく相貌とその霊能とを説いてある。

その時、大衆の中の聖者達は念うよう、

『諸仏の世界と本願と種姓と降誕教化と法身と音声と智慧と神力と拘束なき相と自由なる霊能とは定めて吾々の認識し能わぬことであろう?』と。

時に釈尊はこの念いを知ろしめして聖者青蓮華に神力と智慧と霊徳とを与えられ、青蓮華はその加護によって普賢の願行を成就し、仏の限りなき大智慧を得て、その教化の徳は一切に光被した。

そうして青蓮華は蓮華蔵に告げて云うよう、

『仏子よ、諸仏の霊徳は確かに認識以外のものである。仏陀は一切の汚れを離れて真の自由の天地に逍遥していらるる。従って教化は適確に、然も普遍的に行われて霊光は一切に洽《あまね》く、常に永遠不滅の法界の真理を闡明せらるる。

仏子よ、仏は霊能の根本となる身心に法界に遍満する広大な徳を具えている。従ってその教化は意のままに行われて、よく一念の間に、降誕、出家、成仏、伝道等の教化相を現わし、自在に生類を済度せられて、その時機を失うことはない。実に仏陀の境地は思慮を断ち、言語を越えた自由な天地である。

仏子よ、仏は万有の平等を知ると同時に、差別的の利地教化に移らるるものである。本来万有は平等一相、無我無相の壊《やぶ》らんとして壊ることの出来ないものであるが、仏はこの理を如実《ありのまま》に体解せられた上で、正覚を成就し万差の生類に各《おのおの》別の法を説いていらるる。これは内在的に無量の徳能を具えているからである。即ち内には差別的偏見を離れた深妙の智慧、大慈悲、三昧、聖行等を具えているから、外に向って種々の霊能を示すことが出来る。仏はまた一切の染《けがれ》を離れた清浄体であるから名を聞くもの、これを念ずるもの、前には常に現われて、汚れを除き迷いを無くせらるる。また正しく憶念するものの前に現われて大乗の教えを説き、正善の行為を助長する等の無量の作用は、大海の如く量り難い「救いの智慧」から溢れて、常に生類を教化していらるる。また仏は無礙の境地に住するが故に、自由に一切の世界に遊び、万有一つとしてその真相を究め得ないものはない。故にその肉体、音声、智慧、光明等は何等の拘束を受けずに、自由の活動をなし、従って万有を意のままに処理することも出来、感官の作用も互融して耳は声、鼻は香と対境を局限することはない。

仏の出世、正覚は総ての相好、能力、智慧等を完全に満足して成就さるる。故にその活動、事項に対する処置、教化の方式等は総て平等に即する差別として顕現され、その霊妙なる活動は有我見の学者は勿論、無我見のものでも声聞、縁覚の如き低級の思想を持つものは、到底これを説明することは出来ない。仏は法界に等しい一の兜率天に於て種々の仏行を修め、次でこの世に生れて王宮に於て遍く一切の正善の行為をなさんと欲して、一切の存在は皆悉《ことごと》く空なりと観察して、深遠な智慧を得、戒を持って身心を浄化することを現わされ、次で生類に現実生活の厭うべきことを教うる為めに、人心を惑溺させる世の一切の財宝、恩愛を捨てて出家せらるる、仏は出家の後、諸《もろもろ》の学行を修め、智慧を求めてやがて菩提樹下に、正覚成就せらるる。正覚成就によって、万有の平等無自性を達観すれば、更にその平等観を万有の差別相に還えして、万法の整然たる相を知る。この平等より差別への究竟は、全法界に仏陀の活躍し来る転法輪の相である。大慈悲の教化説法は限りなく行われて、仏行を施為なれる（ママ）ことは思議することが出来ない。かく仏の教化は平等普遍なれば山より平地へ、森より都へと常に生類の為めに事々に大慈悲を示され、盲者も見え、聾者も聴こえ、狂者も正気に、苦しめる者は楽に、楽器は自然に鳴り、万象悉《ことごと》くその雲光に潤う。都門の教化はその一相で、実は一切の時、一切の処に行わるるもので、閑静の処、三昧の処、羅刹、竜神の境にも等しく行われている。仏は尽くることのない霊能の蔵であるから、生類に離染と喜びを与え、これを化するに真実道を以てし、未だ向上心を発さぬものには発心せしめ、発心せるものには智慧を現わして、他の指導をまたず自覚せしむるのである。また仏の涅槃に入る時、一切の生類は悲しんで「噫《ああ》、傷ましいかな、仏は常に大悲をもって平等に一切の万霊を誘導し、裨益せられた。その人天の大導師、世界の福祉は、今や永しえに滅し給うのであるか」と、仏は生類がかく憂悲苦悩して仏を追慕するにつけても、法を説きそれを慰安し、誘導せらるる。

　仏子よ、仏の境地は諸仏同一であって、その預言的保証、念仏者の加護、身相、智慧、教化、聖行等皆異なることはない。仏の知力はまた無限にして三世の法界、言語、世界の生成変異、万有の無尽の因縁関係等を悉《ことごと》く了知していらるる。

　仏子よ、仏には十種の勝れた力がある。大力、無量力、大功徳力、尊重力、不退転力、堅固力、不可壊力、世人の認識し能わぬ力、世人の壊《やぶ》ることの能《で》きぬ力及び大力これである。

仏子よ、仏は何れも兜率天の寿命が尽くれば、この世に降誕し出家し、学道に努め、成道し、説法し涅槃に入るので、その間に少しの異なりもない。もしまた仏を見奉るものには、悪を捨て、正善の行を助長し、完成させるなど十種の幸を与える。また仏には聖者の念願せねばならぬ十種の勝れた徳がある。即ち過去の学行、清浄の霊能、波羅蜜の完成、大願の成就、霊徳の積集、正覚《さとり》の成就、身相の無辺、神力《みちから》、十種の力及び優越性とである。

仏子よ、仏にはまた、一念の中に一切法界の三世の生類の心理現象、及びその種々の意志行為の結果等を知って、念々に彼等を教化し行く無量の「救いの智慧」がある。また仏には不思議の三昧力がある。

仏は一切の差別的偏見、俗的知識も道徳も総て解脱して、真に無拘束の境地にあるが故に、万有一つとしてその活動を礙《さまた》ぐるものはない。この真の自由の天地こそ仏陀の生活である。万有は総て無尽の因縁関係あって、一物を欠ぐも万有は成立せざる底の密接なものである。仏はこの真理を体得せらるるが故に、よく一微塵の中に不可説の諸仏の出現、不可説の転法輪の相、不可説の生類教化、不可説の仏の世界を現わし、また一微塵の中に不可説の聖者へ預言的保証を与え乃至一微塵の中に三世の一切生類を現わして三世の諸仏の聖行を現わすことが出来る。』

仏のみすがた（如来相海品）

その時、普賢は諸《もろもろ》の聖者に告げらるるよう、

『仏子よ、汝のために仏の相好を説こう。仏の頭の上には大人の相があって、明浄と云い、三十二種の宝をもって荘厳し、無量の大光明を放って、十方の世界を照らしている。また頂には普照仏方便《ふしょうぶつほうべん》海《かい》と云う大人の相があって、種々の摩尼宝にて荘厳せられ、普く一切の法界を照らしている。その他、充満法界雲《じゅうまんほっかいうん》、普照《ふしょう》、瑠璃宝《るりほう》、平等の二十八種の相があって、みな仏の聖徳を語る種々の宝にて荘厳せられ、各々仏の霊能を現わしている。

仏の眉間にも大人の相があって、普照遍光明雲《ふしょうへんこうみょううん》と云い、一切の妙宝、日月、仏のみ心を照らし、無量の光明を現わして総ての仏身を荘厳し、仏の法を説いている。また仏の眼には自在雲《じざいうん》と云う相があって、智慧の光を輝かし万有の真実相を照らしている。仏の鼻相も勝れて一切の生類と諸仏の法海とを知る。仏の舌相には四相あって広長舌相は微妙の音声を出して宇宙法界に満ち、法界地雲相《ほうかいじうんそう》は諸仏の妙声を聞分け、順法界雲相《じゅんほうかいうんそう》は生類の欲する妙音を出し、平等法門雲相《びょうどうほうもんうんそう》は舌端で、法界の徳を讃歎する、齗齶《ぎんがく》の相は法界の妙用を現わし、大牙には四相があって左上の普照仏雲相《ふしょうぶつうんそう》は諸仏を現わす妙声を出し、左下の照須弥山灯雲相《しょうしゅみせんとううんそう》は仏の獅子座を現わし、右上の宝焰須弥蔵相《ほうえんしゅみぞうそう》は仏の自由な力を現わし、右下の大牙雲相は世界と生類を照らす。

歯相を頸旋螺文《しせんらもん》。肩の二相を宝地雲相《ほうじうんそう》（右）、周遍普照雲相《しゅうへんふしょううんそう》（左）、胸相を海雲頂相《かいうんちょうそう》。脇相。相続《そうぞく》普現相《ふげんそう》。腹蔵には普現如来雲《ふげんにょらいうん》、開敷華雲《かいふけうん》、可悦楽金色雲《かえつらくこんじきうん》、勝海雲《しょうかいうん》、雲光雲《うんこううん》、普現法界雲、普照最高雲《ふしょうさいこううん》の

七相がある。下分の二相——転法輪妙声雲相《てんぽうりんみょうしょううんそう》は仏の内心と一切の法界を照らし、荘厳雲《しょうごんうん》は聖者の学行を宣伝する。手相の十二相——手掌相《しゅしょうそう》は法界を荘厳する。海照雲《かいしょううん》は仏と聖者の世界を荘厳し、聖者の学行を讃歎し、普荘厳雲《ふしょうごんうん》は一切の道場を荘厳し仏の清浄の法身を照らし、離垢灯普照雲《りくとうふしょううん》は万有の現象を究めて真証の彼岸に至らしむる、普現衆宝雲《ふげんしゅほううん》は一切の注界を照らし普照浄明《ふしょうじょうみょう》は仏の世界を荘厳して一切の法門を現わす、智慧灯雲《ちえとううん》は一切の世界を照らし、安住蓮華光明雲《あんじゅれんげこうみょううん》は諸《もろもろ》の須弥山を照らし、充満法界如来雲《じゅうまんほうかいにょらいうん》は、仏の獅子座に坐するを見る。成就仏国海雲《じょうじゅぶっこくかいうん》は右手指の相、音声を出し諸仏の世界を現わす安住一切宝雲《あんじゅいっさいほううん》は聖者の霊徳を荘厳し、その心を開発して大願を成就せしむる。

馬王相《ばおうそう》（陰部）には三相がある、宝馬蔵《ほうばぞう》は微妙の音声を出し、一相現一切相海雲《いっそうげんいっさいそうかいうん》は仏の自在の神力を現わし、一切法界雲海《いっさいほうかいうんかい》は一切の現象界を照らす、髀相には二相あり、普示現雲《ふじげんうん》（右）は念々の中に一切の心の主体を現わし、普照回向海雲《ふしょうえこうかいうん》（左）は生類と仏とを照らす、腨《こむら》相に二相あり。右の如鹿相《にょろくそう》は聖者の現わす法界を蔵むる、左の如鹿相は法を宣伝し実行させる。毛端相は一毛孔に於て仏の自由と、その世界を現わす。足相には十三相がある。海荘厳雲《かいしょうごんうん》は一歩で普く諸仏の世界に至り、明浄雲《みょうじょううん》は無量の諸仏を照らす。覚雲《かくうん》は一切の道場を現わして、永遠の未来を照らす、遍照法界海雲《へんじょうほうかいかいうん》は千輻輪相で一切の清浄の法界を照らし、示現諸仏海雲《じげんしょぶつかいうん》は香灯の光を輝かして一切の世界を照らし、自在光明《じざいこうみょう》雲《うん》は、一相に一切相を摂《おさ》め、法界を整然として乱れしめない、法界海音声雲《ほうかいかいおんじょううん》は一々の体より妙音声を出す、深宝源底《しんぼうげんてい》は飾られたる道場を現わし、宝月光明《ほうげつこうみょう》は念々の中に仏のみ教えを現わし、普雲蔵右《ふうんぞうう》虚空宝雲《こくうほううん》の最高の宝光明は獅子座を照らし、平等光雲は仏の自在と聖者の証《さと》りとに体達し、示現荘《じげんしょう》厳雲《ごんうん》は仏の霊徳と聖者の解脱とを照らす。仏自在普現雲《ぶつじざいふげんうん》は諸《もろもろ》の法を説いて、諸《もろもろ》の世界に聖者の学行と仏の自由境を現わす。

仏子よ、仏のみ体はかくの如き節々支々にみな無礙の霊能を現わさるる、略して九十四相を説くも、実は仏は無量無数、宇宙万有の数だけの相を有《も》っていらるる。』

仏の光明（仏小相品）

その時、仏は宝手に告げらるるよう、

『仏の勝れたる相状の中には更に微細な相がある。これを随形好《ずいぎょうこう》と云い、無量の光明を放っている。

仏の足下にある千輻輪相《ぷくりんそう》の中には普照王《ふしょうおう》と云う微妙な光明がある、この光明はその随形好より四十種の大光明を放って無量の世界を照らし、生類の境遇と能力と欲求とに応じて各々利する処があり、更に阿鼻地獄を照らしてその中の生類を兜率天に生ぜしむる。兜率天に生れると何処よりともなく

「諸《もろもろ》の天子よ、盧舎那仏はいま離垢三昧に入っていらるる、恭しく尊容を拝し奉れ」と云う声が聞える。

諸《もろもろ》の天子はこの天の声を聞いて「ああ奇なる哉、奇なる哉、この微妙の声は何より発せらるるのであろうか」と、時に天の声は再び響いて「我が声は諸《もろもろ》の正善の行によって成さるるのである。我はかく自己に就て叙べているが決して我に執着しない、また我が世界にも執着しない。一切の諸仏もそのように自ら仏なりと自覚しこれを宣言せらるるも、決してその自覚体に執着し、仏の境地になずむことはない。また我が声の東西南北の何より来るのでもないように、学行によって体得せらるる仏も他

より来るものでない。なお汝は昔、愚痴と妄見とに縛《まつ》われて地獄の報いを受けたが、元来、地獄と云う定まった処があるのではない。

諸《もろもろ》の天子よ、五官の欲望による心の繋縛は、尊心に念仏することによって悉《ことごと》く除かるる。故に仏の恩を知り、一向に聖者盧舎那を尊崇してその鴻恩に報いねばならぬ。もし人が恩に報うることを知らなければ、この身を捨てて三悪道——地獄、餓鬼、畜生——に堕落するであろう。汝等は昔、地獄に呻吟していたとき、仏の光明の恵みによって、地獄を捨ててこの天上に昇り来ったのではないか、恩を感じ益々正善の行を長養すべきである。」

天の人々はこの声を聞いて歓ぶこと限りなく、皆、雲の湧くが如く香華、音楽、幢旗《はた》を捧げて讃辞を呈した。かく供養の具を調えて聖者盧舎那のみ許に詣ずると、或天子が云うには「この聖者は命終れば浄飯王の家に宿り、摩耶夫人の胎内に入って釈尊とならるる」と。時に諸《もろもろ》の天子は心に「もし疾く往って聖者盧舎那を供養し尊崇せずに、たとい一念の間でも兜率天に止まって、逸楽に耽溺するようなことがあれば、それは一種の罪に違いない」と、念って、直にあまたの天の人々と共に人の世界に下ろうとした。時に自然の声は「聖者は命終してかしこに生るるのではない、至る処にその姿を現わすであろう。聖者の離垢三昧は、予が目に見えない処から声を出すように、その命終出生も肉眼に見えずに、よく虚偽を捨てて真実道を現わされる。故に速やかに無限の向上心を発し、心を浄らかにして、あらゆる罪過を懺悔するがよい。」天子はこの諭しの声を聞いて歓び、更に問うて云うには「懺悔の道は如何ですか」と。天の声は答えて、

「罪障は他より来って心に堆積するのではない、唯誤った見解によって起るので一切の意志行為は生滅何れとも断定せられないが、その行為は結果を招くものである。もし音声に就ても去来があると思えば一種の偏見である。一切の仏は常住と壊滅の両端を確定の事実として断定せられたことはない。唯説明の手段として或は何れかに説かることもあるが、それは法の真実ではない。諸仏もその如く済度すべきもの——救いを求むるものは何人も見奉ることが出来る。曇りのない鏡には、山川草木、人畜鬼神一切のものを映すが、その影像が外より来って鏡の中に入るのではない。行為に対する結果なるものもこれと同じく、行くべき処、去るべき心と云うものはなくて、而も行為の結果は必然的に現わるる。自己の行為に対するこの間の消息が明らかになれば、これが清浄真実の懺悔である。」

この懺悔法を聞いて兜率天の人々は、みな万有の真実相を体得し、欲界の天子は無限の向上心を起し天女は女身を転じ悉《ことごと》く男子となって精進不退の心を起した。諸《もろもろ》の天子は普賢の行為の統一回向を聞いて、十地の学行を成就し、教化の徳は一切の生類に光被するも、なお仏の離垢三昧の少分さえ見ることは出来ぬ。

時に諸《もろもろ》の天子は全身より妙華香雲を出して、盧舎那仏を供養した。その華を見、香を聞《か》ぐものは無量の煩悩の汚れを除き、十地の学行を成就して汚れを離れた清浄の肉眼を得る。この清浄なる肉眼を得て、始めて万有の真実相を見、そこに光明輝く仏の世界を見出すことが出来る。』

宝手は仏の説法を聞いて念うよう、

『世尊の説かるる不思議な喩えは、恐らく聞き得るものはなかろう。たとい聞くもこれを信じ得るものはなかろう』と。仏は宝手に告げて云わるるよう、『その通りである。もしこれを聞いて信ずるものがあれば、我は彼れに成仏の保証を与え、速やかに無限向上の学道を成就して、大なる統一の下に独自の天地を表わしている、万有の差別相を知る真智を得させよう。』

第二十五　普賢の学行（普賢行品）

普賢《ふげん》（聖者）　前出。

以上は念々に成就し拡充さるる仏道を、向上の必然性である前後の精粗浅深を明らかにした。今はこれを完成し体現した結果の上より眺めて、上来、説き来った万差の学行を、その体現者なる普賢の願行に帰納して、その絶対的価値を明らかにするのである。即ち普賢の願行を十門に統括し、更にこれを十門に分けてその絶対の意を顕わしてある。

その時普賢は諸《もろもろ》の聖者に告げらるるよう、

『仏子よ、予の今迄の説明は主に学道の進趣の別を明らかにした為めに、内容の一部の説明に過ぎなかった。これも種々の誤謬を重ねて、生死に流転し学道に遠ざかり行くものを誘導開発するには説明上、止むなきことであった、もし僅か一の瞋恚《いかり》の心を起しても、非は非を重ねて学道に対する百千無量の障礙を生ずるであろう。故に疾《すみや》かに聖者の学行を完成せんが為めには十種の正法を修せねばならぬ。十種の正法とは一に一切の生類を無視することなく、二に一句の聖者に対して仏の想をなし、三に仏のみ教えを謗らず、四に限りなき智恵を得、五に聖者の学行に敬意を表し、六に法界に等しい広大な向上心を起し、七に学道を体験しつつ仏の力を得、八に聖者の弁才を養い、九に生類を教化して倦まず、十に一切の世界に身を現わして、その境に執着しないことである。この十種の正法を行えば十種の清浄行を完うする。即ち一に深遠な真理を究め、二に善友に親近し、三に正法を護持し、四に空間を認識し、五に法界の理を体験し、六に知見によって聖者の心理状態を了知し、七に聖者の性能を浄化し、八に時間の束縛を受けず、九に三世を智的に観察し、十に仏の種姓を成就するのである。

仏子よ、この清浄行を完うすれば十種の正しい智慧を具える。即ち生類の心的現象を知る智慧、行為の結果を知る智慧、仏の法を明らかにする智慧、仏の教えを実行する次第を知る智慧、一切の修善行を完うする智慧、一切の思想論議を成就する智慧、凡ての生類の言葉に通ずる智慧、一切世界に身を現わしてその生類を照らし、一切の処にあって一切万有を了知する智慧を得る。この十智を磨けば客観世界の相互関係を明らかにすることが出来る。即ち一切の世界は一毛の中に入りて一毛は無量の世界を現わすこと。一切の生類の身は一生類の身の中に入りて、一身に無量の相を現わすこと。無限の時間は一刹那の中に入りて狭からず、一刹那を無量の時間に入れて広くないこと。一切の仏の教えは一教に摂《おさ》まり、一教をあらゆる教に含ませること、一切の概念は一概念に摂まり、一概念を一切の概念に含ましめること、一切の力は一の力に入り、一の力を一切の力に入らしめること、力は無力のものに入り、無力のものは力あるものに入ること。一切の現象は一現象に入り、一現象は万象に入ること。一切の語音が一語音に入り、一語音が一切の語音に入ること。一切の時代は悉《ことごと》く一時代に摂《おさ》まり、一時代を一切の時代に入らしむる等、総て万有の密接な関係を知る。かく万有相互の密接関係を知れば、宇宙の真理を体得し、そうして無量の教化の方法を会得することが出来る。

仏子よ、予が念々に成就する学行は、かく権道をとること少なくして、速やかに第一義真実の無上の学道を成就し、仏陀の境地に進むことが出来る。故に総ての人は専ら敬虔の心をもって、この教えを聞き、それを実行せねばならぬ。』

時に、その説く所が真理に契《あ》うが故に、仏の神力によって世界は震動し、十方の諸仏は来ってこれを証明せられた。この説法は十方の世界に於ても同様に行われ、同様に仏に証明された。

普賢は仏の神力と自己の正善の行為の力とによって、聖者の学行と仏の正覚と大願とを明らかにせんが為めに、偈を述べらるるよう、

『過去の聖者は誓いを立てて「あらゆる生類は貪欲、瞋恚、愚痴を起して自ら苦しんでいる。我は世の霊光となって、彼等の苦悩を除きましょう」と。

この誓願に少しの動揺もなく、日夜に学行を精進して、我体現の願と行とを完うし、遂に仏陀の大智慧を得る。

一微塵の中に一切の世界を容れ、その中に無量の仏を見、具《つぶ》さにその説法を聞く。またあらゆる世界の進化と堕落とを知って、万有の真相に体達する。

普賢の願と行とを完うするものは真に諸仏のみ子にして、不思議の智慧は無限の世界を究め、永劫

の時を尽す。

現象は実体少く、夢の如く、化の如しと解《さと》り、生類もまた主宰の霊なく、電《いなずま》の如しと体達することが出来る。

澄む水に影を映すも、それは実在でないように、宇宙の実体は十方に現われて然も執すべき体はない。

一切の迷執を離るるが故に、万有のあるがままなる相を清浄身と云うも、執すべき身はない。

深く第一義を解《さと》れば万有には実体なく、現象の真相を覚れば、万有に特殊の変化はない。

かく真理を体得して、生類の望みにまかせ、普く甘露の法を雨ふらして、一切の世界に充満する。』

第二十六　正覚の内容（性起品）

普賢《ふげん》（聖者）前出。

性起妙徳《しょうきみょうとく》（求道者）大自然的活動を知らんとする心地を象徴せるもの。

普賢の円満行によって成就せらるる正覚は万有本然の相にして、大自然の活動が即ちそれである。故に正覚成就と云っても新しく別天地を築くのでない。彼を因と云い此を果と云うも、元来因果不二の絶対境であるから、説明の便宜上、因と云い果と云うのみ。故に説明によってその内容を完全に表わし難きは勿論である。念々に拡大されて寸時も停止しない正覚の内容は認識論議によってはその真面目に接することは出来ぬ。唯直観し体験するの外はない。この章に多く譬喩をもって例示さるるはこれが為めである。

その時、仏は眉間の白毫相より仏陀の絶対境を明らかにする智慧の光を放ち、法界に等しい一切の世界を照らし、更に一切の聖者及び諸《もろもろ》の大衆を照らしその光は聖者性起妙徳《しょうきみょうとく》の頂に入った。一切の大衆はこの瑞相を見て、身心は法悦に満ちて念うよう、

『今迄にない実に稀な瑞相である。仏はいま大光明を放たれた、必ずや深長な正法《みおしえ》を説かれるに違いない』と。

時に性起妙徳は座を立って、右の肩を袒《はだ》ぬぎ、右の膝を蓮台につけ、掌を合せて、仏を礼して聖徳を讃えるよう、

『差別の相を離れた相好円満のみ体は、清浄の光を放って、あらゆる悪魔を摧破せらるる。大衆は身心清浄にして、聖者の学行を成就し、智的迷妄を離れて畏るるところはない。願わくは、正覚の内容を説き給え。』

時に仏は口より光明を放って、法界の万有を照らし、大衆を繞って普賢の口に入った。為めに普賢の身とその牀座は浄められて、余の聖者の及ぶところでなかった。

時に性起妙徳は普賢に問うよう、

『いま顕わされた、不思議は何の瑞相でありますか。』

普賢は答えて、

『過去の仏が正覚の内容、即ち大自然的活動を説かれた時にこのような大光明を放たれた。故に今仏がかかる大光明を放たれたのは、恐らく正覚の内容を説かるるのであろう。』

性起妙徳は仏に請うよう、

『願わくは、その性起の法（大自然的活動）をお説き下さい。仏のみ体、み声、み心及びその世界は如何なるものですか、また仏は如何なる行によって、正覚を成就されますか、また説かるる法、示さるる涅槃はどんなものでありますか。巧みな修辞、因縁、譬喩をもって、これ等の真義を現わし、大自然的活動を説いて下さい。』

普賢は諸《もろもろ》の大衆に告げて云うよう、

『仏子よ、大自然的活動は思察し論議することは出来ない。小因縁をもっては正覚は成就されない、十種の無量の因縁によって、始めて正覚は成就さるるのである。十とは一に無限の向上心、二に過去の深重な欣求心、三に無量の慈悲心、四に大願行、五に無量の学行精進、六に諸仏奉仕と生類教化、七に無量の「救いの智慧」、八に無量の徳性を養う、九に実行の智慧、十に真実義の開説で、仏はこれ等の無量の法を修行して、正覚を成就して世に在《い》ますのである。

仏子よ、たとえば三千世界は少因縁で成るのでなく、無量の因縁によって成るが如く、仏の正覚も無量の因縁によって成就せらるるので、万有のあるがままの相であるから、そこに作る者もなく、成就する者もない。また黒雲の降らす雨は本来、一味なるものであるが、処によって差別するが如く、仏の大悲の法雨も対象によって種々差別する。また宇宙が大地、水、風、虚空の四の旋転体によって支えられて、四者次第に所依となるに虚空には依り所がないように、仏の大慈悲は「救いの智慧」に依り、「救いの智慧」は仏に依るも仏は依り所なくして、一切に透徹する智慧を十方に輝かしている。また世界の成生によって、これに棲む生類は幾多の恵みを受け得るように、仏の正覚は一切の生類の歓びであり、幸福である。

仏子よ、仏の自覚の上には、活動に限りがないから無量の霊徳を具え、去来の相がないから十方に遍満することを得、行為意志がないから変化を離るる、一個体をなさざるが故に認識作用を離るる、凡て平等なるが故に実体は虚空の如く差別はない。無差別なれば一切の生類には自我及びその世界はない。変化なきが故に一切の世界は無差別である。退堕がないから無限に進展する。現象と実在とを平等に観察するから、仏の智慧は平等にして拘束がない。過去のあらゆる行為を正覚に統括して成就するから、等しく正覚を成就して生類を稗益する。』

普賢は言葉を続けて、

『仏子よ、仏は一法、一行、一身、一世界にて一の生類を教化せらるるのでなく無量の法と無量の行と無量の身とをもって無量の世界に於て、一切の生類を教化せらるるのである。仏子よ、仏の身は、虚空の形のないように、一切の処に万有万霊に現わるるも去来の相はない。また虚空の広大にして一切を包容し然も執着しないように、仏の実体は一切の道徳行為、宗教行為に現わるるもそれに固執しない。また日光の闇を破り、生物を成育させるように、仏身もまた生類の迷妄を破り、一切の学行を長養する。

また太陽は先ず高山を照らし次に大山、次に金剛宝山を照らし、而して後に広く大地を照らすのであるが、これは太陽に「先きに高山を、次に大山を、最後に大地を照らそう」と云う意志があってのことでなく、ただ山地に高下あるからである。仏もまた正覚成就して智慧の光を放って、先ず普賢等の大聖者を照らし、次に縁覚、次に声聞、乃至逆悪のものより、遠く未来に亘って教化の因縁を与えらるるも、仏に次第する意志があるのではない。また世の盲人は太陽を見ないが、なお日光の恩沢に浴する如く、信仰の眼が未だ開かないものは、その光を見なくとも、仏の霊光は常に輝いて、煩悩の苦痛を除いている。

また仏はあまたの分身があって、それを生類の前に遣わされるのではない。法界に遍満するが故に、かかる労作の必要がない。従って一時に一切生類の前にその相を現わして、願いを満足させることが出来る。

仏のみ声は一切の差別を離れた自然の声であるから、一切の処に行われて常に不朽の真理を説いて生類を啓発誘導せらるる。

仏のみ心は限りなき智慧に満たされて差別的認識作用は秋毫もない。虚空が万有の依り所となっているのに、虚空は何等依止する所がないように、仏の智慧はあらゆる知識の根本であるが、仏智の所依はない。また平等の法界を体験するにその精粗によって声聞、縁覚、聖者と別るるも、法界そのものに増減があるのではない。仏の智慧もその如く、有我、無我のあらゆる知識の依り所となって、それ等の知識に浅深はあっても、仏の智慧には増減はない。また仏の智慧は、一切の生類、一切の仏の世界、一切の現象を悉《ことごと》く知って余すところはない。即ち処として至らざる処はないので、迷いの生類はこれを知ることが出来ぬ。

仏子よ、仏の智慧は完全に生類の身中にあるも、愚痴のものはそれを知らない、従って信を生ずることもない。この愚なるものを仏はみそなわして「自己の身中に完全に具えられてある仏の智慧を全然知らないとは、憫然の至りである、速やかに学道を悟り、凡ての妄相誤謬を離れしめて、仏の智慧の身中にあって、仏と異らないことを覚らしめよう」と。

仏子よ、聖者は限りなき智慧を体得して、一切の生類、一切の世界、一切の現象、一切生類の行、壊《やぶ》ろうとして壊り得ぬ万有のありのままの世界、鎔融無礙の法界、無量の虚空界など総てみな、仏の世界でないものはない。これ等は皆無量であるから仏の境地も無量である。

仏子よ、仏の行は真如相応の行である。真如は過去に滅しもせず、未来に赴くものでもなく、現在に起るものでもない、仏の行もこれに同じく時によって変化がない。また何等の束縛もない。従って日月の運行が自然に行わるるように、自由の天地を逍遥して、真理を解《さと》り、生類を教化するも、意慾の活動を要しない。

仏子よ、仏の正覚はあらゆる偏見を離れて、一念の中に三世の一切の事象を了知するもので、恰も、大海に一切の影像を印するように、一切生類の心念と能力とは総て正覚の中に活現して、然もその差別相を止めない。故に仏を一切覚と云うのである。

仏子よ、一切の文字、一切の言語は悉《ことごと》く仏の説法である。故に仏の説法は至らないところはない。また響きの如くそれに主体もなく、然も完全に聴者を理解せしむる。

仏子よ、仏の涅槃は生滅変化のない真実の世界であり、法界であり、虚空であり、実在であり、離欲の世界であり、無相の世界である。仏は生類を歓ばす為めに世に現われ、生類を憂悲追慕せしめんが為めに涅槃を示さるるので、実は仏に出世もなく涅槃もない。仏は法界の如く常住であるが、ただ生類の為めに涅槃を示さるるのである。

仏のみ許に於て、仏を礼拝し、尊崇し供養して、培養した正善の行は皆限りなき霊徳となって、一切の愛欲を離れ、解脱を成就し、一の徒労もなく希望を達することが出来る。仏のみ所に於てなされる正善の行は説明し、例示することの出来ぬ力をもたらすものである。仏は不思議なみ力をもって、これを加護し資助せらるるからである。』

普賢がかく仏の正覚の内容を説けば、あらゆる世界は六種に震動して、東に涌きて西に没し、西に涌いて東に没し、南に涌いて北に没し、北に涌いて南に没し、辺に涌いて中に没し、中に涌いて辺に没するのであった。そうして仏の神力と真理に相応する力とによって、妙華香雲は捧げられ、仏徳を讃欲する音楽は響いて宇宙に充満した。

時に十方無量の世界より、普賢と同名の微塵数の仏と聖者とが集い来って、普賢の説を称揚し証明した。

普光明殿会

第二十七　普賢の復説（離世間品）

普賢《ふげん》（聖者）　前出。

普慧《ふえ》（求道者）　宇宙に遍満する智慧を人格化せる名。

上には理解を本位として学行及びその到達すべき結果を明らかにした。故に因果不二を説きつつなお因果相対して、誘導し開発した。今は全然、この態度を捨てて体現者としての学行を明らかにする。故に一切の繋縛を脱し差別を離れたる純浄の学行である。これ「離世間」の名ある所以である。始めに普慧は仏道に就て二百の問を発し、普賢は一問毎に十科を分けて解答し、合せて二千の行を説いた。体現者の学行の内容であるから因果並び備えて、一行に一切行を摂《おさ》め、互に無尽の関係を有《も》っている。一問を十に分けて答うる所以は、この無尽関係を示すものである。要するにこの章は上来説き来った理解、実行、回向、真証を普賢体現の上より復説するのである。

釈尊は再び摩訶提《まかだ》国の普光明法堂《ふこうみょうほうどう》に帰られて、獅子座に坐し、十方より来会したあまたの聖者と倶《とも》にいられた。それ等の聖者はみな無上の学行を完うして念々に正覚を成就するものである。その中で普賢《ふげん》、普正法《ふしょうほう》、普化《ふけ》、普慧《ふえ》、普眼《ふげん》、普光《ふこう》、普観察《ふかんさつ》、普照《ふしょう》、普幢《ふどう》、普覚《ふかく》はその主なものであった。

時に普賢は華厳三昧に入られたが、天地は感動して、微妙の音楽は宇宙に響き亘り、普賢は静かに冥想より起《た》った。

その時、普慧は大衆の雲の如く集うを見て、普賢に明勝殿上の会合以来、その体現者によって説かれた求道者の学行——信念（十信）、理解（十住）、実践（十行）、統一回向（十回向）、真証（十地、正覚）——の内容に就て、普賢の説明を請うたので普賢は信仰の根拠、瑞相、実修、善友、精進、希望、学行完成の方法、戒、仏の保証、入道、仏の境地と生類の心とその世界及び時間の認知、三世の法を知ること、志願の成就、確実な智慧、呪、仏身（正覚仏《しょうかくぶつ》、願仏《がんぶつ》、業報仏《ごうほうぶつ》、住持仏《じゅうじぶつ》、化仏《けぶつ》、法界仏《ほうかいぶつ》、心仏《しんぶつ》、三昧仏《さんまいぶつ》、性仏《しょうぶつ》、如意仏《にょいぶつ》の十種（これを行境の十仏と云う。十地品中に説くものと少しく名を異にする）等の信仰に関する事項を各《おのおの》十種に分けて説明し、次に理解の法に就て普賢の心、普賢の願行、大悲、向上心を発す因縁、善友の指導を求むる心、発心のもたらす効果、仏智を体得させる波羅蜜、波羅蜜に基き対象を如実に知る覚知、教化の力用《はたらき》を生ずる決定智、仏の十力を得る力、仏の証《さと》る平等に至る階梯の平等観、教化誘導の教法、説法、憶持、弁才、無執着、平等心、平等観より得る智慧、自由の力用等を各《おのおの》十に分解して普慧の学道の理解（十住）に対する問に答えられた。

次に学道の護持、高遠の理想、理想による真理の探究、真理研究の方法、その方法の練達、次で来る遅疑を除くこと、学行に対する疑いを除いた後の知力の作用、知力の外に現わるる説明、教化の対象を知る智慧、三昧、三昧力の光被する所、三昧力の基く真理、真理体現による自由の行動と知的霊能、それによって知らるる自由解脱、無限の求道心、真理の体現、自己の解脱に満足せず進んで利地に赴くその遊化と自己の反省、自他並び進んで始めて得る真の快楽と、念々に進化向上を求むる実行心、更に実践によって錬達せらるる心地の堅実と、止まざる探究心、知的観察の対象とその修観、観察の達成による心地の浄化と動揺なき道念、一切に透徹し教化する知力、量り難き実行の力、実行の自然にもたらす精進力、精進によって促さるる広大な志願と、深密な智慧とによってその志願を完成すること等を各々十に分けて説明せられ、次に学行の統一帰向（十回向）に就て無上の学道を成就する方法、限りなき大乗の学行を完成する金剛心、広大な仏行とその完成、学行に対する確固なる信心、信念に基く仏の保証、自己の善行を善友に順応する回向、回向によって得る智慧、限りなき対象に対して発す広大な心、無量の霊徳を摂《おさ》むる蔵、順応の徳、万徳を具えて総てに回向し順応するによって得る自由、教化の自在、仏の霊能、優越性、特殊性。内的生活の成就によって現さるる活動、内的生活を充実して、円満な活動をなす、所謂内徳外用兼ね備えるところに現わす円満なる身相《すがた》などを、各十項に或は更に細分して説明せられ、次に十地の真証に就て勝れたる身、口、意の行為、発心、法界に満つる心、広大の発心によって発せらるる学行の萌芽、正しく真如を念ずる心、一切の善行を積む心、学道成就の方法、方法を知ってなす実修、実修によって万有の真相を知る、真相に達すれば教化に進み、その習慣性を作る、慣い性となれば強烈な実行力となり、遂に完成に趣く、法の具不具、差別より離れ平等へ、心行の確定、霊徳の顕現、名声の発揚、聖者の学道、真智の開発、修道、完全進化の方法、学行の進展の足と採択の手、霊徳を蔵する腹、腹内にある霊徳の相、霊徳の核心、徳の荘厳、過悪を破る器仗、最上を表わす頭、縁を見る眼、真理を聞く耳、学行を浄化する行、香を嗅ぐ鼻、真理を説く舌、教化を行う身、仏のみ意《こころ》と成る意、教化の開始とその実修、反省自楽の座臥、心の専注とその作用、観察の対象、観察の徹底、威徳、獅子吼、十種波羅蜜、聖者の意義、法、福徳成就の縁、真智開発の因縁、等の求道行とその成就によって現される力用《はたらき》を、更に増進せる学行即ち如意、求法、一切の事理に透徹すること、法界へ順応し向上すること、魔障と魔障を除く法、見仏とその方法、慢心とその対抗法、堕落の道と向上の道、兜率天に於ける行動、兜率天に於て命終する時に現わす相、理想の低いものの為めに現わす母の胎内に入る理由、その胎内生活、出生と肉体を整えることと、生れて七歩することとの意義、幼時、青年期ある理由、出家し苦行し、正覚の獅子座に坐する所以、獅子座に昇る時の瑞相、座上に降魔する理由、正覚を成就する力、説法教化、教化の根拠、涅槃に入る意義等に就て各々十項に分けて説明された。

普賢は普慧の二百ヶ条の問に対して各十項に分けて答え、総じて二千の聖行を明かされた。而して

大衆に告げらるるよう、

『仏子よ、これが聖者の清浄な勝れた学道である。仏の説かるる深義は総て智慧あるものをして、みな歓ばせ、その大願を成就せしめ、且つそれに満足することなく、無限に学行に精進せしめらるる。仏子よ、もしこの経を聞いて信仰を起し、み教えの如く修行すれば、必ず無上の学道を成就するであろう。故に聖者はみ教えのままに修行し、敬虔の心をもってこの経を護持せねばならぬ。』

この『一切の聖者の学行の霊徳と深義とを明らかにして、真知を得せしめ、一切の教えを摂《おさ》めて然も世俗法や声聞、縁覚に共通しない独自の法として、普く一切を統摂し、正善の行を長養して一切の生類を解脱せしむる』経典を説かれた時、この経が万有の真実相に相応するが故に、仏の神力によって、十方の世界は震動し、宇宙は光明に輝いた。

時に、十方の諸仏はまのあたり普賢を観て喜び讃えて云うよう、

『仏子よ、汝はよくこの経を説いた。汝は已《すで》にこの法を学びこの法を体得して今この法を説いたが、我等もまた一切の諸仏と共にこの法を説いて、未来の未だこの法を聞かないものに聞かせよう。』

普賢は仏の神力をうけて、十方の大衆と一切の法界を観察して頌するよう、

『我説かんとする法は、限りなき時を尽してなお説くことを得ず、たとい虚空は量り得べく、海水の滴は数え得べくとも。

大衆をして安住せしめんが為めに、智慧の樹を培養する。聖者の心は大地の如く一切を饒益する。

真理に契《あ》う慈心の根、無上なる大悲の茎、霊徳の葉、智慧の華、馥郁たる持戒の香、これぞ我が培

う智慧の大樹である。

仏の清き智慧の光は聖者の華を開き、生滅の水に執《とら》われず、普く生類を喜ばす。真理を念ずる真心を種とし、慈悲を根芽とし、智慧と教化を茎とし、五の波羅蜜を枝条とし、禅定を葉とし、諸《もろもろ》の知力を華として、始めて万有の平等を知る。智慧の果は法の樹に結ぶ。真理を足とし、妄染《けがれ》を離れた法を身とし、正しき念願を項《うなじ》とする神力の鳥は、智慧の首、解脱の項に慈悲の眼を具えて真実義の幽谷を出でて、普く迷悟の世界を覆う。

世の大導師である聖者は迷えるものに正しき道を示し、導き誘うて安穏の処に至らしむる。

聖者は清浄の心を盾とし、明利の智慧の剣をもて、諸《もろもろ》の煩悩と異端の魔怨を撃破する。

深遠の智慧の海に正法の同一鹹味《かんみ》の水を漂えて、正覚の宝を充満するも一つも知るものがない。

真理に契《あ》う心は清くして弥々広がり、万有の平等を知る智慧を潮とする聖者の智慧の海は、説くとも尽されぬ。

もし自ら求めて聖者に親近すれば、疾《すみや》かにその智慧に同ずることを得て、最上智を究め、万有の真相を達観せん。

学道精進の心は金剛の如く堅固で、仏と法《おしえ》と学行者と真智とを念願する信念に秋毫の動きもない。

大慈の雲を興して普く一切を覆い、大悲の雲は輝き、正法《おしえ》の雷は天地に響き、四弁（二〇四頁参照）の法雨は、八正道（一五八頁参照）の甘露の水を濺《そそ》いで、煩悩の光を滅し、一切の真理に住する。仏の戒を持てば清浄の光を放って日光の如く、よく愛欲の水を枯渇する。

円満なる法界の月は観て厭くことなく、二乗の小智は蛍火の如く、為めに光を失う。限りなき教化の智慧は万霊を饒益し、清浄なる慈悲の水は、熾んなる煩悩を滅する。智慧の猛火は煩悩の習慣性までも焼き尽し、風の如く十方に馳せて広く仏事をなす。

聖者は大竜王である。自在の力を具えて普く甘露の法を雨ふらし、群生を潤す。

聖者は正法《おしえ》の船である、これを浮かべて本願の海に棹させば、智慧を成就して人を彼岸にわたす。

聖者は浄き公園である。真の楽をもって生類をたのしましむる。正法は解脱の華、明浄の智慧は宮殿である。

仏はただ一身にて法界に満ち、無量の身を現わす。主観と客観とを離れて而も一切の生類の前に現わるる。

仏の説かるる法は唯一の道で、然も一切の思想を包含し、よく万差の生類を摂取する、時に関する事項を究め尽して、無限の時を一念におさめ、一念を無限の時とする。

一微塵の中に於て普く一切の仏を見奉り、一切の群生に対して、処として仏の現われないことはない。

人は夢の中に種々の事を作《な》すも、夢の本体を究めることは出来ぬ、たとい無限の時を尽し得るとも。聖者は一念の中に夢の如くあらゆる法を示現する、無限の時は尽し得べくも、智慧には終極はない。

一切世界の微塵はその数を知るべくとも、一切の虚空界は総て計量し得べくとも、一切生類の心は念々も数を知るべくとも、仏子の諸《もろもろ》の霊徳はこれを説き尽し得ぬ。

この霊徳と及び余の勝れたる行を完うせんと欲し、一切の苦を滅して万霊を安楽にせんと欲し、諸《もろもろ》の仏の身と口と意とに斉《ひと》しからんと欲せば、必ず金剛の心を発して、それ等の学行を成就することが出来る。』

重閣講堂会

第二十八　真理体得の道（入法界品）

善財童子《ぜんざいどうじ》（求道者）　本章の主人公、求道精進の生活を人格化せるもの。
文殊《もんじゅ》（聖者）　善財童子に求道の旅を勧むる最初の指導者。
普賢《ふげん》（聖者）　善財童子の理想、最後の指導者。
功徳雲《くどくうん》**、海雲**《かいうん》**等の五十一人**　善財に各自の体験を語って次第に向上求道を勧むる善友。求道の歴程を表わす。文殊、普賢を加えて五十三の善知識と云う。

已上《いじょう》七処三十三章にあまたの象徴的人格を点出し、種々の勝れた場面を現わして求道精進の歴程を明らかにした。今は善財童子なる一青年の求道の旅として更に明瞭に学道精進の相を表現する。故に善財の求道の旅はやがて華厳経の縮写である。始めに理想仏である釈尊の偉徳を讃え、次でその理想を体現し追求する善財の求道の旅を述べる。善財の求道は文殊に始まり普賢に終るもので、実に文殊普賢は求道者の真理の体現者盧舎那仏となすものである。この意味から善財童子は釈尊の求道精進の相である。

祇園精舎の集い

釈尊は拘薩羅《こうさら》国の首都、舎衛《しゃえ》城の祇園精舎《ぎおんしょうじゃ》の重閣講堂《じゅうかくこうどう》にあって、夜光幢《やこうどう》、須弥山幢《しゅみせんどう》、宝幢《ほうどう》など、五百の大聖者と倶《とも》にいられた。普賢と文殊が一会の長者であった。これ等五百の聖者は皆普賢の願行の体現者であった。

また五百の大声聞も倶《とも》にいたが、これ等の声聞もまた真理を体得して一切の繋縛を離れ、深く諸仏の真証の大海を信ずるものであった。

時に、諸《もろもろ》の聖者、声聞、天人及びその眷属は仏の境界を念じ、釈尊のこれを顕示せられんことを念願した。その時、釈尊は大衆の心を知ろしめし、大悲をもって獅子奮迅三昧《ししふんじんさんまい》に入られた。釈尊が奮迅三昧に入るや、重閣講堂は忽然と、広博厳浄、壮麗云わん方なき微妙な浄土と化した。更に十方より普賢の行願を成就した微塵数に等しい無数の聖者が来集して祇園の森に充満した。

その時、大声聞である舎利弗《しゃりほつ》、目犍連《もくけんれん》、摩訶迦葉《まかかしょう》、離婆多《りばだ》、須菩提《しゅぼだい》、阿泥盧豆難陀《あにるずなんだ》、金毘羅《こんびら》、迦旋延《かぜんえん》、富楼那弥多羅尼子《ふるなみたらにし》の十大弟子は祇園林にあって、しかも仏の自在な霊能を見ることが出来なかった。その所以《わけ》は彼等は声聞の教えによって迷いを脱れようとするからである。また声聞の教えに満足し、声聞の果に止まって無差別の智慧に因る真理を体得することが出来ず、常に自己の安静をねがって利他大悲の活動を捨つるからである。この故に仏と対面して坐しながら、この希有なる瑞相を覚知することが出来ないのである。

時に東方世界の聖者明浄願光明《みょうじょうがんこうみょう》は仏の威徳を讃えて、

『世の最勝尊はいま祇園精舎において自在の力を現わし給うに、甚深にして識りがたく言語の道を離れている。

無量の徳を仰いで、十方の聖者は雲の如く集い、勝妙な供養を捧げまつる。』

南方世界の聖者不可壊精進勢王《ふかえしょうじんせいおう》は讃えて、

『もろもろの虚妄を除滅せられて一切の執着を離れ、汚れを離れ尽した自由な心は宇宙の万有を究めていらるる。

十方無量の仏の世界に赴かれて、然もその身を分つことはない。』

次に西方の妙徳王《みょうとくおう》、次に北方の無礙妙徳蔵王《むげみょうとくぞうおう》と、順次に十方の聖者は仏を讃頌した。最後に普賢は大衆を観察して、更に開発し顕現せんと、獅子奮迅三昧の内容を説かれた。時に釈尊は諸《もろもろ》の聖者をこの三昧に安住せしめんと、眉間の白毫相よりあまたの光明を放って、十方一切の世界を照らされた。

仏の自在の神通力《みちから》を見聞し、これを念ずるものは、みな仏の宿世の善友で、総て布施、聖愛、共済、進歩の善行を修め、ひたすら菩提を求め、真実行の力によって教化を完うするものである。これ等の聖者は深く仏の霊徳の海に入って、己の身中、楼閣の中、諸《もろもろ》の荘厳具の中に於て念念に無量の光明雲を放ち、広く宇宙を照らして衆生を開悟せしめた。

時に文殊は仏の神力をうけて、祇園林中の無量の荘厳を讃え、

『仏の正覚の力は万有を浄化して、祇園精舎を広大厳麗の、仏のみ国とした。仏子の体の毛孔より、妙なる仏のみ声を出し、種々の荘厳は十方の世界に充満した。

三世一切の仏の荘厳せられた万有偕和の道場は、この祇園林に総て現わされ、普賢等の仏子が永劫の間、荘厳し、そして成就された厳浄のみ国は、総て祇園林に顕現された。』

時に、あまたの聖者達は、仏の光明に照らされ、一々みな限りなき大悲のみ教えを得て、生類を饒益し安楽にし摂取した。或は十波羅蜜をもって教化し、或は諸《もろもろ》の境遇を説いて教化し、或は名号をもって教化し、或は憶念をもって教化し、或は音声をもって教化し、或は円満な光明をもって教化し、或は化身の雲を放ち、或は声聞の姿を現わし、或は梵天の姿を現わし、或は仙人の姿を現わし、或は良医の姿を現わし、或は商人の姿を現わし、或は技芸家の姿を現わし、或は天の相を現わして教化し、或は諸《もろもろ》の弁才、礼儀、学行を修めて教化を施し、その知力は世を照らす霊光となって一切を照らし、またあまねく一切の都市、部落、首府を現わして生類を教化した。

求道の旅

【一、文殊師利】 その時、文殊師利童子は諸《もろもろ》の聖者と倶《とも》に善安住楼閣《ぜんあんじゅうろうかく》を出で、南方へ旅立たれた。金剛力士は常に一行を護衛した。時に舎利弗は仏の神力をうけて、文殊師利の南行を見て、小乗涅槃の

自房より出でて、六千の比丘と倶《とも》に、その後を追うた。六千の比丘は新たに出家した舎利弗の弟子で、海智《かいち》、大善調伏《だいぜんちょうふく》、功徳光《くどくこう》等がその主なものであった。文殊を慕う道すがら海智比丘に告げるよう、

『汝、文殊師利の清浄の体を観察せよ、あの相好荘厳《みすがたのけだかさ》は一切の天人も思議することは出来ない。あの円満なる光明はあまたの生類に歓喜の心を起させるに違いない。又あの荘厳の光が如何に生類の慰安となるか、その遊歩の威儀の如何に庠序《しょうじょ》たるかを観よ。その遊歩するところは自然に平坦となって礙る何物もなく、その徳光を輝かして行く路傍には、あらゆる宝蔵が自然に湧き出るではないか。見るから涼しいあの並木は、過去になされた諸仏奉仕の徳の現われである。海智よ、更に諦《つまびら》かに観よ、一切の天の大王は妙なる雲を現わし、一切の仏の眉間の白毫相より無量の光明を放って、それが悉《ことごと》く文殊師利の頂に入るのを。』

時に舎利弗を始め六千の比丘は、この偉大なる文殊師利を拝して、その心は清浄に、身は軽快に、総ての偏小な思想を捨てて、無限に向上の一路を辿る聖者の学行を励むようになった。文殊師利は更に、諸《もろもろ》の比丘を勧めて普賢の願行を修めしめられ、比丘はその教えによって深重の誓願をおこし、不滅の真理を体得した。この真理が得られたので、立処に仏の法身を感得して、仏道を成就した。

文殊師利は一行と共に漸く南方に進んで、覚城《かくじょう》の東、荘厳幢娑羅林《しょうごんどうしゃらりん》に達し、その大塔廟に住した。この娑羅林は過去の諸仏の遊履せられた処、その聖者たりし時、苦修練行した処である。文殊師利はこの塔廟の中にて「普照一切法界経」を説いて、一万の竜王の帰依を得た。時に覚城の人々は文殊師利の娑羅林中に在るを聞いて、大智《だいち》、須達多《しゅだった》、婆須達多《ばしゅだった》など千の居士、大慧光《だいえこう》、善光《ぜんこう》、善身《ぜんしん》など五百

の信女、善財《ぜんざい》、善行《ぜんこう》、善戒《ぜんかい》など五百の童子、善行《ぜんこう》、跋陀羅《ばつだら》など五百の童女は大塔廟を訪ね文殊師利を礼拝した。

集い来った覚城のあまたの人々のなかに、文殊は特に善財に目をつけた。それは善財の容貌威儀が他に異なるものがあったからである。善財が母の胎内に宿ったときには種々な瑞相があった。胎内にあること十月で、眉目秀麗の童子は生れた。その時もまた功徳の宝は山と積まれてその家に充ち満ちた。金銀、瑠璃、碼璃、金剛石にもまさった功徳の宝に飾られた中に生れたので、波羅門の相者は善財と名づけた。この童子は往昔《むかし》、過去のあまたの諸仏に奉仕供養し、功徳を積み、聖者の学道を努《いそ》しんで、一切の染《けがれ》を離れ心は虚空の如く澄み亘っていた。

時に文殊師利は、象王のめぐるが如くに善財を観て語るよう、

『吾汝の為めに、微妙の法を説こう。仏の世に現わるる法、聖者の道、宇宙の実体を証《さと》る法、相好を円満にする法など、凡て仏の平等の正法《みおしえ》を説こう。』

文殊はその法を説いて、大衆が皆無上の学道に志すのを見て、その座を立たず更に南方に赴かれた。善財は限りなき歓びに満たされて、文殊の一行に加わって共に南したが、文殊に胸中の悩みを告白するよう、

『私は長い間、三界の城郭に、高慢の垣を作り、悪趣の敵に対して愛欲の深い濠を廻らしていました。愚痴の闇に覆われ、三毒の炎をもやし、悪魔を君主として愚かにもそこに住まっていました。貪愛に縛られ、諂曲の心で正行を壊《やぶ》り、疑惑は智慧の輝きを障《ささ》えて諸《もろもろ》の邪道にさまよいました。嫉み

慳《おし》しむ心に縛られ、餓鬼の苦に陥り、生老病死に支配せられて、愚かにも迷界に流転していました。円満無上の慈悲と日の如き清浄の智慧とを具え給うあなたは、克く煩悩の海を乾し竭《つく》すことが出来る。願わくは、顧みて少しく私を観察して下さい。円満なる無上の慈悲と智慧の光とをもって、常に一切の生類を安ずる月王の文殊よ、願わくは私をお照らし下さい。浄法を四兵として常に正法輪を転じ給う一切法界の王よ、願わくは妙法をもって私を教化し給え。忍辱の鎧に身をかため、智慧の剣を提げて、私の周囲に群がる悪魔の軍勢を破って下さい。

法界の総てを見透す智慧眼を具え、慈悲のみ心いと広くして、諸《もろもろ》の生類を安慰し給う文殊師利、何卒、私に迷いの海を渡す最上の乗を与え給え。清浄な慧眼を見開き無上の法冠を頂く智慧の王よ、願わくは、慈悲の心もて私を顧みたまえ。』

この告白を聞いた文殊は象王の廻るが如く、善財童子を観て言うよう、

『よいかな、よいかな童子、汝はよくぞ無限向上の心をおこしてくれた。善友を求めてこれに親近し、聖者の行を問い、聖者の道を求めよ、これぞ一切の智慧を具うる聖者第一の蔵である。いざ諸《もろもろ》の大願を起し、生類の悩みを除いて聖者の行を究め、無上の学道を成就せよ。あらゆる苦しみを堪え忍んで、普賢の行を円満にすれば、何物にもおかさるることはない』と。

かくして更に善財に往くべき道を教えて、

『童子よ、これより南方に可楽国《からく》がある。その国の和合山《わごうざん》中に、功徳雲比丘《くどくうんびく》がいる。汝はこれより彼を訪うて、聖者の学行とその修養の方法を問え、必ず汝を満足せしむることであろう。いざ往け、予

は汝の志願の成就せらるることを念願している。』

【二、功徳雲】　善財童子は文殊の教えに従って可楽国に赴き和合山に登り、尋ねること七日にして、漸く功徳雲の山頂に黙想するを見て、み足を礼して尋ねるよう、

『私は先きに、無上の学道に志しましたが、なお修道の方法を知ることが出来ません、願わくば愍《あわれ》みを垂れて御指導下さい。』

功徳雲は童子に告ぐるよう、

『よいかな童子よ、汝はよく無上の学道に志してくれた。いま汝の尋ぬることは難事中の難事である。童子よ、私は精神を統一することによって、智慧の眼を開き、あまねく十方を観察するに礙碍（ママ）する何物もない。そうして無量一切の仏を見ることが出来る。私は唯この「普門光明正念諸仏三昧」を知るのみで、聖者の円満なる一切の汚れを離れた学行を、どうして知っていよう。諸《もろもろ》の聖者は円満にして遍く照らす念仏三昧を得て、悉《ことごと》く一切の仏と、その眷属と、その浄土とを見ることが出来る。汝は更に南して海門国《かいもんこく》の海雲《かいうん》比丘を訪ねよ。彼の比丘は凡夫より仏に至るまでの一切の正善の行を説いているから、必ず汝を満足せしめよう。』

【三、海雲比丘】　童子は功徳雲の指示にまかせて海門国に海雲比丘を訪ね、み足を礼し、そうして云うよう、

『大聖よ、私は已《すで》に無上の学道に志し、一切智慧の大海を究めんと欲しています。しかし如何にせば、生死の難を離れて退堕することなく、仏の家に生れて仏の智慧を体得し、凡夫の境地を捨てて仏

の境地に至り、愛欲の海を竭《つく》して大悲の海をひろげ、諸《もろもろ》の悪道を閉じて天人の路、解脱の門を開き、三界の城を出でて一切智の城に至り、而して生類を摂取し得るかを知りませぬ。』

その時海雲比丘は答えて、

『童子よ、汝はよく無上の学道に志した。この志願は余程の修養を積まねば発されるものでない。これは大慈悲の心を起して一切の生類を救済し、慰安せんと願うもののみ発し得る志願である。童子よ、私はこの海門国に住すること十有二年、その間、常に大海を観察の対象としていた。大海の広大限りなきことを思惟し、大海の甚深にして源底を究め難きを思惟し、大海に無量の妙宝を蔵することを思惟し、大海の水の色の種々不可思議なるを思惟し、大海は巨大の生類の棲息する処なることを思惟し、大海の曽て増減せざりしことを思惟した。そうしてまた念うに「この大海よりも広く、この大海よりも深く、この大海よりも荘厳せられたものがあろうか」と、私がかく念うた時、海底から一大蓮華が涌出し、種々の宝に飾られたその華葉は大海を覆い、百万の諸天は香華を散じ、百万の竜王は香水を雨ふらした。その華の上には一の仏が坐していられた。その仏は相好端厳《けだかく》に、種々の霊能を示された。私がこの不思議な瑞相を見ていると、その仏は右の手を伸べて私の頂を摩《な》で、そうして「普眼経」を説かれた。この経典はただ仏のみ、知り給うところで、その深義は大海を墨とし、須弥山を筆として書写せんとするも、その一字一句の意味さえ尽すことは出来ない。私は千二百歳の間、この経を開いていた。童子よ、私はこの経典を知るのみで、どうして聖者の学行を知ろうか。私はいま汝にこの経を説き示したが、道に志す汝は更に六十由句南して海岸国の善住《ぜんじゅ》比丘《びく》を訪ねよ。』

【四、善住】　善財は海雲比丘の教えに従って海岸国に善住比丘を訪えば、比丘は空中にあって無数の諸天に取り囲《ま》かれ、盛んな供養を受けていた。善財童子は比丘に請うよう、

『大聖よ、私は先きに無限向上の心を発しましたが、まだ如何して法を求め、これを修行し、これを体得するかを知りませぬ、海雲比丘に承れば、あなたはよく聖者の学行を教え下さるとか、如何にすれば仏を見奉り、修行を成就して三世を照らす智慧が得られますか。』

善住比丘は答えて、

『童子よ、汝はよく無上の学道に志して、仏に成る法と、平等智を得る法と、自覚の法とを尋ねた。私は已《すで》に修行を完うして、万有の真相を明瞭に知る無礙の慧光を体得した。一切生類の心理現象、生死、能力等を観察するに、一の障礙もない。従って自由な霊能を得て、一念の中に、よく十方の世界に行って、その生類に相応する姿を現すことが出来る。私の知っているのは、ただこの無礙の法門である。聖者には更に、無量の霊徳を有するも、私にはそれを説く力がない。汝は更に南して自在国の良医、弥伽《みが》を訪うて尋ねなさい。』

【五、良医弥伽】　善財童子は善住比丘の教えに従って、万有の無常なることを観察し、一切の執着を離るることを得て、更に自在国の呪薬城《じゅやくじょう》に弥伽を訪ねた。弥伽は正法の堂にあって、一万の大衆のために、「輪字荘厳光経《りんじしょうごんこうきょう》」を説いていた。童子は恭しく礼拝して請うよう、

『私は既に無上の学道に志していますが、なお如何にして学行を進め、迷いの中にあって無限に向上の一路を辿り得るかを知りませぬ。如何にして平等の心を得、大悲の心を生じて総ての悩みを離れ

得るか、如何にしてまた智慧の力を得て、万有の真実相を了知《さと》るかを知りませぬ。願わくは私にその法を教えて下さい』と。

弥伽は童子の已《すで》に無上の学道に志すを聞きて、大地にひれ伏して敬礼し讃歎した。そして云うよう、『童子よ、無限向上の心を発すものは、一切の諸仏に護念せられ、諸天善神に尊敬せらるる。この心を発するものは生類の父母であり、貪愛を焼く火であり、生死の海を渡す橋である。私は三千世界の諸天鬼神などの一切の言葉を解することが出来るが、聖者の学行に就て汝に教うる資格はない。汝はこれより南の方、住林国《じゅりんこく》の解脱長者を訪ぬるがよい。』

【六、解脱長者】　善財は弥伽の体験に啓発せられて、金剛力子も壊《やぶ》り能わぬ信仰を起し聖智を得て、法界の理を体現した。遊行すること十二年にして解脱長者を訪ねて、

『大聖よ、私は無上の学道に志して、理想を実現せんことを願い、迷いを出でて自由の天地を得んことを念じ、また総ての汚れを離れて、身心を浄らかにしたいと願っています。あなたは自利利他のあらゆる方法を体得して、人を導いていられますとか。願わくば、如何にして聖者の学行を修め、これを成就するかを教えて下さい。』

時に長者は冥想に入って、自己の身は全く浄化されて、その身中に無数の仏とその浄土とを現わされ、更に善財に告げるよう、

『童子よ、私は一切の仏の徳の互に融即すること、身の鎔融すること、仏の徳を総て我身に現わして、十方の仏の境地を徹見し得る、所謂無礙の法を体得しただけで、聖者の学行の無礙自在の智や行

は説明することは出来ぬ。汝は南の方荘厳閻浮提頂《しょうごんえんぶだいちょう》国に海幢《かいどう》比丘を訪ねて、道を求めよ』と。

【七、海幢比丘】　善財はその無礙の法門を念じ、法界の深義を悟って、自在の神力を現わすことが出来た。すなわち進んで海幢比丘を訪ぬるに、比丘は閑処に端座して、限りなき霊能を現わしていた。善財はその不思議の三昧を観察して、奇異の思いをなし、その三昧に就て尋ねた。

海幢比丘は答えて、

『この三昧は智慧波羅蜜によって得らるるので、あらゆる拘束から脱して、行うところに、障礙はない。私はただこの汚れを離れた光明般若波羅蜜の三昧を知るのみで、聖者の円満なる学行を説くことは出来ない、ましてその功徳においてをや。汝は更に南して潮の寄する海辺にいる信女休捨《くしゃ》を訪ねよ。』

【八、信女休捨】　善財は明浄の智慧を得て広く万有の実相に体達し、善友が、仏を見せしむる眼であり、仏徳の深底を得しむる津梁なることを憶念しつつ、潮の打寄する浜辺に金銀の甍を列ねた楼閣宮殿を見出した。信女休捨はその中の、金色の座にあって、あまたの大衆に囲まれていた。善財が恭しく礼拝して道を求むれば、休捨は答えて云う、

『私はただ一の法門を成就している。私を見聞し、念知し、親近せんものは皆その効虚しからず、無上の学道に精進することが出来る。童子よ、聖者が無上の学道に志すのは、限られた生類を教化せんが為めでもなく、また限られた仏に奉仕供養せんが為めでもなく、また限られた仏の世界を荘厳せんが為めでもない。一切の生類を救済し、一切の仏を供養し、一切の仏国を荘厳せんが為めである。か

かる広大な志願を発すによって始めて大願は成就せらるる。私はただこの離憂安穏幢の法を知るのみで、海の如く広く、須弥山の如く高い聖者の学行を行うことは勿論、説くことさえ出来ない。汝は南方に道を求めて海潮国に毘目多羅仙人《びもくたらせんにん》を訪ぬるがよい。』

【九、毘目多羅仙人】 善財はその教えによって心を浄め、よく一切の悪魔を降伏したが、休捨の教えにまかせて、更に毘目多羅を訪ねた。仙人は大森林の中にあって、樹皮を衣とし、草を座とし、一万の仙人を従えていた、善財の求道の問に対して、

『童子よ、私は已《すで》に差別相に動乱せられない智慧を成就している。』

と云って、善財の頂を摩《な》でその手を執れば、善財は勿然と十方の微塵数の仏の所《みもと》におかれ、その諸仏の種々の霊能を見て、無礙の智慧光明に基く仏の力を体得した。時に仙人は童子に告げるよう、

『童子よ、私は唯この法を知るのみで、仏の世界、甚深の三昧、解脱の境地、最高の智慧等に就いては私の知る範囲ではない。汝は更に南の方に道を求めて進求国に波羅門の方便命《ほうべんみょう》を訪ねよ』と。

【十、波羅門方便命】 善財はその教えに啓発せられ、聖者の大願を成就し、分に応じて生類を教化しつつ漸く進んで進求国に入り、波羅門を訪ねた。時に波羅門は一切智を求むる為めに諸《もろもろ》の苦行を修していた。四面は大山の如く燃え立つ炎に包まれ、中に高峻なる極まりのない刀山がある。波羅門はその刀山上より猛火の中へ投じた。善財は合掌して例の如く『願わくは聖者の道を説き給え』と願えば、方便命は答えて、

『童子よ、汝いまこの刀山に登りて猛火の中に投ずれば、聖者の学行は悉《ことごと》く清浄になるであろう』と、

普財は驚き怪しみながら念うよう、

『人身は得がたく、仏法は聞き難い。私にこの怖ろしい猛火に投ぜよと勧むるこの人は、或は悪魔か悪魔の使いではなかろうか。善友の面をかぶった悪魔ではなかろうか』と。

その時、あまたの天人は虚空の中に現れて、

『童子よ、疑うてはならぬ、この人こそ煩悩の汚れを焼き尽す法を教うる聖者である』と。そして盛んに方便命の聖徳を讃えた。

善財はこの天の告げを聞くや、向《さ》きに聖教を疑い、善友を怪しんだことを懺悔し、歓び勇んで刀山に登り、自ら猛火の中に投じた。然るに猛火に達しない前に、即ち聖者の安住三昧を得、猛火に至れば、寂静安楽なる照明三昧を得た。刀山及び猛火は善財を苦しむるのでなく、却って大なる慰安と愉悦とを与え、善財は一切の妄想を滅一切の仏、一切の世界を執着せず、生類の無我無体なること、一切現象の電光の如きを解《さと》った。

【一一、弥多羅尼童女】 次に方便命の指示に従って更に南して、獅子奮迅城の童女弥多羅尼《みたらに》を訪うた。童女は綾羅金繡を身に纏い、七宝荘厳の法堂に座していた。善財が求道の志を告げて教えを請えば童女は答えて『汝はこの法堂の荘厳を明らかに観よ』と。時に、善財は瑠璃の柱、金剛の壁、金鈴、瓔《よう》珞《らく》など一切の装飾の一一に、無数の仏の初発心より涅槃に入るまでの相状《ありさま》を見た。そこで童女は告げて云うよう、

『いま現わしたのは、般若波羅蜜普荘厳の法で、この法を思惟し正念すれば無量百万の万徳を具うる

法を得る。私は唯この一法を知るのみで、虚空の如き心を持ち、無量の功徳を成就する聖者の学行は説くことが出来ぬ。汝は更に南して救度《くど》国の善現《ぜんげん》比丘を訪うがよい。』

【一二、善現比丘】 善財はその教えのままに遍ねく尋ねて善現に値《あ》い、その体験を聴き、その指示によって更に南して輸那《ゆな》国の釈天主童子《しゃくてんしゅどうじ》を訪ねた。

【一三、釈天主童子】 釈天主は一万の童子と共に沙を弄んで戯れていた。善財が求道の志を述べ教えを請えば、文殊師利に授かった算数の法に就ての体験を物語り、そして更に南の海住《かいじゅう》城の信女自在《じざい》を教えた。

【一四、信女自在】 善財はその算数の法によって道を体解することを得たが、指示に従って海住国に入り自在を訪ねた。自在は年尚お若く花の如き容色を具えて、衆宝に飾られた牀座に坐していた。善財の求道に答えて、

『童子よ、私は一器の食を百の生類乃至千万無量の生類に施して然も欠乏を見ない。また衣服、乗車、幢幡《はた》など総てのものを施して、彼等の望みを満たしている。仏に亜《つ》ぐ高位の聖者も私の供養を受けて成仏せらるるのである。童子よ、私は唯だこの布施の行を完うするのみ。虚空の如く広大な徳能を具えている聖者の学行は私等の窺い知る処でない。汝は更に南して大興城《だいこうじょう》の甘露頂長者《かんろちょうちょうじゃ》に道を尋ねよ。』

【一五、甘露頂長者】 善財は布施の行を完うしつつ、甘露頂長者を訪ねて道を求めた。長者は如意自在の法を成就しているので、これを説きこれを現わして、更に南方の獅子重閣城《ししじゅうかく》の長者法宝周羅《ほうぼうしゅら》を紹介

した。

【一六、法宝周羅】　善財はその教えを歓び、その『如意』を念じつつ、獅子重閣城に行った。長者法宝周羅はその住宅の十階の楼閣に、次第して聖者の修行する有様を示し、そうして告ぐるよう、

『童子よ、私は往昔《むかし》、仏の来城せられた時、仏を供養して貧苦を除き、善友を得て正法を聞かんことを願った。その大願を成就して、今はかかる高楼に聖者と共に住まっている。私の知っているのは唯この一法のみ、汝は南して実利根国《じつりこんこく》の長者普眼妙香《ふげんみょうこう》を訪ねて道を求めよ。』

【一七、普眼妙香長者】　善財は指示に従って、百千の城塞に囲まれた普門城内に普眼妙香を訪ねて道を求めた。長者は語るよう、

『童子よ、私は一切の病とその治療法、即ち諸《もろもろ》の香を和するの法を知っている、即ち不可称王香《ふかしょうおうこう》、新頭香《しんずこう》、覚香《かくこう》、明相香《みょうそうこう》、栴檀香《せんだんこう》を知っている。この香を焼くとき一心に仏に向いて大誓願をおこせば、一切の生類を済度したい、「一切の仏国を荘厳したい、一切の仏に奉仕供養したい」と云う念願を達することが出来る。乃至一丸の香を焼けば、十方法界に薫じて香の宮殿となり、香の楼閣となり、香の光明、香の雲雨となって十方法界を荘厳するであろう。私はただこの一の香法を知るのみ。更に南して満幢城《まんどうじょう》を訪ねよ、城主満足王《まんぞくおう》は必ず汝を満足せしむるであろう。』

【一八、満足王】　善財は満幢城に入り満足王を見れば、王は金剛牀座の上にあって、一万の大臣と倶《とも》に国政を執り、一万の勇将は身辺を衛っていた。時に王は犯罪者の手足を断ち、耳鼻を截《き》り、両眼を抉《えぐ》り、首を斬り、油を灌いで焼き殺すなど、あらゆる残虐を行っている。善財は驚き且つ憤り、

『この王は善知識ではない。かかる残虐をなすものは悪人中の大悪人である』と。

時に空中に声がして、

『汝は怪しみ疑うことなく普眼妙香の教えのままに、満足王の教えを請え』と。

善財は善友を疑ったことを悔い、直に王の所に走って道を求めた。王は童子を宮中に導き、壮麗な内殿の装飾を観せ、そして語るよう、

『私は罪人に、見るが如き残酷な刑を課しているが、ただ善道に導かん為めの同情の溢れである。私は蟻の子にも害心はもっていない。況《ま》して人を害《そこな》う心は毫もない。一切の存在はみな幻の如きものである。私はかくの如き幻の法門を体得しているのみ、汝は更に善光城に大光王《だいこうおう》を訪ねるがよい。』

【一九、大光王】 善財は如幻の法門を体験しつつ善光城に赴いた。大光王は衆宝に飾られた宝城の中にあって、容貌は端厳《けだかく》に、慈悲の行を成就していた。善財の求道の請を聴いて語るよう、

『私は慈悲の行を円満に備えてはいるが、満月の如き慈悲と、輝く日光の如き智慧とを備えている聖者の聖徳を説き示すことは出来ぬ。南方の安住城に不動信女を訪ねて教えを請うがよい』と。

【二〇、不動信女】 かくて善財は大慈の法門を体得して、大光王の教えを念じつつ信女不動を訪ねた。不動より不壊の法門――学行に精進して何ものにも破壊せられぬ――に関する体験を聞き、これぞ真に我が善友と念《おも》った。

【二一、随順外道】 次でその指示に従って南の不可称国《ふかしょうこく》に入り、日没に、知足城《ちそくじょう》に達して随順一切生《ずいじゅんいっさいしょう》類外道《るいげどう》を尋ぬるに真夜中になった。時に城の北にある山上に、旭日の輝くが如き光を見た。善財は翌

朝、直に訪ねて教えを請うた。外道は答えて、

『童子よ、私は万有の平等観を完うして、総ての差別の観念を捨てている。故に一切生類の流転の相、その要求など総て知り尽して、一切処に至る法を体得した。この法を知るのみで、聖者の学行、霊徳を説くことは出来ない。汝は南方の甘露味国《かんろみこく》の長者青蓮華香を訪ねるがよい。』

【二二、青蓮華香長者】　善財は教えにまかせ、甘露味国に長者を訪うて求道の志を述ぶれば、長者は答えて、

『童子よ、よく無上の学道に志してくれた。私は総ての香に就て知っている。即ち鬼神、竜王及び人間の香、諸病を癒す香、憂いを除く香、楽を与える香、聖者の香など総ての香の力を知っておる。聖者には常に持戒の香が薫じて総ての障礙を除き、一切に通達する智慧を得て心は常に平等である。私はただ香を知るのみで、聖者の戒に就ては説くことが出来ぬ。南の楼閣城にいる海師自在は必ず汝に道を教えよう。』

【二三、海師自在】　善財は善友の教えを喜び南して、海岸の船舶の間に、海師自在を得た。恭しく道を求むれば、

『童子は、私は生死の海を渡す大悲の法を体解して、一切の生類を生死の苦しみより、一切の真理の輝いている仏の世界に渡したいと念じている。私の説く法を聞き、正しく憶念するものは皆これを体解することが出来る』と。

【二四、無上勝長者　二五、獅子奮迅比丘尼】　善財は大悲の法門を体得して、更にその教えに従って南方の

可楽城《からく》の長者無上勝《むじょうしょう》を訪ねて道を求めた。長者はその体験する浄行と自在な神通とを教え、また難忍国《なんにんこく》の比丘尼獅子奮迅《ししふんじん》を紹介した。この比丘尼を訪えば、一切の執着を離れて、聖智の源底を叩き得たことを、相《すがた》に現わし示した上に、南方の険難国に婆須蜜多《ばしゅみった》女のいることを教えた。

【二六、婆須蜜多】　善財はその指南に従って、険難国の宝荘厳城に入り婆須蜜多を尋ねた。時に彼の女の深い意《こころ》を知らないものは、童子の真摯な求道の態度と、君子的の風貌を見て何の意があって、かかる女を尋ねたのであろうかと怪しんだ、然し彼女の意中を知るものは必ず大善利を得るだろうと喜んで、彼女の居所を教えた。

彼女の宮宅は甚だ広大で、十重の深い塹《ほり》と宝の垣とに囲まれ、多羅《たら》樹の並木は十重に植えられて、宮殿楼閣は無量の宝に飾られてある。婆須蜜多を見れば、容色艶麗に、妙相具わり、身は黄金の如く、言葉は婉妙に無量の宝でその身を飾って、世に倫匹《たぐい》がない。また総ての学術技芸にも達している。さればその身は光り輝いて光明を放つが如く、一度その容姿を見れば歓喜と悦楽とを得て身心柔軟に煩悩の熱を滅するであろう。善財はその前に跪いて道を問えば婆須蜜多は答えて言うよう、

『私は已《すで》に離欲清浄の法を体得した。もし天が私を見れば私は天女になり、もし人が私を見れば私は人女となり、乃至非人が私を見れば私は非人女となるであろう。もし欲に纏《まと》わるる者が来れば、私は法を説いてみな欲を離れて無著境界三昧を得させよう。私を見るものは歓喜三昧を、私と語るものは無礙妙音三昧を、私の手を執るものは一切の仏国に詣る三昧を、私と共に宿るものは解脱光明三昧を、私の頻呻を見る者は壊散外道三昧を、私を観察するものは一切仏国光明三昧を、私を抱擁する者

は摂一切生類三昧を、私の唇に接吻する者は諸功徳蔵三昧を得るであろう。かくして私の所に来るものは皆離欲の法を得るのである。』

そこで善財はかかる妙法を得た過去の因縁を尋ねた。時に彼女は昔、常住仏の侍者たりし文殊師利より法を聞いて発心修学したことを答え、安住長者を教えた。

【二七、安住長者】　善財は次に首婆波羅城《しゅばばらじょう》に安住長者を訪ねて十方一切の仏の入滅せらるることなきを知る不滅度の法を聞き、その指示によって南方の海上、光明山に聖者観世音《かんぜおん》を訪ねた。観世音は山の泉池清く、樹林茂る処に端座して、「大慈悲経」を説いていたが、善財の求道の志を聞いて告げるよう、

『童子よ、よくぞ無上の学道に志した。私は已《すで》に大悲光明の行を成就し、而して弘誓の願――一切の生類を悉《ことごと》く摂取してその恐怖苦悩を離れしめたい――を発した。私はこの大悲光明の法を知るのみで、普賢の大願大行はまだ成就しないから、説くことは出来ない。』

【二八、聖者正身】　時に東方より聖者正身《しょうしん》が金剛山の頂に来り、そして観世音の所に詣でた。善財は観世音の教えによってこの聖者が道を教うる善友なることを知って道を尋ね、一念の中に微塵数の仏世界を遍歴し得る普門速行の法を聞いた。そしてその指南によって娑羅波提《しゃらばだい》城の大天《だいてん》を訪れて教えを請うた。

【二九、大天】　大天は四の長い臂《うで》を出して四海の水を取りその顔を洗って、金華を散じて善財の求道を讃歎した。そうしてその体得する六波羅蜜の行を説き、更に善友として摩竭提《まかだ》の道場地神を指示した。

【三〇、道場神安住】　道場地神は安住と云い、久遠の昔より積み来ったあらゆる聖行を仏道に回向して

成仏の確証を得ている。その所得の法を説き聴かせ、その上迦毘羅婆窣都《かびらばすつ》城の夜神婆娑婆陀《ばしゃばだ》を尋ねるように教えた。

【三一、夜神婆娑婆陀】　善財は婆娑婆陀天を尋ねて日没に、朱衣を纏い無量の宝に飾られ、身は真金の如く、容貌端厳なる夜神を城の上に見ることを得た。すなわち道を求めて総ての愚痴を除く法を体得し、更にその指示に従って摩竭提国の夜神甚深妙徳離垢《じんしんみょうとくりく》光明を尋ねることになった。

【三二、夜神離垢光明】　善財は摩竭提の夜神を尋ねて道を求むれば、夜神は告ぐるよう、『童子よ、聖者は十法を成就すれば、学行を満足することが出来る。一に一切の仏を見奉り、二に清浄の心眼を開いて仏の相好を見奉り、三に諸仏の無量の霊徳を了知《さと》る。四に仏の光明の法界を照らすことを見、五に一一《いちいち》の毛孔より生類の数だけの光明を放ってこれを済度し、六に一一の毛孔に一切の光明を見、七に念々の中に凡ての生類を自在に教化する。八に三世の仏の法を説き、九に説法を成就して仏の境地に体達し、十に不思議の神力を現わして生類を済度する。この十行を円かに行ずれば聖者の一切の学行を成就することが出来る。

私はただこの本来清浄の智慧に基き精進する法を知るのみ。汝は程遠からぬ仏の右方にいる喜目観《きもくかん》察《さつ》を尋ねて道を求むるがよい。』

【三三、夜神喜目観察】　時に善財は夜神喜目観察を尋ねて、善友の徳の偉大なことを感喜した。即ち善友は学道であり、精進であり、不可壊の力である。善友によってこそ流転を離れて、自在に成仏の大事を成就することが出来る。善友に値《あ》ってこそ座を立たずに遍く十方の仏に見《まみ》えることも出来るのであると。

善財が喜目観察を見るに、仏の所にあって慈悲の眼を一切の生類に垂れ、一切の毛孔より諸《もろもろ》の妙雲を出し、見るものをして悦ばしそして種々無量の霊能を現わしている、時に善財は、盧舎那仏の本願力と、善友の力と、己の学行の増進とによってその霊能を見て、深妙の智慧を得、平等に安住することが出来た。夜神はかくて大衆中の他の夜神妙徳救護生類《みょうとくくごしょうるい》を教えて道を求めしめた。


【三四、夜神妙徳救護】 善財が妙徳救護の所に詣るに、夜神は聖者の一切の世界を教化する法を現わして、眉間の白毫相より大光明を放ち一切の世界を照らしている。善財は十方を照らす無量の光が、体に入って全身に充満するを覚え、而して離垢円満の三昧を得た。時に善財はその不思議の霊能に驚異して、如何にしてその法を修得せるかを尋ねた。それに対して夜神は答えて、

『童子よ、その事は一切の人天、声聞、縁覚の知り得る処ではないが、私は仏の神力を仰ぎ大略を述べよう。往古《むかし》、明浄妙徳幢世界に無数の仏が出現せられた。その仏の世界は七宝にて飾られた厳麗なものであった。その世界の四方に各四天下があってその東方の四天下を華灯幢《かとうどう》と云い、無数の王城がある。その中の宝華灯城《ほうけとうじょう》に明浄宝蔵妙徳と云う転輪王がいて、一女あり妙徳眼《みょうとくげん》と云ったが、容色端正に、天女に超えていた。城の北に菩提樹があって、その下に最初に正覚を成就された仏を妙徳幢《みょうとくどう》と云った。その仏は正覚を成就さるると共に無量の光明を放って生類を歓ばせ、更に正法を説いて、生類に無量の願行を立てしめた。時に聖者普賢は宝華灯城の人々が、容貌を恃んで他人を侮蔑するを見て、端厳秀麗の相を現わして、その慢心を警しめられた。都人は強い光に照らされて驚いている時、

普賢は王宮の上より告げるよう「大王よ、仏が世に出まして、いま普光明妙法音幢の菩提樹下にいらるるぞよ」と。王は歓び勇んで一族、大臣、四兵を従え、仏の所に詣でて、あらゆる供養を捧げた。王女妙徳眼もまた総ての装身具を悉《ことごと》く仏に捧げて、仏を讃歎し奉った。そこで妙徳幢仏は大衆の為めに一切如来法輪妙音を説かれた。王女はこの経を聞いて一万の三昧を得、身心柔軟に受胎したように覚えた。かくて十仏世界の微塵数の法を出生し、普賢の願行を出生して専心に聖智を求め、始めて無上の学道に志した。それより無量の時を過して、因陀羅妙徳幢仏が出世せられた時、宝女は普賢の指導によって、蓮華の仏像を作り、無限向上の心を起した。

童子よ、明浄宝蔵王は余人でなく今の弥勒《みろく》で、妙徳眼女は私である。私は総ての装身具を供養した為めに、仏の限りなき自在の力を見、正法を聞くことを得たのである。

童子よ、私はその後の大光明と云う時代に出世せられた五百の仏を供養し、また微塵数に等しい時間に出世せられた諸仏を皆供養し奉った。童子よ、私は唯この生類を教化する法を知るのみで、どうして無量の学行を成就し、無量の神力を具えている聖者の生活を説くことが出来よう。この会場の中の、私を去る遠からぬ処に居る、夜神寂静音は汝に道を示すであろう。』

【三五、夜神寂静音】　善財は寂静音の前に詣でて道を求めた。時に夜神は答えて、

『童子よ、私は聖者の無量の歓喜を生ずる法を成就した。私は一切生類の心を清浄にし安楽にし、広く法を説いて平等観より差別教化に移る一切種智を求むる、また私が体得した法の境界は無量で、私は盧舎那仏の身相、即ち一切万有を種々に観察し已《おわ》って、無量の歓喜に満たされている。また無量歓

喜の法門による活動は無量無辺である。而して私は十波羅蜜を修行してこの法を体得したのである。童子よ、私はこの無量歓喜の法を成就しただけであるから、どうして万有の真相を究め世界の生滅に体達する聖者の霊徳を説くことが出来ようか。汝は一座の中に在る夜神妙徳守護諸城《みょうとくしゅごしょじょう》を礼拝して、教えを請うがよい。』

【三六、夜神守護諸城】　善財は無量歓喜の法門を体得したが、更に夜神守護諸城の前に至って道を求めた時に夜神は告げるよう、

『童子よ、私は法界の理を証《さと》って、無礙自在の弁才を養うことを得た。私はこれによって一切生類の平和を破る両舌の過悪を除いて、真実を語らしむるのみである。聖者は総ての言語思想に通じ、広く一切の生類の言語を解し、常に獅子吼して、一切に法を施している。私がどうしてかかる霊徳を具える聖者の学行を説くことが出来よう。

一座の中に在る開敷樹華《かいふじゅげ》は必ず汝を啓発するところがあろう。汝、詣でその教えを請え。』

【三七、夜神開敷樹華】　善財童子は正しく自在音声の法を念じつつ、香樹楼閣の内にいる夜神開敷樹華を礼拝して道を求めた。

時に夜神は告げるよう、

『童子よ、私は終日、公園に遊び戯るるものが日暮れて家路につく時、険しき路にあるものに平らなる路を示し、そして彼に一切の智慧を求めしめる。また山岳、深水、沙漠の如き難処にあるものを照らして、恐怖と不安を除いて慰安を与える。また五官の欲望を恣《ほしいまま》にするものには老病死の苦相を現わ

して放縦な生活を戒め慳貪のものには布施を讃え、仏の戒を破るものには戒を説き、瞋恚の者には忍辱を、懈怠のものには精進を、乃至無智に順う者には智波羅蜜を修めて痴闇を捨てしめよう。私はかくして無量の歓喜知足光明の法門を得た。

童子よ、発心してこの法を体得する迄には量り難い時を費して、仏の神力以外の何物もこれを知ることは出来ない。実にこの法は知り難く、信じ難く、入り難く、説き難く、得難いものである。

童子よ、私はこの無量歓喜知足の法門を知るのみ。汝は一座の中にある夜神願勇光明守護生類《がんゆうこうみょうしゅごせいるい》の所に詣って教えを請うがよい。』

【三八、夜神願勇光明】 善財はその指示によって夜神願勇光明の前に詣でて道を求めた。

夜神は告げて云うよう、

『私は教化すべき生類の力に応じて、これを証《さと》らせ、善行を増広せしむる法を成就している。この法を体得するものは一切万有の平等を知り、真実の相を知り、差別世界を離れて執着を捨て、一切の物質は不一不異なることを解《さと》り、また物質も実は非物質のものと悟って、然も無量の物質を現わすことが出来る。童子よ、私はこの法を体得するによって無量の身を現わし、一切の物質界を認識し、無量の法を説いて普く一切の諸仏の世界に無量の諸仏を現わし、無量の自在の力を示して生類を覚悟し、正善を助長し、念々の中に無量の生類に、無上の学道に精進し、これを成就せしむることが出来る。私がこの法門を体得したのは永劫の往昔であった。

この法門は思議し難く、聖者のみ修学するところで、私はこの法門を根拠として永劫を尽して修行した。諸《もろもろ》の邪見を滅し、総ての生類能力に従って、仏の境地に安住することを得しめた。私はこの法を成就するのみで、どうして世間を超越して然も各世界の真相を究め、山の如き障礙を破り、万有の総ての属性を了達して実体のないことを解《さと》って、生類を摂取し共に法界の理を体得する聖者の大智慧の海に入ることが出来ようか。彼藍毘尼園《らんびにえん》に妙徳円満天を訪ねて精進の道を尋ねよ。』

【三九、妙徳円満天】 善財はこの教化すべき所に随って生類を証悟《さと》らせ、正善を助長する法を体現しつつ藍毘尼園に来た。妙徳円満天は無量の諸天に「聖者受生海経」を説いていたが、善財が仏の家に生れ、世の灯となる道を尋ねた時、答えて云うよう。

『仏子よ、聖者の仏家に生るる法には十種ある。この法を修行すれば仏の家に生れ、念々の中に正善の行を長養し、精進不退に、仏の境地を求めて法界の理に順応して解脱の道を修し、念々に波羅蜜を修め、念々に成仏の大道を成就することが出来る。』

妙徳円満は更にその十種の法を一々分説し、そしてこの法を体現するものの境地及びその深遠なることを説いて、終りに迦毘羅城《かびらじょう》の釈迦族の女瞿夷《くい》——釈尊在俗の夫人——を紹介した。

【四〇、釈迦女瞿夷】 善財はこの仏国に生るる法を学修し念々に拡充しつつ、聖者の会合する荘厳講堂の離憂妙徳天《りうみょうとくてん》の所に至れば、妙徳天は善財を讃えて、

『大智慧の人、善くぞ来会せられた。あなたは広大な聖者の法を修め、よく大願を成就し、正覚の城に向いつつ聖者の学行を増進し成就している。私があなたを観るに、秋毫の撓みなく、勇猛に学行を精進して、総ての染《けが》れを除いている。遠からずして必ず総ての汚れを除いた仏の身、口、意を体得す

るであろう。何故なれば、あなたは常に善友を求めて親近し、供養して正念に、その教えを思惟し、実行して心にいささかの懈怠がないから、従って念々に障礙を除き、諸《もろもろ》の悪魔を降伏して、一切の生類を歓ばせるからである。』

善財は答えて『あなたの言わるる通りです。私は一切の生類の煩悩、過悪を除いて、彼等が正善の行を完うし、そして真の楽しみの得られるようにしたいのであります』と。かくて法堂に昇って遍く嬰夷女を尋ねた。嬰夷女は八万四千の采女に囲まれて獅子座の上にいられた。善財はひれ伏して求道の志を告げ、教えを請うた。時に嬰夷は語るよう、

『童子よ、よくぞ聖者の学行を尋ねた。これは普賢の行願を学修するものの必ず尋ぬべき事柄である。諦《つまびら》かに聴き、よく思念するがよい。私は仏の神力をうけて汝の為めに説こう。

童子よ、次の十法を成就すれば因陀羅網普光智聖者の行を完うすることが出来る。即ち善友によって無量の大願を発し、宏遠な理想を立て、聖智の性能を発揮し、仏の出世を歓び、一切の仏の所に於て一切の聖者に従い、仏の加護の下に平等の大悲をもって、生死を遠離することである。童子よ、聖者が勇猛精進に道を求めて懈らなければ、常に善友に啓発されて仏の境地に至ることが出来る。私は已《すで》に一切聖者の三昧を観察する法を体得した。この法に体達すれば迷悟一切の事象を知ることが出来る。その所以は、この法は一切生類の心を知り、その培養する徳行とその浄穢と生類の実体とを知り、また一切求道者の三昧を知るからである。

童子よ、私が無上の学道に志したのは実に永劫の昔のことであった。むかし勝光明と云われた時代

に、妙徳樹須弥山城に一切宝主《いちさいほうしゅ》と云う国王がいた。五百《（六万）》の采女、五百の大臣、五百の王子がいて、太子を増上功徳主《ぞうじょうくどくしゅ》と云ったが、顔貌殊に勝れて、世にならぶものがなく、常に采女と香牙山《こうがさん》に遊んでいた。またその国に離垢妙徳《りくみょうとく》と云う才色共に勝れた一処女がいたが、或日、母の善現《ぜんげん》に伴われて香牙園に遊んだ。太子は離垢妙徳を見て愛恋の心を起し、妻に迎えんことをその女の母に告げた。太子は既に学道に志して、一切の生類に永遠の歓びを与えんが為めに永劫不断の布施行を誓っていた。女は太子の志願を聞き、己が昔の志願もかくして成就せらるることを喜び、勝日光仏《しょうにっこうぶつ》の出世を告げ倶《とも》に携えて法雲光道場《ほううんこうどうじょう》に至り仏を礼拝供養した。而して仏の「普門灯明経」を聞き、あらゆる三昧を得た。太子は王宮に帰り父王に勝日光仏の出世を告げた。王は貧人の宝を得た思いをして仏の許に詣でその説法を聞き、無上の学道心を発し、更に真の学道は出家せざれば成就し難きを思い、遂に一万の従者と共に出家した。太子は王位に即き、名王として広く仁政を布くと共に、正法の興隆に努め、そして聖智を得た。童子よ、この時の太子は余人でなく今の釈尊で、王は今の東方世界の宝華仏、母の善現は私の母の善目、離垢妙徳女は即ち私である。

童子よ、私はこの三昧を観察する法を知るのみ。一切の生類に等しい体を現わし、差別を離れて然もこれを浄化せんと、差別の中にあって、然も汚れない万有のあるがままに順応し行く、無礙自在の聖者の学行は、到底、私の及ぶところでない。汝はこの城にいらるる摩耶夫人の所に行って、永遠不断の精進と、大乗の諸願を成就する法を尋ぬるがよい。』

善財は嬰夷の教えを聞き礼拝して去ると共に『真の善友は普賢のみの見るところ、我等如きものが如何にして親近し、法を聞くことが出来よう』かと悲歎にくれた時に天に声があって『自己の心を正視してその真実を知れば、一切の善友に見え、仏智を究め、そして体得することが出来る。心を知れば仏を見、法を聞き、仏を供養し、生類を摂取する。それは国土を浄化することを妨ぐる総ての障礙を除くからである。この無障礙の心によって始めて善友を見、正覚を成就する』と。

時に聖者の法堂を守護する羅刹鬼王善眼《きおうぜんげん》は善財に告げて言うよう、

『童子よ、十法を成就すれば善知識に見《まみ》ゆることが出来る。即ち（一）真実心をもって諂曲《よこしま》を離れる。（二）大悲の心をもって生類を教化する。（三）生類に主体のないことを観察する。（四）聖智を求めて怠らない。（五）仏の大衆を敬信する。（六）平等の理を証《さと》る慧眼をもって万有の自体を観察し、（七）金剛の大悲心をもって生類を救う。（八）差別を離れた智慧をもって法界の理を了《さと》る。（九）煩悩苦悩を除いて甘露の法雨を注ぐ。（十）善友の教えに従って万有の実体は相続して断えないことを観ずる。この十法を成就すれば善友の教えを受けることが出来る』と。

善財はこれに答えて、

『よく善友に見ゆる法を教えて下さった。願わくは、何れの方角の都市、或は部落に善友を求むればよいか教えて下さい。』

羅刹は答えて、

『童子よ、十方を敬礼して善友を求めよ。正念に一切の対象を思惟して、善友を求めよ。努めて十方に遊んで善友を求めよ。求むる学行も、これを行う身も、実は夢の如く、電《いなずま》の如きものと知って、善友の所に往くがよい。』

【四一、摩耶夫人】 善財はその教えに従って、直に地より湧出する大宝蓮華を見た。而してその上の楼観にある獅子座上に摩耶夫人を見た。夫人は容色殊に勝れて種々の身相《すがた》を現わしている。善財はその身相を見て、総ての求道者の母たる大願を成就し、夫人と等しく種々に、その身を変化して合掌して云うよう、

『大聖よ、文殊師利は、むかし、私に無上の学道に志し、善友に親しみ仕えることを教えられました。その後、所々の善友を訪ね、教えを請うていま漸くにして、大聖を訪ねることになりました。願わくは、聖者の道を教えて下さい。』

摩耶夫人は答えて、

『童子よ、私は已《すで》に万有の幻の如くなることを体得している。これを体得した為めに、盧舎那仏の母となり、迦毘羅城の浄飯王の妃として、右の脇より悉達《しった》太子を生み、自在の神力を現わすことが出来た。仏が兜率天より下って、私の胎内に入ろうとする時、現わされた光明が私を照らすと、私は世俗的の拘束から免れて、人身でありながら、十方の聖者の荘厳される宮殿を総て、身内に摂《お》さめ容れるように感じた。童子よ、私は此《かくのごとき》如幻の法を成就するが故に、単に盧舎那仏の母となるばかりでなく、拘楼孫仏《くるそんぶつ》、拘那含牟尼仏《くなごんむにぶつ》、迦葉仏《かしょうぶつ》、弥勒仏《みろくぶつ》等の二百七十九仏を始め、この世界に於て正覚を成就された現在の千仏の母となるのである。』

善財はその偉徳に感じて、発心の時を尋ねると、夫人は前生の物語りをして、後に三十三天の正念

王の童女天主光を紹介した。

【四二、天主光童女】 そこで善財童子は天主光《てんしゅこう》の前に詣でて道を請うた。天主光は過去に於いて一切の仏に就て学得した憶念によって、有我、差別の汚れを脱して、清浄自由の境地を得たことを説いた。そして更に世の師範である童子遍友《へんう》を訪ねることを勧めた。

【四三、遍友童子】 善財は遍友を訪ねて、その博学と、有我的研究より無我的研究に進みて、解脱を得たることを聞き、

【四四、信女賢勝】 次に摩竭提国の婆咀那《ばたな》城に信女賢勝《けんしょう》を訪ねて、円満成就して用いるにまかせて尽きざる学徳を聞き、

【四五、長者堅固解脱】 次にその教ゆる南方の沃田《ようでん》城の長者堅固解脱を訪ねて、本願成就して更に求むるところなきことを聞き、

【四六、長者妙月】 次にその教えに従って長者妙月《みょうがつ》を訪ねて、無明を絶滅して、知光の輝くことを聞き、

【四七、長者無勝軍】 次にその教えによって南方の出生《しゅっしょう》城に長者無勝軍《むしょうぐん》を訪ねて、学行円満して限りなき霊徳を得たることを聞き、

【四八、尸毘最勝】 次にその教えによって城の南の村落に波羅門、尸毘最勝《しびさいしょう》を訪ねて、発心当初の宣誓に背かず、意のままに成就さるる法を聞き、更にその教えに従って、

【四九、徳生童子　五〇、有徳童女】 南方の妙意華門《みょういけもん》城に徳生《とくしょう》童子と有徳《うとく》童女の二人を訪ねて道を求めた。時に二人は答えて、

『善男子よ、私等は存在の夢幻なることを証《さと》っている。この智慧をもって見るに人生は総て幻である、因縁より生ずるから。また一切の生類も幻の存在である、その行為によって生ずるものであるから。一切の現象もまた幻の存在である、無明、愛欲、意志行為等の因縁より生ずるから。乃至一切聖者の行為もまた仮りのものである、その誓願及び智慧によってなされるものであるから。童子よ、幻の存在は決して虚無なものではない。有に即して無、即ち流れ流れて止むなき万有は有と云うも非、無と云うも非、有無何れとも執せられぬ不可思議のものである。

童子よ、これより南に一の国がある、海潤国《かいかんこく》と云う。其所に大荘厳蔵《だいしょうごんぞう》と云う公園があって、その中に厳浄蔵《ごんじょうぞう》と名づくる一大楼閣がある。その中に弥勒《みろく》と名づくる大聖者がいて、父母、親戚、眷属及び同行の者を導き、又その余の無量の人々を教化せられ、なお汝に聖者の教化の法を説かんとしていらるる。汝はまさに、かしこに至って、聖者の道を尋ぬるがよい。弥勒はあらゆる聖者の学行を完全に成就されて、生類に適合する円満な教化を行っていらるる。かの聖者こそ、汝に完全な聖者の道を教うる真の善知識であろう』と。

更に広く善知識としてのあらゆる聖徳を述べ、これを尊敬すべき所以を明らかにした。

【五一、聖者弥勒】　善財はその歎徳と勧説を聞いて、大いに歓び勇んで海潤国へと向った。漸くにして高壮な楼閣を見出し、その前にひれ伏して念うよう、『これはこれ諸仏、聖者の善友である。これは諸仏の塔である、仏の像である。諸仏聖者の法を収むる宝蔵である。またこれは声聞縁覚である、父母である。人類の禍趾である』と。かくて合掌してその周囲を繞って心に想うよう、『これはこれ真理を体得し差別を否定し、意慾を離れたものの住処である。虚妄を離れたものの住処である。生類の実在にあらざることを知る者、万有の自体なきことを知る者、心の創造し思惟し識別する作用を知る者、智慧をもって妄見、愛欲、慢心を除ける者、一時を一切時と為し、一切時を一時と為す者、一仏を一切仏と為し一切仏を一仏と為す者、禅定に味着せざる者、大慈悲を行うも愛に溺れざるもの、情操の涵養につとむるも、常に生類の苦を憂慼《ゆうせき》する者、六官の障礙を知りつつ然も直感を捨てざるもの、一切の学行を修めつつ第一義を離れざる者など、総てかかる求道者の住するところである』と念じ、更に偈を以て讃歎するに、

『大慈悲を心とせらるる聖者弥勒は、霊徳を具えて万霊を教化し給う。

聖者の最高位にある諸仏の長子は、仏の境地を念じて、この法堂に安住し給う。

布施と持戒と忍辱と精進と禅定と智慧と救済と願とをもって、真理を体得するものはこの法堂に安住する。

帰依する処なくして苦しみ悩むものを見て大悲を起し、普く済《すく》う者はこの法堂に安住する。

一一《いちいち》の毛孔の中に仏の世界と時と人を認め得るものはこの法堂に安住する。

座を立たずして普く一切の生類の前に現われ、明浄なる日月の如く、悪魔の誘惑を除く。人はこの法堂に住して諸《もろもろ》の三昧を修し、念々に三世の事象に体達する。

限りなき智慧は、あらゆる本願を成就して、無限の時を費して遂に説き尽し得ぬ。』

かくて善財は弥勒を見奉らんと念願する時、弥勒はあまたの大衆に囲繞せられ巍々乎たる威徳を具

えて現われたので、童子は一心に敬礼して成道の大道を尋ねた。

時に弥勒は大衆に善財が文殊師利に教えを受けてより一百一十の諸《もろもろ》の善友を訪問して、親しく道を求めた苦心を語り聴かせ、更に善財に、幾多の艱難にも屈せず克く身命を捧げて、道の為めに精進したことを讃め、そして云うよう、

『汝は文殊師利の処に往って、諸《もろもろ》の教えと智慧と普賢の学行とを尋ねよ、彼は必ず汝を満足せしめよう』と。

善財はこの語を聞いて涙を流して悲しんだ。時に文殊は彼に花の瓔珞《ようらく》を与えて、弥勒に捧げしめた。すなわち弥勒は善財の頂を摩《な》で、久しからずして自分と等しい境地に達する保証を与えた。善財は歓び、文殊の許に帰ることを宣べ、再び道を尋ねた。

弥勒は重ねて大衆に対し善財の徳を讃え、そして善財に告ぐるよう、

『童子よ、汝はよくぞ無限の向上心を起した。その心は一切諸仏の種子である。生類の清浄法を培養する良田である。社会を維持する大地である。一切の煩悩の垢を洗濯する浄水である。世に礙ぐるもののなき大風である。一切の邪見愛欲を焼く大火である。一切の生類に恵みを与える太陽である。聖者の城に入る大道である。一切の学行に入らしむる門である。安住して三昧を修すべき宮殿である。一切の霊徳を摂《おさ》むる大海である。世の汚れにまざる（ママ）蓮華である。煩悩の病を癒す良薬である。一切の教法を現わす浮鏡である。煩悩の睡《ねむり》より覚ます法鼓である。

童子よ、たとえば人が不可壊の薬を得れば一切の怨敵その便りを得ないように、聖者が菩提心と云

う不可壊の薬を得れば、煩悩も悪魔の誘惑も、壊《やぶ》ることは出来ない。たとえば人が射撃を学ぶ時には先ず己れの姿勢を正すように、真智を学ぶには先ず学道に志して、始めて一切の仏道を成就することが出来る。

童子よ、菩提心の性能はかくの如く偉大なものである。もし人がこの心を発せば限りなき徳と力とを得る。汝は聖者の学行を求めているが、それはこの明浄荘厳の大楼閣に入れば知ることが出来る。』

その時、善財は合掌して願うよう、

『どうぞ、この楼門を開いて、私を入れて下さい』と。

そこで弥勒が右の指を弾けば、楼門は自然に開き、善財が入れば門はまた自然に閉された。善財は中に入って、楼閣の微妙な装飾を見て、大いに歓び、心は柔軟に、諸《もろもろ》の妄想を離れ、正念に思惟して、万有の無尽の関係を解《さと》り、今此所にあって然も一切の楼閣の中にあることを感じ、更にまざまざと目に、それを見ることが出来た。

また楼閣の中にて、弥勒の過去に於ける種姓、寿命、出家、学道その他あらゆる事柄を見、また諸仏の大衆に囲繞せらるる様、聖者の学道に努《いそ》しむ様など一切の事柄を見た。楼閣の中の諸《もろもろ》の金鈴は微妙の音楽を奏して、種々の教えを説いているが、互に相偕和して毫《すこ》しも調子を乱さぬ。また宝鏡には諸仏、聖者、声聞、縁覚、清浄の世界、不浄の世界、有仏無仏、大小、種々の世界が因陀羅網の如く、互に交錯して、然も互に相壊《やぶ》らず、秩序整然たる相を現わしている。

善財は深く冥想を凝らして聖者の自在の力を見た。それは譬えば夢に山林河海を見るが如く、聖者の神力によって、差別を離れて万有の真実相を見、そして聖者の神力自在を見た。また人の終らんとする時、不思議にも己れの行為の報を見得るように、善財も楼閣の中にて、聖者の勝れた学行を見た。また人が妖魔に魅られて種々の形類を見、難問に答え得るように、善財もまた正念に万有を思惟した。また人が竜宮にあれば百歳千歳を暫くの間と思うように、善財は楼閣の中に千万年いても暫くの間と思った。また大梵天の宝蔵にては三千世界のあらゆる異形を見得るように、善財は楼閣の中にて一切の未曾有の事を見た、また比丘が入定すればその環境に応じて現われるように、善財も楼閣の中にて境界に応じて識知した。また乾闥婆城を見、天の宮殿より人界を見、大海の中に万象を見るように、また手品師の自在に種々の物を現わすように、善財は楼閣の中にて、一切の未曾有の事柄を見るに無礙自在に、然も明確に見ることが出来た。

かかる無量の荘厳、諸仏の大願、聖者の三昧等は入三世智正念思惟荘厳蔵の法門と称えられ、聖者の神力より現わさるるものである。神力より現わさるると云うも、然も神力の中になく、他より来るものでなく、また去るものでもなく、さればとて同一処に積集するものでもない。ただ聖者が無限向上の学道を辿る時、念々に現わさるるものである。

善財が弥勒の来る処を尋ぬれば、弥勒は答えて、

『童子よ、聖者は唯生類の苦を滅してこれを教化し、救護せんが為めに大慈悲より来るもの、また本の発心なる大願より来るものと云えよう。要するに、学道を精進する処に聖者は現わるるので、汝が何処から来たかと問えば、私は生国の摩離国《まりこく》より来たと云うより外はない。』

弥勒はまた善財の、聖者の生処に関する問に対して、無限向上心、正直心、無上の学道等の十種を生処とし、六波羅蜜を始め、あらゆる学行を縁として、生るること、生れて学徳次第に転進向上して、遂に無礙自在の活動をなすことを明らかにせられ、更に善財に語るよう、

『我は同行の者の道心を失うものに、無限向上心を起させる為めに、この閻浮提摩離国《えんぶだいまりこく》の拘提《くだい》村にある波羅門の家に生れた。この齢尽くれば、諸天を済度せんが為めに、兜率天に昇って、天界にも栄枯盛衰のあることを知らせたいと思っている。兜率天の寿命が終れば、再び下生して正覚を成就するであろう。その時は汝は文殊師利と共に来て、私を見ることであろう。童子よ、汝はこれから文殊師利の所に往って、真実の学道を尋ぬるがよい。彼は必ず汝の為めに道を説いてくれよう。何故ならば、文殊師利は無量の願行を成就し、諸仏の母となり、聖者の師と為り、勇猛精進に生類を教化し、深広の智慧の法門に安往して、聖者普賢の願行を成就した人であるから。この人こそ汝の真の善友である。汝は衷心の敬意を表してその所に往かねばならぬ。汝が今日まであまたの善友より教えられた教えは、みな文殊師利の威神力に由るものである。』

【五二、文殊師利】 かくして善財は一百十城を遊歴して再び普門城のほとりに往き、一念に専ら文殊を求め『是非、お会いして、面《まのあた》り温容に接したいものである』と、念ずる時、文殊は右手を伸べ善財の頂を摩《な》でて語るよう、

『よいかな善男子、もしあらゆる修養の根元である信念を離るれば、心は憂いに沈み、学行は怠り勝ちに、僅かの修養に満足して無限の向上を求めないことになる。ために善友や仏に見離されて、万有

の真相、実体、活動及び存在を知ることが出来ず、遂に何事も成し遂げられぬ』と。

かく童子を教え慰諭し歓喜せしめて、無量の智徳を成就せしめ、また普賢の学行する道場に入ることの出来るようにした。そして善財を己れの所住において、文殊自身は還って隠れて現われなかった。すなわち善財は三千世界の微塵に等しい善友を見、その教えに違わず、『証《さと》り』と『救い』の二つの智慧を完全に成就して、普賢の行う所を学修することになった。

【五三、聖者普賢】 善財は限りなき普賢の願行を躬《みずか》ら行うにつけて、普賢を思念するの情は一層強く、一心に普賢に見《まみ》えんことを願うた。

そして、仏の獅子座の如き広大の心、虚空に等しい心、一切の執着を離れた心、国土を浄化するに礙げなき心、宇宙を包含する心、一切の真理に体達する心、一切の智慧を得る無量の心、仏道を実行する心、真理を深観する心、一切の生類を教化して、その学道を成就させる心、念々に学道を成就して、仏の霊能を体得する心、この十種の心を起せば、その力と、仏の神力と、普賢の学行の力とによって、普賢の境地に称《かな》うが故に、一切の浄土は仏道の実現なること、一切の処に捨つべき悪は寸毫もなく、一切の世界は蓮華の如く浄化されたるなどの十種の勝れた相《ありさま》を見、更にまた、光の交錯して互に礙げなきように、宇宙の万象が互に鎔融して、相礙げない十種の相を見た。そして心に念ずるよう、『私は必ず聖者普賢を見奉って、学行を増長し、聖者の学道を成就して仏を見奉ることが出来るであろう』と。

時に善財は、普賢が金剛蔵道場にあって仏のみ前で蓮華蔵獅子座の上にあって大衆に囲まれ、心は虚空の如く一切の染着《けがれ》を離れて法界に遍満する相を見た。善財はまた普賢の一一《いちいち》の毛孔より無量の光明を出し、全法界を照らし、生類の苦しみを除き、種々の香雲、華雲、香樹雲、宝衣雲、天身雲、あらゆる国土、聖者の身雲等を出して、限りなき仏行をなすを観、重ねて、普賢の身体各部分の毛孔に一切世界の万象を顕現するを見た。かくして普賢の不可思議なる自在神力を見て十種の永遠不滅の真実の智慧を体得した。即ち善財は念々に一身をもって一切の世界に行き、念々に一切の仏の所に詣で、念々にそれ等の仏に奉仕して念々に聖者の無上の学道を円満に顕現することが出来る身となった。その時普賢は右手を伸べて、善財の頂を摩《な》でたが、善財はそれによって、無量の三昧を体得した。

時に、普賢は善財に告げるよう、

『童子よ、私は永劫の昔より、聖者の学行を励んで、仏道の成就を期した。その間、念々に無量の仏を見奉りて無上の学道を辿り、限りなき大布施行を行って妻子住宅は元より、手足髄脳までも施して、ひたすら仏陀の聖智を求めた。童子よ、私が今日まで修めて来た聖者の道は、仏の世界を浄め、生類を教化し諸仏及び善友に奉仕し、そして、世間有我の学芸、出世間無我の学行を並び修めて、生類の迷いの苦しみを除くにあった。今やその学行は成就して、大慈悲の力、神通の力、本願の力、万有の平等を観察する力、学行精進の力などあらゆる力を得て、本来、清浄の宇宙の実体を摑むことが出来た。即ち仏道成就して、仏陀の境地に達し得たのである。童子よ、汝は我が清浄の法身、即ち宇宙の実体を観察するがよい。それは無量な時間と、限りなき精進によって完成されたもので、無量の時間を費しても、目に見、耳に聞き得べきものでない。理想の低い、真理体験の浅い者は、私の名さえ聞くことは出来ぬ。況んや私の身を見ることをや。童子よ、もし人が、私の名を聞けば、無上の学道に志して、退堕することはない。或は見、或は触れ、或は夢中に見るものも、同じく無限に向上の一路を辿ることが出来る。童子よ、速やかに私の証《さと》り得た宇宙の実体を諦《つまびら》かに観察して、その体現者となってくれ。』

善財はその時、普賢の一一《いちいち》の毛孔の中に、無量の仏が充満し、一一の仏は無量の聖者を従えらるるを見た。善財が普賢の導きによって体得し得た力と云うものは、これ迄無数の善友によって得たそれの、幾百千倍、いな数や譬えで表わすことは出来ないのである。

かくて善財は普賢の学修した諸《もろもろ》の大願大行を完成し、久しからずして、一切の仏と等しい身と活動と力と弁才と大慈悲とを得た。

この「四十華厳」の解説に述べたように、この「入法界品」のみを訳した四十巻の経典がある。最後の一巻は、晋唐の二訳に無い。また独立の経典として行われた。然るにこれは華厳経全体の結文たるべき、最も重要な部分である。故にその要点を例の如く抄訳することにした。

仏の勝れた聖徳を讃え終った普賢は、更に言葉を続けて、諸《もろもろ》の聖者及び善財に告げるよう、

『童子よ、仏の聖徳は無量の時を費して説明するも、遂に説き尽すことは出来ぬ。もしその聖徳を体現せんとするには、十種の広大な行願を修せねばならぬ。十種の行願とは一に一切の仏を尊敬し礼拝すること、二に仏の聖徳を讃頌すること、三に万有万霊に奉仕供養すること、四に罪を懺悔するこ

と、五に自他共に正善の徳性を涵養すること、六に仏のみ教えを渇仰すること。七に仏の顕現を祈りその厳存を信ずること。八に永遠不断に精進して念々に仏道を体現すること。九に恒に万有の完全進化を期すること。十に一切の善行を万有万霊の完全進化に統一回向することである。

もしこの大願を体現すれば、よく生類を成就し、そうして無上の学道を辿って普賢の行願を成就することが出来る。故にたとい無量の世界に満てる財宝、天にも勝さる悦楽を一切の生類に施し、また一切の諸仏、聖者に捧げて、永劫断つことがないにしても、その性能はこの普賢の願行を体現する時の性能に比すれば九牛の一毛、百千万分の一にも及ばない。もし人が深い信仰をもってこの大願を念じ、日夜に奉読し、乃至一の四句の偈を書写するさえ、よく無間地獄に陥る罪を除き、あらゆる身の病い、心の悩みは元より、総ての罪の汚れを除くことが出来る。また一切の悪魔、夜叉、羅刹を始め血を吸い、肉を喰う悪鬼神を退け、或はこれ等を懐けて、守護せしむることが出来る。故にこの願を口に誦すれば、世に処して平安を得、拘束を脱し得ることは、月が黒雲より出でたようである。これ実に諸仏、聖者の称讃するところで、人天は尊敬し、一切の生類は供養を捧ぐるであろう。

童子よ、人と生れて普賢の願行を成就するものは、久しからずして普賢の如く速やかに宇宙の無礙自在の真相を体得して、仏と等しかるべき地位に達するであろう。

もしこの人が死に臨めば、最後の刹那に身心の活動は全く止み、親族知友は離れ権勢地位を失い、たとい財宝は山と積まれ、臣下、奴僕は家に満つるとも、何ものとして死の旅に随従するものはない。唯この時にその身を離れず、不安の道に指導たるべきものは、この普賢の大願行のみである。即ち無限に向上の一路を辿るものは、その願行に導かれて一刹那の間に、極楽世界に生れることが出来る。極楽に生るれば、阿弥陀仏、文殊、普賢、観世音、弥勒等の聖者を見奉って、仏より成仏の保証が与えらるる。この保証によって、普く十方の世界に雄飛して生類を教化し、久しからずして一切の煩悩の悪魔を降伏して、正覚を成就することが出来るのである。故に汝等はこの大願を聞いて疑いをおこさず、教えのままに信受するがよい。信受し已《おわ》ればよく読み、よくその旨を体し、更にこれを書写して、広く人に教えよ。かくすればそれ等の人々は、念々に願行を成就し、無量の霊徳を具えて、一切の生類を煩悩の苦海より救済して、阿弥陀仏の世界に生れしむることが出来る。』

すなわち普賢は偈をもって述べるよう、

『願わくは死に臨んで、あらゆる罪の汚れを除き、まのあたり彼の阿弥陀仏を見奉って、直にその極楽世界に生れよう。

かの仏の世界に生るれば、直にこの大願を成就して、余す処なく、一切の生類を済度することが出来る』と。

かく普賢が仏のみ前で、普賢の大願を説けば善財は感泣し、列なる聖者は歓び仏は讃えた。

釈尊はかくして、この広大玄妙の華厳の教えを説かれた。文殊を首座とする六千の比丘、弥勒を首座とする現在の一切の聖者、普賢を首座とする最高位の聖者、及び十方より来会せる無量の求道者を始め、舎利弗、目連を長者とする諸《もろもろ》の大弟子、諸天、人類、一切の神霊など宇宙の万有万霊は悉《ことごと》く、仏の説法を聞いて、大いに歓び、これを信じて教えのままに実行した。

原田霊道（はらだ・れいどう）

1891（明治24）年大分県生まれ。1939（昭和14）年歿。法名は西蓮社諦誉誠阿真瑞霊道。第五教区宗学校を経て、1917（大正6）年、宗教大学を卒業。同大学図書館理事、講授、講師兼図書館司書、浄土宗社会部長を経て庶務部長となり、1933（昭和8）年、淑徳高等女学校第五代校長に就任。その間、大乗学寮、仏教研究所を設立。著作『現代意訳 大般涅槃経』（復刻版書肆心水刊行）。

現代意訳　華厳経《けごんぎょう》　新装版

刊　行　2016年10月
著　者　原田 霊道
刊行者　清 藤　洋
刊行所　書 肆 心 水

135-0016 東京都江東区東陽 6-2-27-1308
www.shoshi-shinsui.com
電話 03-6677-0101

ISBN978-4-906917-59-4 C0015

乱丁落丁本は恐縮ですが刊行所宛ご送付下さい
送料刊行所負担にて早急にお取り替え致します